KB176516

조선대학교 재난인문학연구사업단

재난인문학 연구총서 8

재난공동체의 사회적 연대와 실천

재난인문학
연 구 총 서
08

조선대학교 재난인문학연구사업단

재난공동체의
사회적 연대와 실천

◆

강희숙·김상봉·박진영·윤희철
선봉규·하종강·김경인·김동훈

역락

'재난인문학 연구총서' 8권
『재난공동체의 사회적 연대와 실천』 간행에 부쳐

지난 2019년 12월 말 중국의 우한 지역에서 첫 환자가 발생한 후, 2020년 3월 11일 세계보건기구가 감염병의 세계적 대유행을 뜻하는 팬데믹을 사상 세 번째로 선언하였을 때도 우리는 코로나19가 이토록 오랫동안 우리의 삶을 뒤흔들어 놓을 수 있으리라고는 감히 상상도 하지 못하였던 듯하다. 그러나 3년의 세월이 훨씬 지난 지금까지도 코로나19는 여전히 우리 곁에서 머뭇거리고 있고, 거듭되는 백신의 개발과 접종에도 불구하고 그 변이종의 위세가 여전한 가운데 우리는 마스크를 벗어 던지는 데 두려움을 느끼고 있다.

이러한 시대적 상황 속에서도 본 사업단은 총 7년간의 사업 기간 가운데 절반을 넘어선 4년의 시간을 연구 아젠다인 <동아시아 재난의 기억, 서사, 치유-재난인문학의 정립>을 위해 노력해 왔다. 2단계 1년 차인 지난해는 재난이 끼친 영향과 그에 대한 대응의 문제를 조명함으로써 '재난인문학의 정립'에 한 걸음 더 가까이 가기 위한 접근법으로 학술세미나, 포럼, 초청특강, 국내 및 국제학술대회 등의 다양한 학술행사와 함께 사업단 내부 구성원 및 국내외 학술 네트워크 구성원이 공동으로 참여하는 협동 연구모임인 클러스터 (cluster) 운영을 통해 아젠다를 심화하기 위한 노력을 다각도로 시도하였다.

이러한 노력의 성과물로 빼놓을 수 없는 것이 클러스터 운영을 통한 연구총서 간행이라고 할 수 있는바, 본 사업단에서 간행한 여덟 번째 연구총서인『재난공동체의 사회적 연대와 실천』또한 이러한 유형의 성과물에 해당하는 것이다.

'재난공동체의 사회적 연대와 실천'이라는 주제의 연구를 위해 구성된 우리들 총 여덟 명의 클러스터 참여자는 국가폭력과 전쟁, 원폭 피해, 대형사고, 사회적 참사, 난민, 기후 위기 등등 다양한 유형의 재난에 직면한 공동체가 그에 대한 대응과 극복을 위해 어떻게 구성원들 간의 연대를 통해 공동체를 재구성해 왔는지, 그러한 재난공동체의 역할로서 재난을 경험하고 있는 또 다른 재난공동체와 연대하여 전개해 온 문제 해결의 노력 또는 실천 운동의 양상은 어떠했는지를 학술적으로 조명해 보자는 데 뜻을 같이하였다. 이를 위하여 그동안 줌을 통한 연구 발표와 학술 세미나를 거쳐 집필 방향과 내용을 구체화하였고, 마침내는 총 360여 쪽의 총서를 세상에 내놓을 수 있게 되었다. 이러한 작업을 수행하는 데 고작 6개월의 시간이 소요되었으니 그동안의 수고가 얼마나 강도 깊은 것이었을지 짐작하고도 남음이 있는바, 이 자리를 빌려 진심으로 감사의 뜻과 송구스러운 마음을 전한다.

개인적인 이야기일 수도 있지만, 클러스터 참여자이자 집필진 가운데 한 사람으로서 글쓰기를 위하여 자료를 수집하고 관련되는 분들을 면담하는 등의 작업을 수행하는 동안 리베카 솔닛이 역설하였던 재난 유토피아의 존재를 직접 목격하였다고 해도 과언이 아닐 듯싶다. 아직도 그 상처가 아물지 않고 있는 세월호 유가족들의 고통을 함께 나누며 오직 한 가지, 진실규명을 위하여 온갖 비바람과 추위 속에서도 촛불과 피켓을 놓지 않고 있는 마을촛불 모임의 촛불지기들과 광주시민상주모임 회원들의 가슴속에 뜨겁게 살아 있는 유토피아를 필자 또한 가슴으로 느낄 수 있었기 때문이다. 말할 것도 없이 다른 일곱 분의 집필자들께서도 충분히 공감하시리라 생각한다.

코로나19 시대를 지나면서 비로소 그 선명성을 분명히 하고 있는 기후 위기를 비롯하여, 지난해 10월 29일 밤 10시 15분경, 서울의 한복판인 용산구 이태원에서 발생한 또 한 번의 사회적 참사를 경험한 지 얼마 되지 않은 상황이고 보니 일상화된 재난의 무게가 우리를 짓누르고 있음을 부인하기 어렵다. 더욱이 올겨울 우리가 경험하고 있는 폭설과 한파의 무게 또한 만만치 않은 것이니만큼 재난공동체의 사회적 연대와 실천이 아니고서는 이 재난의 시대를 살아내기가 쉽지 않은 일이라고 할 것이다. 우리들 한 사람 한 사람이 뜨겁게 타오를 수 있는 촛불이 되어 이 한파와 재난의 시간을 녹여낼 수 있기를 바라는 마음 간절하다.

끝으로 이 책이 세상에 나오기까지 필자들보다 더 노심초사하며 편집과 출판을 위해 애써 준 역락출판사의 이대현 사장님과 이태곤 이사님을 비롯한 편집진 여러분들께는 진심으로 특별한 감사의 말씀을 전한다. 올해는 모든 게 나아져서 세상이 좀 더 살 만한 곳이 될 수 있기를 기대해 본다.

2023년 1월
조선대학교 인문학연구원 재난인문학연구사업단장
강희숙 씀.

차례

동일자의 연대와 타자의 응답 사이에서   11

김상봉

오월과 사월의 연대와 실천   37

강희숙

동일자의 연대와 타자의
응답 사이에서

김상봉

(전남대)

1. 재난공동체와 사회적 연대의 실천

여기 모인 글들을 관통하는 주제는 재난공동체와 사회적 연대의 실천이다. 인류가 현존하는 세계의 임박한 파국을 예감한 것은 어제오늘의 일이 아니지만, 지금 우리가 경험하는 위기상황은 다면적이고 전 지구적이라는 점에서 일찍이 인류가 경험하지 못했던 상황이다. 구체적으로 보자면 현재 우리는 아직 끝나지 않는 팬데믹의 터널을 지나고 있다. 처음 팬데믹이 시작되었을 때에 비하면 상황은 조금씩 잦아들고 있지만, 누구도 이것이 팬데믹의 끝이라고 생각하지는 않을 것이다. 도리어 우리는 이제, 예상할 수 없는 새로운 감염병을 일종의 상수로 받아들일 수밖에 없는 그런 시대에 들어선 것으로 보인다. 그에 더하여 인류는 이미 돌이킬 수 없이 진행되기 시작한 기후위기라는 미증유의 재난 속에 있다. 기온 상승이 불러올 해수면 상승이 인류를 얼마나 파국적인 재난 상황으로 몰아넣을지는 감히 예측하기 어려우나, 경우에 따라서는 그것이 생태계 전체의 질서를 파괴하여 인류의 생존을 위협할 수도 있는 상황이 초래될 수도 있으리라는 것을 예측하기는 그리 어렵지 않다. 그런데 이런 자연재난에 더하여 우리는 다시 전면적 전쟁의 위험 앞에 서 있다. 유럽 한복판에서 벌어지고 있는 러시아와 우크라이나 사이의 전쟁이 언제 끝날지는 예측하기 어렵다. 그러나 대만 해협을 사이에 두고 전쟁이 일어나는 것은 거의 피할 수 없는 일처럼 보인다. 그리고 남북한 사이의 대치상황 역시, 북한의 드론 비행체가 서울 상공에까지 날아왔다 다시 돌아갈 정도로 아슬아슬한 지경에 이르렀다. 누가 알겠는가, 이렇게 격화되어 가는 적대적 대치상황이 국지적 충돌을 부르고 다시 국지적 충돌이 전면적 전쟁으로 비화 될지.

이런 다층적이고 전 지구적인 재난 외에도 우리는 어디서나 재난이 일상화되어가는 시대를 살고 있다. 세월호의 기억이 채 가시기도 전에 일어난 이태원 참사는 우리가 당연하고 자명하다고 생각하는 안전한 일상이 언제라도 싱크홀처럼 무너져 내릴 수 있음을 우리에게 일깨운다. 가습기 살균제로 치명적인 폐 손상을 입은 사람들은 그들이 청결을 위해 선택한 제품이 그들의 신체를 그렇게 치명적으로 손상시킬 것이라고는 상상도 하지 못했을 것이다. 재난은 예측할 수 없이 우리의 삶을 덮친다. 이런 사정은 수십 년 전 느닷없이 닥친 원자폭탄의 섬광에 평온한 삶을 빼앗긴 원폭피해자들에게서부터 4.3에서부터 5.18에 이르기까지 크고 작은 국가폭력의 희생자들의 경우에도 그리고 서울 지하철 구의역에서 스크린도어를 수리하다 사망한 열아홉 살 청년이나 태안화력발전소에서 석탄이송 컨베이어벨트에 끼여 사망한 김용균 군의 경우에도 마찬가지이다.

그런데 이런 크고 작은 재난은 단지 개인적 삶에만 치명적 상처를 입힐 뿐만 아니라, 공동체 자체를 위기상황으로 몰아넣기도 한다. 왜냐하면 재난이 보편적인 것이 되면 될수록 그것은 한 개인의 삶을 파괴하는 데서 그치지 않고 개인들 사이의 사회적 관계를 단절시키거나 왜곡시키기 때문이다. 전쟁과 같은 극단적 재난이 어떻게 공동체를 파괴하는지는 한국전쟁의 와중에서 이념 대립이 작게는 어떻게 수많은 마을 공동체의 평화를 파괴했는지, 그리고 크게는 어떻게 한국 사회를 양분시켰는지를 생각하면 잘 알 수 있다. 이런 사정은 최근에 우리가 경험한 팬데믹의 경우에도 마찬가지이다. 코로나바이러스는 사회적 거리두기라는 이름의 단절을 우리 모두에게 강요했다. 만약 기후위기가 인류의 생존을 위협할 지경이 된다면, 인간은 과연 각자도생의 이기주의를 극복하고 사회 공동체를 유지할 수 있을까?

그런데 이 물음에 대해 이론적 대답 이전에 실천적 연대를 통해 대답한 수많은 활동이 있었고 또 지금도 계속되고 있다. 우리가 관심을 가지고 주위를 둘러보면 재난 상황에서 재난의 직접적 피해자들에게 연대의 손길을 내민 수많은 활동이 이어져 왔음을 어렵지 않게 알 수 있다. 이 책은 그런 활동에 대한 작은 보고서이다. 멀리는 히로시마 피폭에서 가까이는 후쿠시마 원전사고에 이르는 핵재난에 대한 연대의 손길에서 시작해서 햇빛발전과 탄소중립을 통한 기후위기에 대한 조직적 대응, 노동현장에서 끊임없이 일어나는 산업재해를 막기 위한 중대재해법 제정을 위한 노력, 가습기 살균제 피해 보상을 위한 연대 그리고 멀리 소련 해체 후 다시 고향에서 이방인이 되어버린 고려인들을 위해 조성된 마을 그리고 우크라이나 전쟁 난민을 위한 그 고려인 마을의 연대 그리고 마지막으로 세월호유가족과 연대하는 '오월어머니집'이나 '세월호광주시민상주모임'의 활동까지, 이 책은 그동안 한국 사회와 직접 간접으로 이어져 있는 재난에 대한 다양한 연대와 응답의 실천에 대한 작은 보고서이다.

이 모든 연대의 손길은 비록 너무도 미약하지만, 재난 속에서도 인류가 이기적 홀로주체성 속에서 사회 공동체의 붕괴로 치닫지 않고 도리어 재난의 슬픔을 새로운 만남과 공동체 형성으로 승화시킬 수도 있으리라는 희망을 준다. 만약 우리가 그런 희망의 불씨를 꺼뜨리지 않고 더 크게 살려나갈 수 있다면 지금 우리가 직면한 재난은 어쩌면 새로운 사회 공동체의 도래를 위한 디딤돌이 될 수도 있을 것이다.

생각하면 지난 수천 년 국가의 역사는 결핍이라는 인간의 실존적 조건을 극복하려고 자족성을 실현하려는 욕구에 의해 추동되어 온 역사이다. 정치적 공동체로서 국가의 형성, 그 국가의 통합 원리인 종교와 철학의 탄생 그리고 모든 예술 및 기술 문명의 발전은 인간의 결핍과 본질적 유한성을 극복하기 위한 노력에서 비롯되었다고 말할 수 있다. 그러나 오늘날 인류가 직면한 재난과 위기상황은 자연이 인간에게 부과한 결핍과 한계에서 비롯되는 것이라기보다는 인간이 그동안 성취한 문명 자체의 내적 모순으로부터 비롯된 것이다. 인류가 이룩한 국가의 형성원리, 종교와 철학 속에 담긴 정신적 가치 그리고 과학과 기술 문명 전체가 어떤 자기파괴적인 모순을 빚어내는 시대가 바로 우리 시대이다. 그러니까 오늘날 우리가 직면한 전 지구적인 재난은 인류가 쌓아 올린 문명 자체가 드리우는 그림자라고 말할 수 있을 것이다.

그것을 생각하면 지금 우리가 보편적 재난 상황 속에서 모색하는 사회적 연대의 가능성은 인류를 절멸의 위기로까지 몰아넣을 수 있는 절망적 상황 속에서 이 상황을 극복할 수 있는 희망을 모색하는 몸부림이라고 말해도 좋을 것이다. 왜냐하면 사회 계약이 공동체 형성의 한 원리라면 재난 속에서 타자에게 내미는 보다 적극적인 연대와 응답의 손길 역시 공동체를 형성하는 또 다른 원리일 수 있기 때문이다.

그러나 현재의 재난 속에서 우리가 실천적으로 추구해 왔던 여러 가지 연대의 형태가 과연 그렇게 기존의 국가와 사회 공동체의 형성 원리를 넘어 새로운 국가와 인류 공동체를 열어줄 수 있는 어떤 가능성을 보여준다고 말할 수 있을까? 이것은 아직 분명치 않다. 그렇다면 그런 실천이 보여주는 긍정적인 희망은 무엇이고 반대로 극복해야 할 한계는 무엇인가? 이 글은 지금까지의 소중한 실천을 긍정적으로 평가하면서 그런 실천 속에 담긴 보편적 의미를 개념적으로 형상화하려는 시도이다.

2. 인륜적 공동체의 형성원리에 대한 물음

사회는 무엇에 기초하는가? 이것이 우리의 물음이다. 같은 물음을, 공동체는 무엇에 기초하는가? 라고 물어도 마찬가지일 것이다. 하지만 이 경우 같은 공동체라도, 이른바 천륜에 기초한 자연적 공동체가 아니라 인륜적 공동체가 지금 우리가 그것의 토대를 물으려는 공동체라는 것을 분명히 해 둘 필요는 있을 것이다. 왜냐하면 가족 공동체는 결속력이 얼마나 강하든 아니면 약하든지 간에 그리고 그 결속의 범위가 얼마나 넓든 아니면 좁든지 간에, 그리고 구체적인 가족 형태가 어떻게 달라지든지 간에, 가족적 유대가 아닌 사회적 유대에 기초한 공동체와는 처음부터 존재 이유와 그 형성 원리가 다르기 때문이다. 가족은 우연적이고 부수적인 경우를 제외하면 혈연관계에 기초한다. 혈연관계는 개인의 선택이 아니라 자연에 의해 규정된다. 나는 내 부모를 선택할 수 없다. 그리고 누가 내 부모인지는 한번 결정되면 변경될 수도 없다. 그런 의미에서 가족 공동체는 원칙적으로 자연에 의해 창립되며, 자연에 의해 정해진 가족 관계는 인간의 자의에 의해 변경될 수 없다.

이에 반해 우리가 사회라고 부르는 모든 인륜적 공동체는 자연적 토대를 가지고 있지 않은 역사적 생성물이다. 그것은 회사 같은 영리 공동체일 수도 있고, 교회 같은 정신적 공동체일 수도 있으며, 국가처럼 정치적 공동체일 수도 있다. 그러나 어떤 경우이든, 사회는 고정된 자연적 결속원리를 가지고 있지 않다. 그런 까닭에 우리는 인륜적 사회 공동체가 형성되는 원리가 무엇인지 물을 수 있다. 이 물음은 혈연으로 이어져 있지 않다는 의미에서 서로 무관한 개인이 어떻게 하나의 사회 공동체를 형성하게 되느냐는 물음과 같다.

이 물음을 이해하기 위해서는, 물체와 유기체와 공동체의 차이를 생각해보는 것도 나쁘지 않을 것이다. 무정형의 자연적 물질이 아니라 일정한 형태를 지닌 물체는 외적 강제력에 의해 하나의 합성체가 된다. 생명을 지닌 유기체는 오로지 내적 결속에 의해 하나의 신체를 이룰 것이다. 그러나 유기체를 이루는 내적 결속력은 반성적 자기의식을 동반한 의지적 행위가 아니라는 점에서 자동적이고 맹목적이다. 그런 점에서 물체를 이루는 외적 강제와 마찬가지로 유기적 결속력 역시 자연력에 속한다고 말할 수 있다.

그러나 사람들을 하나의 공동체로 결속하게 해 주는 힘은 자연에서 오지 않는다. 개인이 하나의 공동체에 결속하게 되는 것은 원칙적으로 자발적인 의지에 따른 것이다. 이런 사정은 회사나 종교단체 같은 공동체는 말할 것도 없고 국가의 경우도 마찬가지이다. 오늘날 대부분의 사람들은 어떤 국가의 구성원으로 태어나지만, 그가 태어난 국가의 구성원으로 반드시 머물러야 하는 것은 아니다. 그런 의미에서 국가조차 원칙적으로 보자면 개인적 선택의 대상이다.

그렇다면 자연의 관점에서 보자면 우연적 단체인 사회적 공동체는 어떤 결속의 원리에 따라 형성되는 것일까? 어떤 내적 필연성이 사람들을 하나의 사회적 공동체로 결속하게 만드는 것일까? 그러나 여기서 우리가 현실적으로 존재할 수 있는 모든 사회 공동체의 형성 원리를 남김없이 분석할 수는 없다. 그 대신 우리는 한편으로는 가장 단순한 사회 공동체를 분석하고 다른 한편에서는 가장 큰 사회적 공동체를 고찰함으로써 공동체 형성의 근본 원리를 유추할 수 있을 것이다. 여기서 가장 단순한 사회적 공동체를 통해 사회 공동체 형성 원리를 묻는 것은 마치 마르크스가 가치를 분석하면서 가장 단순한 교환 관계를 분석한 것과 같다. 그리고 가장 큰 공동체를 통해 공동체 형성

원리를 고찰하는 것은 플라톤이 인간의 정의를 고찰하기 위해 국가의 정의를 고찰한 것에 비견될 수 있다. 만약 가장 큰 공동체와 가장 작은 공동체의 형성 원리가 서로 호응한다면, 우리는 그로부터 어느 정도 보편적 타당성을 지닌 사회적 공동체 형성 원리를 유추해낼 수 있을 것이다.

구체적으로 말해, 가장 단순한 사회 공동체를 분석하는 것은 만남을 분석하는 것을 의미한다. 왜냐하면 공동체란 어떤 형태로 규정된 지속적 만남이기 때문이다. 여기서 만남은 공동체의 질료이고 규정된 형태는 공동체의 형상이다. 그런데 사회 공동체의 형태가 지향하는 목적에 의해 규정된다는 점에서 공동체의 형상은 동시에 목적이기도 하다. 그리고 이 목적이 지속적 공동체 형성의 결정적 원인이 된다는 점에서 사회 공동체는 그 목적과 형상 그리고 형성원인이 모두 같다고 말할 수 있을 것이다.

하지만 그렇다고 해서 사회 공동체의 형성 원리가 전적으로 형상적 원리에만 존립하는 것은 아니다. 왜냐하면 같은 단체라도 그것의 바탕이 되는 질료 자체가 합성된 물체와 유기체와 사회 공동체 사이에 서로 다르기 때문이다. 물체의 질료는 물질이다. 유기체의 질료는 세포이다. 그러나 공동체를 이루는 질료는 인간이다. 하지만 여기서 인간은 생물학적 개체가 아니고 인격적 주체이다. 그리고 모든 인격은 다른 인간과의 만남 속에서 인격적 주체가 된다. 그러므로 사회 공동체의 바탕이 되는 질료는 이미 만남 속에 있는 인간이며, 거꾸로 사람들 사이의 인격적 만남 그 자체이다. 만남은 아무리 우발적인 만남이라 할지라도 단순한 관계와는 구별되는 사건이다. 만남을 단순한 사물적 관계와 구별해주는 결정적 차이는 그 관계의 인격성에 있다. 책상과 그 위의 책은 공간적 관계 속에 있다. 그러나 그 두 사물은 인격적 만남 속에 있지는 않다. 책과 책상은 의지적으로 결속해 있는 것이 아니다. 그러나 사람과 사람의 만남은 인격적 주체의 의지적 결속에 존립한다. 이 점에서 관계와 만남은 다르다.

사회 공동체를 이루는 가장 기본적인 질료는 너와 나의 만남이다. 비유하자면 만남은 공동체의 세포이다. 그러나 세포가 아무리 많이 모인다 하더라도 신체를 이룰 수 있을 뿐 인격적 주체가 정립되지 않듯이, 만남도 그 자체가 공동체는 아니다. 세포들이 모여 이룬 신체 속에 자기의식이 일어날 때, 인격적 주체가 정립되는 것처럼, 만남이 아무리 많이 모여 아무리 큰 무리를 이룬다 할지라도 집단적 자기의식이 형성되지 않는다면, 그것은 온전한 의미의 공동체라고 말할 수는 없다. 그런 까닭에 너와 나의 만남이 공동체를 이루기 위해서는 너와 내가 하나의 '우리'라는 집단적 주체의 자기의식을 공유해야 한다. 개별적 주체가 '나는 나다'라는 반성적 자기의식을 지니고 있듯이, 모든 한국인이 우리는 한국인이다라는 의미에서 '우리는 우리다'라는 자기 정체성의 의식을 공유하는 것이 집단적 자기의식이라고 말할 수 있다.

이것은 다른 사회 공동체의 경우에도 마찬가지이다. 인간은 가장 단순한 '우리'에서 시작하여 다양한 종류의 '우리'로 살아가며, 그리고 점점 더 큰 '우리'를 향해 나아간다. 크기와 종류의 차이에도 불구하고 모든 공동체는 너와 내가 만남 속에서 정립하는 '우리'의 현실태이다. 그런 의미에서 공동체의 형성 원리는 '우리'의 형성 원리이다. 어떻게 우리는 우리가 되는가? 무엇이 너와 나를 지속적으로 우리가 되게 만들어주는가? 여기서 물어지고 있는 그 '무엇'이 바로 공동체의 형성 원리이다.

물론 더 구체적으로 들어가서 생각하면, 어떤 공동체를 바로 그런 공동체로 만들어주는 형상이 있을 것이고 목적도 있을 것이다. 만남이 의지적 결속이라면 모든 의지적 행위에는 목적이 있을 것이기 때문이다. 그리고 공동체가 집단적 주체성에 존립한다면, 주체성이란 어디까지나 의식과 행위의 주체일 것이므로 공동체 역시 합목적적 활동을 수행하기 위한 집단적 사유활동과 의사결정의 규칙에 따라 움직여야 할 것이다. 하지만 여기서 그런 세세한 것들을 분석하는 것은 우리의 과제가 아니다. 재난 상황 속에서 일어나는 연대가 공동체 형성과 무슨 상관이 있는지가 우리의 관심사이기 때문이다. 그러므로 우리는 이 주제에 관련된 한에서 너와 나를 우리로 만들어주는 공동체 형성 원리가 무엇인지를 물으면 될 것이다.

그러나 논의가 추상에 흐르지 않도록 하기 위해서는 너와 내가 만남 속에서 우리가 된다는 가장 단순한 공동체 형성 원리가 가장 지배적인 현실 공동체 속에서 검증되어야 할 것이다. 다시 말해 가장 큰 공동체 속에서 가장 작은 공동체 형성의 원리가 입증되어야 할 것이다. 부분의 존재는 전체의 존재에 의존하고 또 전체에 의해 제약된다. 그러므로 가장 큰 공동체가 가장 지배적인 공동체이다. 그런 까닭에 공동체 형성 원리가 현실적으로 작동하는 것을 가능한 한 보편적인 차원에서 확인하려 한다면, 우리는 가능한 한 가장 큰 공동체의 층위에서 어떤 공동체의 형성 원리가 작동하고 있는지를 보아야 할 것이다.

그 지배적인 공동체가 국가이다. 인간의 삶을 현실적으로 지배하는 마지막 '우리'는 국가이다. 왜냐하면 국가를 넘어선 모든 공동체는 아직은 국가가 행사하는 구속력을 행사하지는 못하는 단계에 머물러 있기 때문이다. 유럽연합이 행사하는 강제력은 국가의 강제력에 미치지 못하며, 세계공화국이나 세계연방은 아직은 미래의 과제로 남아 있다.

그런데 우리가 가능한 한 가장 큰 공동체의 층위에서 어떤 공동체 형성 원리가 작동하는지를 고찰해야 하는 까닭은 우리가 직면한 재난이 전 지구적 차원에서 일어나고 있기 때문이다. 그 재난에 대처해야 할 가장 직접적인 주체는—재난을 막을 능력을 생각하든 재난에 대한 책임을 생각하든—국가이다. 하지만 또 다른 이유는 국가 그 자체가 오늘날 일종의 재난 상황에 처해 있기 때문이기도 하다. 최근 미국의 국회의사당 점거사건에서 보듯이, 오늘날 많은 국가들이 내적 분열로 인해 안으로부터 붕괴할 위험에 직면해 있다. 이런 사정은 한국의 경우에도 다르지 않은데, 우리는 이미 남북으로 분단과 전쟁을 경험한 것도 모자라, 지금은 동서 간의 분열에 시달리고 있다. 그러니까 국가의 붕괴라는 보편적 위기상황은 현재적 재난의 결과이기도 하고 원인이기도 하다. 재난은 국가를 안팎으로 분열에 빠뜨리고, 그런 국가적 분열은 전쟁과 같은 재난을 직접적으로 야기하기도 하고, 재난에 대한 대처를 어렵게 만듦으로써 재난을 더 악화시키기도 한다. 재난의 원인으로서든 재난 극복을 위해서든, 국가는 재난 상황의 가장 중요한 당사자이다.

이런 의미에서 우리는 오늘날 인류가 다양한 방식으로 겪고 있는 보편적 재난 상황이 국가의 붕괴라는 현실 속에서 가장 전형적으로 표현되고 실현된다고 말할 수 있다. 재난이 직접적 고통으로 일어난다면, 재난의 주체는 개인이다. 그러나 재난이 공동체의 붕괴로 일어난다면, 가장 전형적인 의미에서 재난을 겪는 공동체는 국가이다. 왜냐하면 국가야말로 가장 지배적인 사회 공동체이기 때문이다. 너와 내가 만나서 우리를 이루는 것이 공동체라면 국가보다 더 크고 굳건한 '우리'는 없다. 그런 의미에서 가장 단순한 공동체 형성 원리는 가장 지배적인 국가 공동체를 통해 가장 두드러지게 표현되고 실현된다. 재난이 초래하는 공동체의 붕괴는 국가의 붕괴 속에서 가장 뚜렷하게 나타나는 것도 이 때문이다.

하지만 이것은 단지 재난 상황에서 국가가 내적 분열을 겪는다는 의미만은 아니다. 국가는 재난을 겪는 주체인 동시에 재난을 유발하는 주체이기도 하다. 국가 자신이 재난을 유발하고 국가 자신이 그 재난에 의해 위험에 빠진다. 이처럼 국가가 재난 유발자가 된 것은 국가의 형성 원리 속에 무언가 문제가 있기 때문일 것이다. 그런 점에서 오늘날 우리가 겪는 재난은 국가의 실패와 뗄 수 없이 결합되어 있다고 말할 수 있다. 그런데 국가가 가장 지배적인 공동체인 한, 현재의 전 지구적 재난은 국가에 의해 가장 지배적으로 표현되고 실현되는 공동체 형성 원리의 실패이기도 하다. 너와 내가 만남 속에서 우리가 되는 것이 가장 단순한 공동체 형성 원리이므로, 우리는 모든 재난이 근원에서 보자면 잘못된 만남에 기인한다고 말할 수 있을 것이다. 잘못된 만남이 잘못된 공동체를 낳고 잘못된 공동체가 다시 재난을 불러온다. 너와 나의 만남이 전 지구적으로 확장된 오늘날 만남의 왜곡은 전 지구적인 재앙을 초래한다. 그 중심에 국가가 있다. 만남의 현실태가 국가이므로, 국가의 실패는 잘못된 만남의 결과이다. 그리고 잘못된 만남이 재난의 근원이다. 그렇다면 참된 만남은 어떤 만남일까? 왜곡된 만남이 재난의 근원이라면, 재난의 극복을 위해서도 우리는 참된 만남이 어떤 것인지 물어야 할 것이다.

——————— 3. 국가의 역설

나는 왜 너와 만나는가? 이 물음에 대해 루소는 이렇게 대답했다.

"인간을 사회적인 존재로 만든 것은 인간의 약함이다. 우리의 마음에 인간애를 느끼게 하는 것은 우리들 공동의 비참함이다. 인간이 아니었다면 우리는 인간애 같은 것을 느낄 필요가 전혀 없는 것이다. 모든 애정은 부족함이 있다는 증거이다."[1]

여기서 루소는 나와 너의 사회적 만남이 인간의 약함과 비참함 그리고 부족함에 근거한다고 말한다. 우리가 루소의 견해를 따른다면, 우리는 사회 공동체가 인간의 약함과 비참함 그리고 부족함에서 시작된다고 말할 수 있을 것이다. 더 나아가, 그런 한에서 사회 공동체는 인간의 약함과 비참함 그리고 부족함을 극복하는 것을 그 목적으로 삼는다고 말할 수 있을 것이다. 이런 추론이 잘못된 것이 아니라는 것을 우리는 아리스토텔레스에게서 확인할 수 있다. 왜냐하면 그는 국가의 존재 이유를 개인의 결핍과 국가의 자족성에서 찾았기 때문이다.

"여러 마을로부터 이루어진 완전한 공동체는 국가인데, 국가는 한마디로
말해서 이미 전적인 자족성의 한계에 도달해 있는 공동체로서, 삶을 위해
생겨나서, 좋은 삶을 위해 존재하는 공동체이다."[2]

여기서 국가는 완전한 공동체라고 표현된다. 까닭은 그것이 자족성의 한계에 도달해 있는 공동체이기 때문이다. 이 말은 어떤 공동체도 국가가 실현하는 것 이상으로 자족성을 실현할 수는 없다는 말일 것이다. 그런데 국가를 통해서 인간이 온전히 자족성을 실현할 수 있다는 말은, 그 반대로 국가가 없는 경우 인간은 결핍에 시달릴 수밖에 없음을 의미한다. 그 경우 인간은 생존 자체에서부터 위험에 노출될 것이다. 그런 의미에서 국가는 처음에는 삶 그 자

---

1 루소, 민희식 옮김, 『에밀』, 육문사, 1993, 291쪽.
2 아리스토텔레스, 김재홍 옮김, 『정치학』, 도서출판 길, 2017, 32쪽[1권 2장, 1252b27].

체 즉 생존을 위해 생겨난다. 그 생존이란 다른 무엇보다 자연적 결핍을 극복하는 것에 존립하겠지만, 동시에 타인의 공격으로부터 자기를 지키는 것에도 존립할 것이다. 그러니까 국가는 처음에는 그렇게 자연적 결핍과 외부의 공격으로부터 자신을 지켜 생존을 이어가기 위해 생겨나는 것이다.

　그러나 인간적 삶은 단순한 동물적 생존이 아니라 좋은 삶에 존립한다. 그러나 그런 삶은 전반적 결핍 속에서는 실현될 수 없다. 그것은 오직 우리의 생존을 위해 필요한 모든 요소들의 충족이라는 의미에서 자족성 위에서 실현될 수 있다. 하지만 가족의 힘만으로 우리는 그런 자족성에 도달할 수 없다. 이런 사정은 마을 단위의 사회적 공동체라도 마찬가지이다. 그런 까닭에 마을들은 서로 결속하여 더 큰 공동체를 형성하게 된다. 이는 공동체의 크기가 더 커질수록 자기를 지키기 위해서나, 자연적 결핍을 극복하기 위해서나, 모든 면에서 인간은 더 자족적인 삶을 살 수 있기 때문이다.

　그런데 아리스토텔레스에 따르면 이 확장은 무한히 계속되는 것이 아니고, 어디에선가 멈추는 한계가 있다. 그 한계가 국가이다. 국가는 "이미 전적인 자족성의 한계에 도달해 있는 공동체"이다. 우리는 국가를 넘어 더 완전한 자족성으로 나아갈 수는 없다. 국가는 전적인 자족성의 한계이다. 여전히 인간의 삶 속에 내재하는 결핍은 더 큰 공동체를 형성함으로써 충족되지는 않는다. 국가 형성을 통해서도 여전히 남아 있는 결핍은 이제 국가 공동체 내부에서 또는 외부에서 국가 공동체의 활동을 통해 충족되는 수밖에 없을 것이다.

　거칠게 말해 이것이 아리스토텔레스가 말하는 국가의 형성 원리이다. 국가는 마을과 마을의 연대에 의해 형성된다. 그렇게 연대하는 이유는 결핍을 극복하고 자족성을 실현하기 위해서이다. 그러니까 루소에게서든 아리스토텔레스에게서든 인간의 사회적 연대와 공동체 형성의 근저에 결핍과 부족함이 있으며, 국가는 그 결핍과 부족함을 채우기 위해 형성되는 모든 공동체들 가운데 가장 크고 지배적인 공동체라고 말할 수 있을 것이다.

하지만 아리스토텔레스는 왜 국가가 전적인 자족성의 한계에 이미 도달한 공동체라고 말하는 것일까? 왜 국가는 더 확장되면 안 되는 것일까? 또는 마을이 하나로 뭉쳐 국가를 형성하듯이 국가들이 하나로 뭉쳐 더 큰 공동체 속에서의 국가를 지향하지 못하는 것일까? 만약 국가가 인간의 결핍과 부족함을 채워 생존을 확보하고 더 나아가 훌륭한 삶을 추구하기 위해 생겨나는 공동체라면, 이런 의미의 공동체를 마다할 이유는 없을 것이다. 그리하여 만약 우리가 이런 의미의 '폴리스'를 온 인류에까지 확장할 수 있다면, 그리하여 모든 인류가 결핍과 부족함을 자족성 속에서 극복한 세계 국가의 시민으로서 공존할 수 있다면 그것 이상으로 좋은 일은 없을 것이다.

그럼에도 불구하고 아리스토텔레스는 국가가 전적인 자족성의 한계에 도달한 공동체라고 말한다. 그런데 이처럼 국가의 한계를 넘어서서 보다 높은 하나의 공동체를 형성하는 것이 불가능하다고 생각한 것은 헤겔도 마찬가지였다. 그는 "국가는 본질적으로 하나의 개체로 존재하는 단일체"라면서,[3] 그런 국가들 사이의 영속적 평화가 불가능한 까닭을 다음과 같이 말했다.

> "이러한 뜻에서 칸트는 국가 간의 분쟁을 조정할 군주동맹을 제안했으며, 신성동맹도 거의 이러한 기구로 짜여질 참이었다. 그러나 국가는 개체이며, 개체성에는 본질적으로 부정의 활동이 포함되어 있다. 그러므로 비록 다수의 국가가 하나의 가족으로 꾸며진다 해도 이러한 결합체는 개체성을 지닌 채 자기에 대한 대립물을 조성하면서 적을 산출해 낼 것임에 틀림없

---

3 헤겔, 임석진 옮김, 『법철학』, 한길사, 2008, 561쪽, §321.

다."4

여기서 헤겔은 국가가 하나의 개체로서 존재하기 때문에 반드시 자기 외부에 적을 만들어 낼 수밖에 없다고 말한다. 이렇게 말할 때 헤겔은 국가의 개체성 자체가 자기 아닌 타자와의 적대적 대립을 필연적으로 수반한다고 생각하고 있다. 하지만 헤겔이 말하는 국가의 개체성은 사물적인 개별성이 아니라 인격적 주체성에 존립하는 것으로서, 이런 의미에서 국가는 "타자를 배척하는 대자적 존재"이다.5 여기서 대자적 존재란 자기를 반성적으로 의식하는 주체라는 말과 같다. 그러니까 국가는 주체이기 때문에 반드시 자기 아닌 타자를 적으로 삼게 된다는 것이다. 부정적으로 말하자면, 이는 국가가 모든 다른 국가와 친구가 되는 것은 불가능하다는 말일 것이다.

하지만 국가가 다른 국가에 대해 개별적 주체라는 것이 왜 국가가 다른 국가를 적으로 삼을 수밖에 없는 근거가 되는가? 헤겔은 여기서 그 이유를 말하지는 않는다. 하지만 그가 국가의 대자적 주체성을 근거로 그것이 다른 국가와 적대성 속에 존재할 수밖에 없는 필연성을 추론한다면, 우리는 여기서 그가 모든 주체는 자기 아닌 다른 주체와 필연적으로 적대적 관계에 들어갈 수밖에 없음을 전제하고 있다고 보아야 할 것이다. 하지만 이것이 과연 사실일까?

헤겔에게서 주체성이 타자와의 적대성을 필연적으로 수반하는지, 수반한다면 어떤 의미에서 그러한지를 여기에서 탐구하는 것은 우리의 과제가 아니다. 지금 우리의 주제와 관련해서 다만 우리는, 헤겔에게서도 주체들 사이의 호혜

---

4 헤겔, 앞의 책, 566쪽, §324, 추가.
5 헤겔, 앞의 책, 561쪽, §321.

적 연대가 국가에서 멈춘다는 것을 확인하면, 그것으로 충분할 것이다. 아리스토텔레스든 헤겔이든 사회적 연대는 국가의 한계를 넘어가지 못한다. 국가들 사이의 관계를 헤겔은 "자연상태"라고 규정했다.[6] 자연상태란 전쟁상태라는 말과도 같다. 그리하여 아무리 인류가 국가의 구성원으로서는 문명화되고 사회화된 삶을 살고 있다 하더라도 일단 국가의 한계를 넘어서는 순간, 우리 모두는 본질적으로 전쟁상태를 벗어나지 못한다. 대개 그 전쟁상태는 하나의 잠재적 가능성으로서 잠복하고 있다. 하지만 잠재적인 것은 어떤 계기가 주어지면 언제라도 현실화 할 수 있다. 그리고 그렇게 현실로 일어난 전쟁은 인간에게 가장 큰 재난으로 닥쳐올 것이다.

그리하여 우리는 다시 출발점으로 돌아왔다. 그 출발점은 재난이다. 자기 혼자서는 결코 극복할 수 없는 결핍과 부족함 그리고 약함과 비참함 앞에서 연대함으로써, 인간은 사회적 공동체를 형성하고 공동의 비참함을 극복한다. 그러나 그 연대는 국가에서 멈춘다. 국가 사이에 참된 연대는 불가능하다. 그리하여 국가는 반드시 전쟁을 유발하고, 이로써 차라리 국가가 없었더라면 일어나지 않았을 보다 큰 재난을 불러오게 된다. 그러니까 만약 국가가 결핍과 공동의 비참함을 극복하기 위한 연대의 산물이라면, 그 연대가 더 큰 결핍, 더 극단적인 비참함을 불러오는 것이다. 그리고 이것은 한갓 이론의 문제로 끝나지 않고, 우크라이나 전쟁에서 보듯 직접적 현실이 되기도 하고, 대만 해협과 한반도에서 보듯 임박한 위험이 되기도 한다.

---

6 헤겔, 앞의 책, 574쪽, §333.

4. 동일자의 연대와 타자의 응답 사이에서

그렇다면 무엇이 잘못된 것일까? 우리는 안으로는 시민적 연대에 기초한 공화국이 밖으로는 타자를 배제하고 침략하는 제국주의 국가가 되는 까닭을 다음과 같이 설명했었다.

"5.18이 계시한 새로운 나라의 뜻을 선명하게 드러내기 위해 낡은 세계의 형성 원리로서 기존의 국가 이념을 간단히 되돌아보려면, 우리는 키케로가 정의한 공화국의 이념을 상기하면 될 것이다. 그에 따르면 공화국이란 모든 인민에게 속한 것[res populi]으로서 이익의 공유와 법률의 확립에 존립한다. 이로써 시민들이 자기의 권리를 지키게 되는데, 권리는 국가를 통해 실현되는 자유의 내용이다. 그러나 권리를 통해 확보되는 이익은 무한정하게 공유될 수 있는 것이 아니므로 [왜냐하면 이익의 무한한 공유는 마지막에는 이익을 극소화시킬 것이기 때문이다.] 그 이익을 공유하는 시민 공동체의 크기나 외연은 반드시 어떤 한계를 통해 제한되고 그 한계 외부는 이익의 공유에서 배제된 타자로 남게 된다. 더 나아가 그 타자는 자기의 이익의 확대재생산을 위해 수탈되어야 하는 대상이 되는 것이다. 이것이 앞에서 우리가 말했던 서양적 국가의 내적 모순이다."7

이런 서양적 국가의 모순을 지금 우리의 논의 문맥에 맞게 표현하자면, 우리는 그것을 '동일자의 연대가 반드시 타자를 배제한다'는 명제로 정식화할 수 있을 것이다. 국가를 통해 실현되는 시민적 연대의 근거는 소극적으로 말하자면 결핍과 비참함의 극복이지만, 적극적으로 말하자면 자유의 실현이다.

---

7 김상봉, 「자기의 권리를 위한 투쟁에서 타인의 고통에 대한 응답으로-5.18의 세계사적 의미에 대하여」, 『고통에 응답하는 평화로운 화요일』, 꿈꾸는 터, 2021, 48쪽 아래.

아리스토텔레스가 국가의 형성 원리를 말하면서 그것이 생존을 위해 생겨나지만 좋은 삶을 위해 존재한다고 말한 것은 그 차이를 꿰뚫어 본 말이기도 하다. 생존은 결핍과 비참의 극복이다. 그러나 이것은 국가의 소극적 존재 이유에 지나지 않는다. 누구도 단순한 동물적 생존을 위해 살지는 않는다. 모든 삶은 보다 좋은 삶 훌륭한 삶을 지향한다. 하지만 무엇이 좋은 삶일까? 근대적 국민국가가 형성되던 시절에 스피노자도 헤겔도 국가의 최고선은 결국 자유의 실현에 있다고 보았다.[8] 국가가 실현해야 할 좋은 삶이란 자유의 실현에 존립하는 것이다.

자유는 능동적 활동성에 존립한다. 그 활동의 대상은 원칙적으로 자기 자신이다. 자기를 능동적으로 규정하는 것, 자유는 이 자기규정에 존립한다. 이 자기규정 속에서 주체는 자기 자신의 주인이 된다. 하지만 이 자기규정은 동시에 세계규정이기도 하다. 왜냐하면 나의 존재 자체가 세계 내 존재이기 때문이다. 그러므로 자유의 실현은 추상적 자기의식이나 주관적 결단에 존립하는 것이 아니고 세계를 능동적으로 형성하는 데 존립한다. 개별적 주체가 국가 속에서만 자신의 자유를 온전히 실현할 수 있는 까닭도 바로 여기에 있다. 누구도 세계의 주인이 되지 않고서 자기 자신의 주인이 될 수는 없다. 하지만 누구도 자기 혼자의 힘으로 세계의 주인이 될 수는 없다. 그러므로 타자의 공격으로부터 자기를 지키고 그렇게 확립된 생존 위에 자기를 뜻대로 실현할 수 있으려면, 결국 타인과 연대할 수밖에 없다. 그 연대의 극한이 국가이다.

하지만 이것이 전부는 아니다. 인간은 타인과 연대함으로써 결핍을 극복하기도 하지만, 자신의 결핍과 부족함을 타인에게 전가함으로써 그것을 충족시

---

8 헤겔, 앞의 책, 449쪽, §258 추가. "국가란 본래 그 자체가 인륜적인 전체이며 자유의 실현태이다. 바로 이 자유를 실현하는 것이야말로 이성의 절대적인 목적이다."

키기도 한다. 결핍과 공동의 비참함을 극복하고 생존과 좋은 삶을 위한 연대가 어떤 한계에 부닥치는 것은 그 때문이다. 국가는 그 한계가 외적으로 나타난 테두리이지만, 그 한계를 연대의 내적 본질을 통해 규정한다면, 우리는 그것을 동일자의 연대라고 정식화할 수 있을 것이다. 국가의 한계는 동일자와의 연대의 한계이다. 여기서 국가라는 공동체 속에서 서로 연대하는 주체들이 어떤 의미에서 동일자인지는 미리 규정할 수 없는 문제이다. 분명한 것은 어떤 동질성의 의식이 '우리'를 형성하고 남들을 배제하게 된다는 것이다. 그리고 그렇게 결속한 공동의 주체가 타자적 주체를 단순히 배제할 뿐만 아니라 타자적 주체에게 자신의 결핍을 전가하려 할 때, 주체와 타자 사이에는 권력투쟁이 시작되고, 국가와 국가 사이에는 적대적 경쟁이 그리고 그 경쟁이 격화되면 전쟁이 일어나게 될 것이다.

이런 연대의 역설은 반드시 국가 차원에서만 일어나는 일은 아니다. 국가 내의 수많은 공동체에서도 우리는 동일한 역설에 직면한다. 그 가장 전형적인 예로서 우리는, 정규직 노동자의 연대가 비정규직을 배제하는 현실을 들 수 있다. 이런 배제는 노동운동 전체에 대한 냉소를 부르고, 이런 냉소가 노동운동 자체를 무의미하고 불가능하게 만든다.

우리는 앞서 소개한 글에서 5.18 항쟁공동체를 분석하면서 이런 동일자의 연대가 타자의 배제로 귀착하는 것을 타자의 고통에 대한 응답을 통해 극복할 수 있다고 말했었다. 동일자의 연대를 위해서는 동일성이 전제되어야 하지만 타자의 고통에 대한 응답은 아무것도 전제하지 않는다. 그러므로 동일자의 연대는 동일하지 않은 타자를 배제하지만, 고통에 대한 응답은 누구도 배제하지 않는다. 왜냐하면 응답의 조건은 타자가 고통받는다는 것 이외에는 아무것도 없기 때문이다. 그러므로 응답 속에서 일어나는 공동체는 아무런 한계에도 부딪히지 않고 확장될 수 있다. 이것이 다른 무엇보다 5.18 항쟁공동체를 통해 표현되고 또 실현되었다는 것이 우리의 생각이었다.

그러나 여기 모인 글들은 우리를 하나의 어려운 질문 앞에 마주 세운다. 이 책은 크고 작은 재난 상황에서 주체가 타인의 고통에 응답한 기록이다. 그런데 생각하면 그 응답이 한편에서는 우리를 만남과 연대로 이끌지만 다른 한편에서는 우리를 적대적 분열에 빠뜨리는 것은 아닐까? 한편에서는 세월호 유가족과 연대한 시민상주모임이 있지만, 다른 한편에서는 단식하는 유가족 옆에서 이른바 폭식투쟁을 하던 사람들도 있었다.

이런 사정은 최근 일어난 이태원 참사 희생자 명단 공개를 둘러싼 터무니없는 논란에서도 비슷하게 재연되었다. 희생자가 누군지 모르면 온전히 희생자와 유가족의 고통에 응답할 수 없다. 그런 의미에서 보자면 애도와 연대를 위해서는 희생자의 명단을 공개하는 것이 너무나 당연한 일이다. 그런데 그 당연한 일이 한편에서는 비난의 대상이 되었다. 하지만 그것이 왜 그리도 비난의 대상이 되어야 했을까? 거기에는 아무런 납득할 수 있는 이유도 없다. 다만 분명한 것은 그런 논란 속에서 이태원 참사에 대한 애도 자체가 타인의 고통에 대한 순수한 응답이 아니라 정치적 당파성의 프레임에 갇히게 되었다는 사실이다. 그리하여 이태원 참사 희생자에 대한 애도가 우리 모두에게 일어날 수 있는 공동의 비참함을 상기시켜 우리 모두를 상호 연대로 이끄는 것이 아니고, 도리어 우리를 다시 깊은 분열에 빠뜨리는 마음의 분단선이 되고 말았다.

그렇다면 어떻게 해야 하는가? 애도하지도 말고 연대하지도 말고 응답하지도 말아야 하는가? 그럴 수는 없을 것이다. 이 책에 실린 글들은 그런 점에서 아무도 배제하지 않고 또 아무도 적대시하지 않으면서 타인의 고통에 응답함으로써 사람들 사이에 만남의 다리를 놓아가는 실천적 모색의 보고서이다. 예를 들어 히로시마와 나가사키의 조선인 피폭자들을 돕기 위하여 한국인들만이 아니라 수많은 일본인들이 적극적으로 연대하는 모습은 한갓 동일자의 연대를 넘어 타자의 고통에 대한 응답의 전형이다. 마찬가지로 광주광역시에서 고향에서 난민으로 전락한 여러 나라의 고려인들에게 새로운 삶의 터전을 열어준 것 역시 그런 실천에 해당한다고 말할 수 있을 것이다.

이런 모든 실천이 지금 우리가 직면해 있는 전세계적인 분열과 적대성을 해결하는 씨앗이 될 수 있을지 어떨지는 예단할 수 없다. 그럼에도 불구하고 우리에게 다른 길이 있는 것 같지는 않다. 오늘날 우리가 겪는 재난은 기후위기 같은 자연재난조차 자연이 아니라 인간이 유발한 재난이다. 하지만 그 책임의 몫이 모든 사람에게 똑같다고 말할 수는 없을 것이다. 인간이 유발한 모든 재난에는 누군가는 더 많은 책임이 있고, 그런 의미에서 재난의 극복은 그렇게 더 많은 책임이 있는 사람 또는 집단에게 책임을 묻는 일을 동반하게 된다. 하물며 가습기 살균제 문제나 지금도 현재진행형인 산업재해의 경우에는 더 말할 필요도 없다. 중대재해를 유발한 사업주를 처벌하지 않고서 어떻게 산업재해를 막을 수 있겠는가? 진실 없이 화해 없고, 가해자에 대한 처벌 없이 정의도 없지만, 진실과 정의의 추구가 대립을 증폭시킴으로써 화해도 정의도 결과적으로 불가능하게 만드는 것은 5.18의 경우나 4.3의 경우나 크게 다르지 않다.

하지만 이런 모든 한계에도 불구하고 우리가 재난의 피해자와 희생자 편에서 생각하고 실천해야 한다는 윤리적 요청이 그 정당성을 잃을 수는 없다. 설령 연대와 응답이 또 다른 적대적 대립을 낳는다 하더라도, 그 대립은 결국 진실과 거짓의 대립이 현실에 드리우는 피할 수 없는 대립일 것이다. 그 대립에도 불구하고 그 대립을 넘어 보편적 화해의 길로 나아가려면, 우리는 어떻게 타인의 고통에 응답하고 연대해야 할까? 여기서 우리는 이 물음에 대답할 수 없다. 다만 재난 속에서 고통받는 사람들에 대한 우리의 응답이 동일자의 연대에 갇히지 않도록 끊임없이 우리와 다른 타자에게로 그 응답의 경계를 넘어가야 하리라는 것은 말할 수 있을 것이다. 그런 의미에서 이 책에 실리지는 않았으나, 팬데믹이 시작되던 초기 광주시에서 대구의 환자들을 받아들인 것은 그런 타자의 고통에 대한 응답의 한 전형으로서 기억할 가치가 있으리라 생각한다. 그럼에도 불구하고 물음은 남아 있고, 물음에 대한 대답은 미완의 과제로 남아 있다. 그러나 모든 물음은 대답의 시작이다. 그렇게 우리를 새로운 물음 앞에 세운다는 것이야말로, 이 책에 실린 모든 글의 미덕이라고 우리는 생각한다.

김상봉, 「자기의 권리를 위한 투쟁에서 타인의 고통에 대한 응답으로-5.18의 세계사적
　　　의미에 대하여」, 『고통에 응답하는 평화로운 화요일』, 꿈꾸는 터, 2021.
루소, 민희식 옮김, 『에밀』, 육문사, 1993.
아리스토텔레스, 김재홍 옮김, 『정치학』, 도서출판 길, 2017.
헤겔, 임석진 옮김, 『법철학』, 한길사, 2008..

오월과 사월의 연대와 실천

강희숙
(조선대)

1. 재난 유토피아로서 오월 광주와 4 · 16의 연대

미국의 저술가이자 비평가인 리베카 솔닛(Rebecca Solnit)은 자신의 저서 『이 폐허를 응시하라』에서 다음과 같이 재난에 내포된 모순적 성격에 대해 말하고 있다.

> 모든 재난에는 고통이 있고, 아비규환의 순간이 지났을 때 받는 정신적 충격이 있으며, 죽음과 상실이 있다. 그러나 한편에는 깊은 만족감과 새로운 사회적 유대, 자유도 존재한다.[1]

이러한 기술에 비추어 보면 재난에는 분명 고통과 정신적 충격, 죽음과 상실이라는 어두운 면이 따르기 마련이다. 그러나 다른 한편으로는 재난을 경험하는 공동체의 구성원들에게 깊은 만족감과 새로운 사회적 유대, 자유 또는 해방의 순간이 찾아올 수도 있다. 이러한 두 가지 상반된 재난의 성격 가운데 재난공동체 구성원들에게 찾아올 수 있는 만족감과 새로운 사회적 유대 및 자유의 시공간을 일컬어 리베카 솔닛은 이른바 '재난 유토피아'라고 명명하였다. 가령, 1906년 샌프란시스코를 중심으로 일어난 대지진과 1917년 캐나다 노바스코샤주의 주도인 핼리팩스에서 일어난 화물선 폭발사고 같은 대재난[2]

---

1 리베카 솔닛/정해영 역, 『이 폐허를 응시하라』, 펜타그램, 2009, 32쪽.

속에서 개인의 안녕보다 공공의 선을 앞세우는 실천적 행동과 무수한 선행들이 쌓이는 가운데 낯선 사람들이 서로 친구가 되고 협력자가 되며, 물건을 자유롭게 공유할 수 있는 관대함까지 싹트는 혁명적 공동체가 형성되었는바, 이러한 공동체를 일컬어 '재난 유토피아'라고 할 수 있다는 것이다.

재난 유토피아 관점에서 볼 때 인간은 본능적으로 선하며, 절박한 상황에 처한 인간들이 우선하는 진심은 이기심이 아닌 이타심이라고 할 수 있다. 이러한 이타심으로 인하여 인간은 생명의 안전을 보장받기 어려운 재난 상황에서도 서로를 보듬고 사랑할 수 있게 된다.

1980년 5월, 광주시민들이 불의(不義)한 반란 군부의 독재에 맞서 저항한 의로운 민주화 투쟁이라는 정체성을 지닌 '5·18민주화운동' 역시 재난 유토피아로서의 요건을 갖추었다고 할 수 있다. 반란 군부가 동원한 계엄군에 의해 광주 전역이 외부와 철저히 고립된 상황에서 시민들은 하나가 되어 주먹밥을 나누고 기꺼이 부상자들을 위한 헌혈의 대열에 섰다. 도시 봉쇄를 위해 계엄군이 외곽으로 물러간 이후, 치안력이 부재한 상황에서도 어떠한 약탈이나 매점매석도 없었으며, 시민 스스로 질서를 지킴으로써 평화적 자치 공동체를 실현하였던 것으로 볼 수 있기 때문이다.

문제는 사회를 구하고 폐허 속에서 이웃을 보살피려는, 계획되지 않은 노력의 결과라고 할 재난 유토피아는 그 생명력이 아주 짧은 것으로 인식되어 왔다는 것이다. 곧 재난 유토피아는 그동안 지속될 수 없고 따라서 재난 이후 얼마 안 되어 사라지기 마련인 세계라는 인식이 없지 않았다고 할 수 있다.

---

2 1906년 미국에서 일어난 샌프란시스코 대지진은 미국 역사에서 99년 만에 일어난 최악의 재난이라고 할 수 있으며, 핼리팩스에서 일어난 화물선 폭발사고는 핵무기 이전의 역사에서 인간이 초래한 폭발 가운데 가장 큰 폭발사고였다.

그러나 본 장에서 필자는 40년이라는 시간을 훌쩍 넘긴 현재까지도 '5·18 민주화운동'과 관련하여 형성된 이른바 5월 공동체에는 재난 유토피아가 여전히 생명력을 발휘하고 있음을 제시하고자 한다. 재난 유토피아로서 5월의 생명력은 과거의 시간 속에서는 물론 현재와 미래의 시간 속에서 끊임없이 재생산되고 있는 또 다른 재난공동체들과의 연대를 통해서 피어나고 있다. 이러한 연대는 국내는 물론, 미얀마나 남미의 아르헨티나 등 지리적 공간을 전 세계로 확장하여 다양하게 이루어지고 있는바, 본 장에서는 그동안 5월 공동체가 계속해서 실천해 오고 있는 수많은 재난공동체와의 연대 활동들 가운데 2014년 4월 16일에 일어난 세월호 참사와의 사회적 연대 및 실천 활동에 초점을 맞춰 기술하기로 하겠다. 이를 통해 이른바 5월과 4월의 연대 및 실천 활동이 5·18 희생자나 유가족 관련 단체는 물론 4·16 이후 마치 들불처럼 일어났던 마을 촛불 모임, 세월호광주시민상주모임(이하, 광주시민상주모임) 등을 통해 지속되고 있음을 밝히고자 한다.

2. '오월어머니집'의 기도와 눈물

재난공동체 '오월어머니집'

주지하는 바와 같이, 5·18민주화운동이 아직은 '광주사태'라는 이름으로 명명되던 시절, 5월의 진실은 모두 유언비어로, 불의에 항거하였던 광주시민은 모두 국가 전복의 음모를 지닌 불순 세력이자 폭도들로 간주되었다. 1980년 5월 27일 새벽, 탱크와 헬기를 앞세우고 중무장한 공수 부대의 무자비한 폭력 진압으로 열흘간의 처절한 항쟁이 막을 내리면서 반란 군부의 탄압은 더욱 거세졌다. 항쟁의 와중에 가족을 잃은 유가족들이 진상규명을 외치고, 5·18민주화운동을 계승하기 위한 시민과 학생들의 몸부림이 격렬해질 때마다 안기부와 경찰 등 국가기관을 동원한 탄압과 살인 무기 최루탄 진압이 1987년 6월 민주 항쟁과 1988년 광주청문회가 이루어지기 전까지 계속해서 자행되었던 것이다.

안타까운 현실은 5·18 당시에는 물론, 1988년 KBS, MBC 등 지상파 TV를 통해 전국에 생중계된 광주청문회를 통해 5·18민주화운동의 실상과 함께 반란 군부가 저지른 반인륜적 만행이 전 국민 앞에 낱낱이 공개되고, 1997년 5월 9일, '5월 18일'이 국가 기념일로 제정·공포되고 난 뒤에도 우리 사회 한 구석에서는 5·18민주화운동에 대한 온갖 비방과 폄훼가 끊이질 않았다는 것이다. 이러한 사회적 분위기에서 5·18민주화운동 후 책임자 처벌과 진상규명을 위해 40년 동안 싸움의 끈을 놓지 않았던 단체가 있으니 이 단체가 바로 광주광역시 남구 양림동에 자리 잡고 있는 '오월어머니집'이다.

'오월어머니집'의 전신은 1980년 10월에 결성된 '5·18 관련 구속자 모임'이다. 이후 1983년 '민주화운동 구속자 가족협의회', 2001년 '오월어머니회'로 바뀌었다가 2006년에 현재의 명칭인 '오월어머니집'으로 변경되었다.

5·18 관련 구속자들이 석방된 뒤에도 '오월어머니집' 회원들은 거리에 서서 6월 항쟁 등 굵직한 역사적 사건에 늘 함께해 왔다. 이와 같은 '오월어머니집'의 활동으로 빼놓을 수 없는 것이 바로 '부마항쟁', '여순항쟁', '제주4·3항쟁' 등 국내의 굵직굵직한 국가폭력 희생자 가족과의 연대 활동과 함께, 미얀마와 아르헨티나 등 국외에서 이루어진 민주화 운동 희생자 가족들과의 연대 활동이다. 세월호 참사가 일어난 지 얼마 안 되어 이루어진 '4·16세월호참사가족협의회'와의 연대 활동을 비롯하여 2020년 3월, 코로나19의 지역적 확산

이 국내 최초로 이루어진 대구 지역 시민들과 의료진들을 위하여 518개의 광주주먹밥을 만들어 실어 보낸 것[3] 또한 그와 같은 의미의 활동으로 포함시킬 수 있다.

'오월어머니집' 회원들이 그동안 전개해 온 가장 중요한 재난공동체 간의 활동으로는 바로 세월호 참사의 희생자 및 생존자 가족 모임인 '4·16세월호참사가족협의회'와의 다양한 연대 활동을 들 수 있다. 세월호 참사가 발생한 직후부터 8년 8개월이 지난 현재까지 계속해서 이루어지고 있는 '오월어머니집'과 '4·16세월호참사가족협의회'와의 긴밀한 유대와 연대 활동이야말로 재난 이후 가능한 공동체의 재구성과 그 공동체들 간의 연대를 통한 재난 유토피아의 구축이 얼마든지 가능할 수 있음을 보여준다고 할 수 있는 것이다.

팽목항의 기도와 눈물

2014년 4월 15일, 인천 연안여객터미널을 출발하여 제주로 향하던 청해진해운 소속 여객선 세월호가 다음 날 아침 전남 진도군 조도면 맹골도와 거차도 사이에서 침몰하였다. 이 사고로 탑승객 476명 가운데 304명의 사망·실종자가 발생하였고 생존자는 겨우 172명에 불과하였다. 탑승객 중 대다수는 제주도로 수학여행을 가던 안산 단원고등학교의 학생들과 교사들이었다. 사고 결과 한국 사회가 받은 충격과 반향은 만만치 않았고 들불처럼 번진 정권 퇴진 운동의 여파로 박근혜 정권이 무너지고 문재인 정권이 들어서는 계기가 되기도 하였다.

세월호는 4월 16일 오전 8시 49분경 급격한 변침(變針, 선박 진행 방향을

---

3 2020년 3월 16일 자 N뉴스앤뉴스(http://www.newsnnews.kr/news/view.php?no=852)

변경)으로 추정되는 원인으로 좌현부터 침몰이 시작되었다. 그러나 침몰 중에도 선내에서는 "가만히 있으라!"라는 방송만이 반복되었고. 구조 작업은 이뤄지지 않았다.[4] 대법원의 판단을 빌리자면 적시에 퇴선했을 경우, 최장 8분 이내에 모든 승객이 자력으로 탈출할 수 있었을 것임에도 불구하고, 엉뚱한 교신으로 인한 초기 대응 시간 지연, 선장과 선원들의 무책임, 해경의 소극적 구조와 정부의 뒷북 대처 등 총체적 부실로 안타까운 생명들이 차가운 바닷물 속에서 유명을 달리해야만 했다. 이러한 점 때문에 세월호 참사 생존자와 유가족이 함께하는 <(사) 4.16세월호참사진상 규명 및 안전사회 건설을 위한 피해자가족 협의회>(이하, 4.16세월호참사가족협의회)에서는 "당연히 살아서 돌아와야 했던 아이들과 가족, 친구들이 왜 죽어가야만 했는지, 선원들은 왜 조직적으로 도망쳤고, 왜 가만히 있으라는 방송만 집요하게 했는지, 해경(국가)은 왜 선원들만 빼돌렸는지, 왜 선내 상황 파악을 하지 않았는지, 왜 구조 요청을 외면했는지, 왜 구조를 위해 가장 손쉬웠던 퇴선 지시조차 하지 않았는지" 등의 의문을 제시하며,[5] 지금까지도 진상규명을 위한 활동을 멈추지 않고 있다.

2014년 '오월어머니집'은 동명동에서 양림동으로 보금자리를 옮기기로 하고, 2014년 5월 8일 어버이날에 입주식을 하기로 계획해 놓은 상태에서 무려 304명의 희생자를 낳았던, 단군 이래 최대의 사회적 참사라고 할 세월호 참사 사건과 마주하게 된다. 그리하여 2014년 5월 12일, 온 마음이 세월호와 희생자 가족에게 쏠려 있던 '오월어머니집' 회원들은 버스를 한 대 마련하여 팽목항과 그 가족이 머무르고 있던 진도군민 체육관으로 달려가게 된다. 그날 오

---

4 4·16 세월호 참사 (naver.com) 참조.
5 『세월호참사 진상규명 Q&A』, 11쪽 참조.

후 팽목항에 도착한 회원들은 실종자 가족을 위로한 뒤 바닷가에서 눈물을 흘리며 기도를 하는 등의 깊은 애도를 보였다.

[사진 1] '오월어머니집' 어머니들의 오열과 기도(2014. 5. 12., KBS 뉴스)

'오월어머니집' 회원들이 상처를 입은 세월호 가족들에게 내민 위로와 공감의 손길을 가장 잘 보여주는 것은 바로 참사가 일어난 지 1년이 되어가는 2015년 4월 11일, 팽목항에 내건 한 장의 현수막이다. 이날 5·18 민주유공자유족회 등 5·18 단체 회원들과 함께 팽목항을 찾은 '오월어머니집' 회원들은 생때같은 자식들을 잃은 4·16 엄마들에게 "당신 원통함을 내가 아오. 힘내소, 쓰러지지 마시오."라는 메시지를 담은 플래카드를 내걸고 그들을 위로하였다.6

[사진 2] 5·18 민주유공자 유족회 등 5·18 단체 회원들이
진도 팽목항 방파제에 내건 현수막.(5·18기념재단 제공)

이 현수막의 문구는 광주의 오월 정신을 상징하는 연대와 공감을 가장 잘
보여주는 것으로,[7] 고통은 나누면 힘이 되는 법이라는 것을 너무나 잘 알고
있던 5·18 어머니들의 마음을 고스란히 담은 것이라고 할 수 있다. 팽목항에
간 수많은 방문객이 선명하게 기억하고 있을 뿐만 아니라 지금도 인구에 널
리 회자되고 있는 것도 바로 그러한 이유에서라고 할 것이다.

5·18 어머니들이 보여준 4·16 어머니들에 대한 따뜻한 위로와 공감은 곧
바로 5·18 어머니들에 대한 연대로 나타났다. 세월호 참사 1주기가 지난 후
인 2015년 5월 18일, 옛 전남도청 앞 금남로 5·18 민주광장에서 열린 기념식

---

6 2015년 5월 12일, 연합뉴스(yna.co.kr) 참조.
7 임광호 외 3인, 『5월 18일 맑음』, 창비, 2019, 214쪽 참조.

에서는 5월 어머니와 세월호 희생자 어머니들이 만나 서로를 얼싸안고 위로하였다. 이날 세월호 희생자 가족 20여 명은 '오월어머니집' 회원 50여 명에게 직접 만든 털실 브로치를 건네며 감사의 마음을 전하였다.[8]

전국을 돌며 세월호 진상규명 서명을 받던 4·16 엄마들은 보험금 타내려고 자식 시체를 팔고 다니냐는 말을 한두 번 들어야 하는 게 아니었다. 이제 그만 좀 하라고 지겹다는 말에도 이를 악물었다고 했다. 그랬던 분들이 오월의 어머니들 앞에서는 펑펑 울음을 터뜨렸다.

[사진 3] 오월의 어머니 앞에서 울음을 터뜨리는 세월호 어머니

사랑하는 아들딸과 가족이 다시는 집에 돌아오지 못한 채 차가운 물 속에

---

8 2015년 5월 19일, 광주일보 기사 참조.

서 생을 달리하게 된 까닭이 과연 무엇인지를 알고 싶었을 뿐인데도 세상의 인심은 가혹하였다. 도리어 그것이 죄가 되어 세월호 희생자 가족들은 숨을 죽이며 목까지 차오르는 울음도 다시 삼켜야만 했다. 그러나 자식을 잃은 어미가 되어 웃음조차 함부로 웃을 수 없었던 4월의 어머니들은 오월의 어머니 앞에서만큼은 마음의 무장해제를 할 수 있었다. 모든 억압이 사라지는 순간이었다.

이후 4·16세월호참사가족협의회는 5·18민주화운동 기념식 때마다 1박 2일의 일정으로 광주를 찾고 있다. 5월 17일, 광주에 도착하여 맨 먼저 양림동의 '오월어머니집'을 방문한 후, 전야제에 참석하고 나서 5월 18일 당일에는 망월동 묘역을 참배하는 일정이다.

2021년 5월 17일, "연대엔 연대로 응답"이라는 취지 아래 세월호 가족들과 함께 다시 광주를 찾았던 김순길 4.16세월호참사가족협의회 사무처장의 다음과 같은 인터뷰 내용은 지금도 현재진행형의 모습을 하고 있는, 두 재난공동체 간에 이루어지고 있는 연대와 실천의 의미를 매우 잘 보여주고 있다.

> 오월어머니들은 세월호 참사 이후 가족을 잃은 슬픔을 함께 위로해주고 연대해주신 분들이다. 가족들에게 오월어머니들의 의미는 남다르다. 당시 어머니들이 응원과 지지가 많은 힘이 됐다. 이후 우리도 어머니들과 연대하기 위해 해마다 오월이 되면 광주를 찾고 있다.

3. 애도의 실천, '마을 촛불'의 피케팅

세월호 참사 직후, 광주의 문산, 수완, 일곡, 첨단, 금남 등 다섯 곳의 동네 주민들이 차례로 촛불을 켰다. 이 가운데 가장 먼저 촛불을 켰던 문산 마을 촛불의 경우, 세월호 참사가 발생한 지 불과 사흘 만인 2014년 4월 19일 오후 7시부터 9시까지 두 시간 동안 세월호 구조 기원 촛불 집회를 처음으로 열었다. "기적을 바라는 우리의 마음을 전해주세요"라는 플래카드까지 준비하여 '박태규, 김희련, 김혜선, 윤은경' 등 네 명의 촛불지기를 포함하여 총 40명의 마을 주민들이 손에 손에 촛불을 든 채 이루어진 집회였다.

[사진 4] 문산마을 제1회 마을 촛불 집회 모습(광주시민상주모임 제공)

이후 문산마을 촛불 모임은 2014년 5월 17일 금남로 5·18민주광장에서 열린 5·18광주민주화운동 전야제에서 "잊지 않을게, 세월호—종이배를 접어

달아 주세요."와 같은 행사를 개최한 것을 비롯하여 '특별법 제정 친만인 서명 운동', '1,000일 순례', '마을길 순례' 등등의 행사를 기획하면서 참사 이후 3년 동안 총 143회에 걸쳐 계속되었다.

문산마을에서 처음으로 열린 마을 촛불 모임은 '수완, 일곡, 첨단' 등등 광주 지역 신흥 아파트 단지를 중심으로 확대되는 양상을 보이다가 마치 들불처럼 마을에서 마을로 번지게 된다. 8년이 지난 현재까지도 그 명맥을 유지해오고 있는 '금호'와 '운천' 마을 촛불 모임을 비롯하여 총 19개의 마을 촛불 모임이 결성되었음이 특징이다. 이러한 마을 촛불 모임은 광주와 인접한 전남 화순 지역으로 확대되기도 하였다.

세월호 참사 직후 마을 단위로 전개되었던 마을 촛불 모임의 가장 큰 의의는 이 모임이 현재 가장 활발하게 세월호 참사 진상규명 운동에 앞장서고 있는 '광주시민상주모임' 탄생의 원천이 되었다는 것이다.

후술하겠지만, 2014년 6월 9일 '일곡, 수완, 문산, 첨단'에서 마을 촛불 모임을 진행하고 있던 몇 사람들이 모인 것이 계기가 되어, 2014년 6월 16일 총 22명이 참여한 가운데 '세월호 3년상을 치르는 광주시민상주모임'이 발족하였기 때문이다. 이후 마을별로 매우 활발하게 이루어졌던 촛불 모임은 그 역할의 대부분을 광주시민상주모임에 이관하였으며 세월호 3년상을 치르고 난 뒤에는 새로운 마을 운동을 방향으로 자연스럽게 중단이 되었지만, 그 불씨는 여전히 꺼지지 않은 채 유지되고 있다. 이러한 사실은 세월호 참사 8주기를 맞이한 2022년 4월, 다양한 세월호 기억문화제 행사가 광주시민상주모임과 마을 촛불 모임을 통해 열린 것을 통해 짐작할 수 있다.

광주시민상주모임에서는 <세월호 참사 8주기 마을 촛불 추모 기억식>이라는 명칭의 8주기 기억문화제 행사를 기획하여 광주의 다섯 개 구별로 한 곳씩

총 5개 마을 촛불이 참여하여 마을별 피케팅과 함께 다양한 추모 행사를 개최하였다. 2022년 4월 15일에는 남구, 북구, 서구가, 16일에는 광산구와 동구가 각각 시간과 장소를 달리하여 마을별로 피케팅을 진행하였다. 버스킹 공연, 시민 참여 기억식(광산구), 추모·기억문화제(남구, 북구, 서구), 청소년 기억문화제(동구) 등등의 마을별 행사도 다양하게 이루어졌다.

그러나 세월호 참사 8주기를 맞아 이루어진 마을 촛불 모임은 어떤 의미에서 '8주기'라는 특수한 시간성을 계

[사진 5] 세월호 참사 8주기 기억문화제 포스터(광주시민상주모임 제공)

기로 이루어진 특별행사였다고 한다면, 8년 하고도 8개월이 지난 지금까지도 그 불꽃이 꺼지지 않은 채 모임이 계속되고 있는 곳이 없지 않다. '금호촛불'과 '운천촛불'이 바로 그것이다.

'금호촛불'은 2014년 7월 7일, '운천촛불'은 2014년 9월 2일에 각각 촛불모임을 시작하였다. '금호촛불'은 애초에 매주 월요일 7시 30분부터 8시 30분까지 1시간 동안 풍금사거리에서 피켓 들기와 서명운동을 중심으로 모임을 진행하다가, 이후 '세월호를 기억하는 플래시몹', '생존 학생들을 위한 희망의 종이배 접기', '얼굴과 얼굴을 맞대다!, 세월호 유가족 간담회', '국회의원에게 엽서쓰기', '노란 바람개비 동산 조성' 등 다양한 활동을 전개하였다.

'금호촛불' 모임을 중심으로 전개된 4·16세월호 참사와의 연대 활동 가운

데 가장 최근에 이루어진 활동으로는 세월호 8주기를 맞이하여 이루어진 '기억의 소녀상' 건립을 들 수 있다. 지난 4월, '금호촛불' 모임이 진행 중인 풍금사거리 광고탑 아래에 들어선 '기억의 소녀상'은 2021년 세월호 7주기 추모기간 중 5·18민주광장에 설치된 것과 동일하게 제작된 것으로, 총 700만 원의 비용을 크라우드 펀딩 방식의 모금을 통해 건립하였다. 이 '기억의 소녀상'은 세월호 참사가 발생한 지 8년이 지났지만 실체적 진상 규명이나 책임자들에 대한 뚜렷한 처벌도 이루어지지 않은 채 잊혀져 가고 있다는 인식에서 발의된 것이었다. 세월호와 같은 참사가 다시는 반복되지 않기를 바라며 희생자를 추모하고 현재와 미래를 살아갈 이들을 위한 새 희망을 만들어가려는 취지도 담았다. 세월호 희생자를 추모하는 '마을 촛불'은 광주 지역 외에도 전국에 수도 없이 많지만 도심 속에 조형물을 설치한 건 '금호촛불'이 처음이었다. 이제 '금호촛불' 모임은 '기억의 소녀상' 곁에서 비가 내리건 눈이 오건, 참여 인원이 많건 적건 아직도 명확하게 밝혀지지 않은 세월호 참사 진상규명을 촉구하기 위해 낡은 피켓을 아랑곳하지 않은 채 묵묵히 그곳에 서 있다.

[사진 6] 기억의 소녀상과 현재도 진행 중인 '금호촛불' 모임(사진은 필자)

'금호촛불'을 주도하고 있는 촛불지기 이기문 씨의 다음과 같은 고백은 8년 여의 세월에도 불구하고 여전히 꺼지지 않는 불씨에 담긴 진정성의 정체가 무엇인지를 잘 보여 준다.

> 금호촛불을 켜고 팻말 홍보하는 것은 촛불지기들의 삶의 일부로 자리 잡 았습니다. 어둠이 깊어질수록, 날씨가 추워질수록 우리 촛불로 세상을 더 환하고 따뜻하게 만들고 싶습니다.

2014년 9월 2일부터 시작된 '운천촛불' 또한 '금호촛불'과 마찬가지로 8년이 훌쩍 지난 지금까지도 여전히 피케팅 및 플래카드 게시 등의 활동이 계속되고 있다는 점에서 주목할 필요가 있다. 광주광역시 서구 쌍촌동에 있는 운천 저수지를 근거지로 현재까지 활동하고 있는 '운천촛불'의 참가자들로는 촛불지기인 이미주 씨를 비롯하여 박종갑, 김주형, 이유미, 김동채 씨 등이 있다. 촛불 모임을 시작한 초반에는 일주일에 두 차례, 화요일과 목요일 저녁 7시부터 9시 30분까지 한 시간 반 정도씩 행사를 진행해 오다가, 2016년 12월부터는 횟수와 시간을 줄여 화요일 저녁 7시부터 8시까지 진행하고 있다.

애초에 '운천촛불' 모임에서 진행해 온 행사는 크게 세 가지로 '피케팅'과 '진상규명 특별법 제정 서명', '노란 리본 나눔' 등이 있었는데, 최근 들어서는 '피케팅' 및 '플래카드 게시' 등 두 가지를 중심으로 하고 있다. 세월호 1주기 때에는 '세월호 1주년 기다림의 종이배 만들기' 행사를 통해 시민들과 함께 기다림의 종이배를 만들어 희생자들과 유가족에게 하고 싶은 말을 적어 전달하는 한편, 세월호의 온전한 인양촉구 범국민 서명, 기다림의 노란 풍선 나누기 활동 등을 주도적으로 실천하기도 하였다.

[사진 7] '운천촛불' 모임의 활동(광주시민상주모임 제공)

이제 남은 사람은 촛불지기인 '이미주' 씨를 비롯한 서너 명이 전부이다. 그러나 이들은 끝까지 남아서 '이태원 참사'의 사례처럼 지금도 계속되고 있는 사회적 참사 희생자들을 위한 마지막 보루 또는 언제든 다시 일어날 수 있는 하나의 불씨가 되겠다는 각오로 촛불 모임을 계속하고 있다.

마을 촛불 모임의 성격은 아니지만 '광주청소년촛불모임'의 활동 또한 세월호 참사 직후에 시작되어 현재까지도 계속되고 있는 촛불 모임으로서 별도의 기술이 필요하다.

2014년 4월 19일, 광주우체국 앞에서 처음으로 촛불을 들기 시작하였으니, '광주청소년촛불모임'의 역사 또한 다른 마을 촛불 모임의 역사와 그 궤를 같이하고 있다. 마을 촛불 모임 가운데 최초로 촛불을 들기 시작한 곳이 문산마을이었고, 그날도 바로 4월 19일이기 때문이다.

세월호 참사 희생자 대부분이 자신들과 나이가 같은 또래라는 사실에서 광주의 중고생들과 학교 밖 청소년, 또 그들을 위해 활동하고 있던 광주 지역 청소년 활동가들은 사직동과 광주우체국, 금남로 등지에서 촛불을 들었다. 이어서 5월 24일, 금남로의 근린공원에서 "가만히 있지 않겠습니다"라는 피켓을 들고 세월호 참사 희생자 추모와 진상 규명, 더 나은 대한민국을 위한 광주청소년행동을 시작하였다. 이후 참사 발생 49일째인 6월 1일, 제2차 '광주청소년촛불문화제'를 개최하는 것으로부터 시작하여 참사 8주기인 올해 3월 26일에는 '광주청소년촛불들과 떠나는 4.16 기억순례', 4월 16일에는 "함께 기억해요. 세월호, 함께 약속해요 안전사회"를 주제로 하는 '광주청소년기억문화제'를 주관하는 등의 활동을 계속해 오고 있다.

[사진 8] 광주청소년촛불모임의 '촛불/기억문화제'('광주청소년촛불모임' 제공)

4. '세월호광주시민상주모임'의 연대와 실천

'세월호광주시민상주모임'의 탄생

세월호 참사 가족들과 아픔을 함께 나누고 진실을 함께 밝히려는 광주 오월공동체 연대의 결정판은 바로 '세월호광주시민상주모임'의 활동이라고 할 수 있다. 2014년 6월 16일 발족 이후 현재까지 한결같은 모습으로 세월호 가족과 함께해 온 연대와 실천이야말로 유토피아를 경험한 재난공동체 간의 연대 가능성을 보여주는 가장 좋은 사례라고 할 수 있다. 그렇다면 광주시민상주모임은 어떻게 탄생하였으며, 8년여의 기간 동안 어떠한 활동들이 계속되어 왔을까? 아래에서는 바로 이와 같은 문제에 대한 답을 찾는 데 중점을 두고자 한다.

2014년 6월 9일, 수완지구에 있는 북카페 '숨'에서는 세월호 이후 마을 촛불 모임을 진행하던 사람들이 모여 자발적인 시민들과 마을 촛불이 중심이 되어 세월호 문제를 지속적이고 효과적으로 대응하자고 뜻을 모았다. '금남, 문산, 수완, 일곡, 첨단' 등 총 5개 마을 촛불 회원들이 참석한 이 자리에서 이루어진 제안 [9]가운데 하나가 바로 우리 사회의 전통을 되살려 3년상을 함께 치르는 자세로 살자는 의미를 담은 시민상주모임을 만들자는 것이었다. 세월호가 남긴 숙제를 해가는 데 만만치 않은 과정이 필요하고, 더 중요하게는 희생자 가족들이 외롭지 않도록 곁을 지켜야 한다는 마음의 발로였다.

이러한 취지에서 이루어진 첫 모임이 있은 지 일주일 뒤인 6월 16일, 22명이 참여한 가운데 '세월호 3년상을 치르는 광주시민상주모임'이 발족하였고 이후 본격적인 활동에 들어갔다. 아직 연결되지 않은 마을 촛불들을 연결하고, 각 종교나 단체별로 진행되고 있는 세월호 특별법 제정을 위한 서명 작업 상황을 파악하는 한편, 개별적으로 4·16 관련 활동을 하고 있는 사람들에게

---

9 이러한 제안은 당시 광주 청소년 문화의 집 이민철 관장에 의해 이루어진 것으로 알려져 있다. 즉, 이민철 관장은 2014년 6월 초 사회관계망에 마을 촛불 모임끼리 손을 잡고 '시민상주모임'을 꾸리자고 제안하였다. 유족의 마음으로 3년상을 치르듯 적어도 3년 동안 활동하자는 취지로 모임 이름에 '3년상'과 '상주'를 넣자고 제안하였다.

광주시민상주모임에 동참하도록 제안하는 일 등이 그 시작이었다(광주시민상주모임 100人, 2016:324).

이후 광주시민상주모임은 '진실마중 사람띠 잇기', '세월호 특별법 제정을 위한 천만인 서명운동', '빛고을 1,000일 순례', '팽목 기억 예술마당과 기억순례' 등등의 활동을 계속해 나갔다. 마을별로 이루어지던 촛불모임을 잇는 활동 외에도 예술인행동'장' 회원들이 중심이 되어 움직이는 예술인 행동과 함께 '줌마리봉스'나 '장금이방' 같은 소모임 활동 등도 다양하게 이루어졌다.

특히 특별법 제정 이후 많은 단체나 모임들이 소강상태에 빠졌을 때도 광주시민상주모임은 매일 아침 피켓 홍보와 16일 기억의 날 집중 피켓 홍보 등을 이어가며 더 다양한 활동을 이어갔다. 세월호 참사에서 살아남은 단원고 학생들의 쉼터를 마련하기 위해 2015년 7월 14일, 광주 옛 동구청 뒷골목의 한 음식점에서 총 예산 3천6백만 원 가운데 2천만 원을 목표로 하루 밥집을 열었던 곳도 광주시민상주모임이었다.[10]

2016년 3월 1일부터 12월 31일까지는 '세월호, 기억과 약속의 305일'이라는 이름으로 매일 매일 희생된 한 분 한 분의 이야기를 나누는 활동이 이루어졌다. 이는 밴드나 단체 카톡방에 이름과 얼굴, 사연 등을 공유하며 진실규명을 위해 끝까지 포기하지 말자는, 또 하나의 다짐으로서 세월호 참사로 희생된 304명과 단원고 강민규 교감 선생님까지 기억하겠다는 약속의 '305일 순례'였다. 다음은 그 사례 가운데 하나이다.

---

10 이날 하루 밥집에는 소식을 듣고 단원고 생존 학생 부모 5명, 안산 시민단체 회원 등이 광주까지 와서 자원봉사를 하기도 했다.(2015년 7월 15일, 민중의소리 (vop.co.kr) 기사 참조)

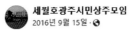

세월호광주시민상주모임
2016년 9월 15일 · 🌐   •••

세월호 기억과 약속의 305일 199번째
884일째의 4월 16일
2학년 8반 안주현님을 기억합니다.

8반 주현이는 남동생이 하나 있는 두 형제의 맏이입니다.
주현이는 기타도 잘 치고 손재주가 좋아서 프라모델도 능숙하게 조립하던 재주꾼이었습니다. 운동도 좋아해서 중학교 때는 축구부 활동도 했습니다.

주현이의 꿈은 자동차를 만드는 것이었습니다.
한양대학교 자동차공학과에 진학해서 자동차 연구원이 되는 것이 주현이의 장래 계획이었습니다. 사람들이 좋아하는 자동차, 더 우수한 자동차를 만들기 위해서, 주현이는 많은 문물을 경험하기 위해 외국 여행도 계획하고 있었습니다.

수학여행에서 돌아오면 이모와 함께 호주에 여행가서, 색다른 외국 자동차들도 구경하고, 프라모델도 더 많이 모아올 생각이었습니다.
수학여행을 떠나기 전에 주현이는 여행가서 친구들에게 들려주기 위해서 기타 연습을 열심히 했습니다. 수학여행을 갈 때에도 기타를 가지고 갔습니다.

참사 2주째인 4월 29일에 주현이는 가족들 품으로 돌아왔습니다. 주현이 기타는 주현이와 함께 돌아오지 못했습니다.
이제 주현이가 이루지 못한 자동차 연구원의 꿈은 주현이 동생이 물려받아서 노력하고 있습니다.
올해 주현이는 제주국제대학교에 명예 입학하였습니다.

☆ 함께 기억합니다.

[사진 9] '세월호, 기억과 약속의 305일 순례' 사례

이러한 순례와 함께 광주시민상주모임은 또 다른 광주시민단체인 '민주주의 광주행동'과 함께 '광주 기억과 행동의 달'이라는 이름의 세월호 참사 2주기 행사를 개최하였다. 2016년 4월 2일부터 23일까지 거의 한 달간 이루어진 행사였다. 4월 2일 토요일에는 광주시청에서 출발하여 안산까지 다녀오는 순례 행사에 이어, 세월호 2주기 추모 기간 선포 기자회견(4월 7일 오후 2시) 등의 행사와 함께 4월 23일에는 '북 콘서트 사람 꽃 피다'를 개최하였다.

2016년 4월 23일 빛고을시민문화관에서 열린 '북 콘서트'는 광주시민상주모임 100인의 기록이라고 할 수 있는 두 권의 책 『사람꽃피다』의 출판을 계기로 이루어진 것이라는 점에서 잠깐 언급할 필요가 있다. '진실을 인양하려는 실천과 행동의 기록'이라는 부제를 달고 있는 이 책은 시민 상주 개개인의 이

야기와 변화, 세월호와 함께한 꿈과 활동을 담은 것으로 두 사람이 서로 짝이
되어 인터뷰한 내용을 기록한 것이라는 점이 특징적이다. 2016년 4월 26일 자
『광주드림』에서는 『사람꽃피다』의 주인공들의 삶을 다음과 같이 기술한 바
있다.[11]

> 안산에서 팽목까지 순례길을 함께 걷다가,
> 법원 앞에서 그분들의 손을 잡아주다가,
> 같이 울고 아파하다
> 4·16 이전과 다른 삶을 살게 되어버린 사람들.

광주시민상주모임 활동가들은 이렇게, 할 수 있는 모든 것으로 세월호의
진실규명을 위해, 사람답게 살 수 있는 안전한 사회를 꿈꾸며 지난 8년여의
시간을 한 땀 한 땀 정성스럽게 살아왔다. 대부분 별도의 생업을 유지하고 있
는 가운데서도 2022년 현재도 각자의 식지 않는 열정과 참여 정신으로 4·16
과의 연대를 쉬지 않고 있다. 가장 적극적으로 활동을 주도하고 있는 정기열
씨의 경우, 매월 마지막 주 주말이면 팽목항으로 달려가 기억 순례와 예술 마
당을 주관하는 한편, 팽목항 기억관 지킴이 역할까지 맡는 등 그 열정과 정성
이 참으로 감탄스러울 정도라고 할 수 있다. 아래에서는 그동안 전개해 온 광
주시민상주모임의 연대와 실천 활동의 구체적인 모습을 몇 가지로 나누어 기
술하기로 하겠다.

---

11 광주드림(http://www.gjdream.com).

진실마중 사람띠 잇기

2014년 6월 10일, 광주법원에서는 세월호 침몰사고에 일차적 책임이 있는 이준석 선장과 선원들에 대한 재판이 처음으로 이루어졌다. 광주시민상주모임은 세 번째 재판이 있던 6월 24일부터 재판이 열리는 매주 화요일, 광주법원 앞 사거리에서 광주변호사 회관까지 '진실마중 사람띠 잇기' 행사를 시작하였다. 유가족들을 태운 버스가 법원에 들어서는 오전 9시부터 10시까지 한 시간 동안 "진상규명, 책임자 처벌, 특별법 제정" 등이 적힌 노란 손팻말을 들고 유가족들을 맞이하는 행사였다. 이 진실마중은 세월호 마지막 재판이 진행된 2015년 7월 14일까지 42차례나 계속되었다.

첫 번째 '진실마중 사람띠 잇기' 행사가 열렸던 2014년 6월 24일 오전 9시, 출근 시간대임에도 불구하고 행사에 참여한 시민은 200여 명이나 되었다. 가슴에는 노란 리본을 달고, 손에는 "세월호 잊지 맙시다", "진상규명, 책임자 처벌, 특별법 제정", "상식에 맞는 판결로 억울하지 않게" 등이 적힌 노란 손팻말이 들려 있었다. 이후 두 번째 '진실마중 사람띠 잇기' 행사에는 그 수가 늘어 무려 300명이 되었다.

세월호 참사 1주기를 앞두고 이준석 선장과 승무원에 대한 항소심 결심공판이 열린 2015년 4월 7일 오전, 광주시민상주모임 회원들은 유가족들을 마중하고 난 후 세월호 희생자 숫자만큼 304배 절을 하며 진실규명과 시행령 폐지, 성역 없는 책임자 처벌 등을 요구하기도 하였다. 세월호 참사를 둘러싼 진실규명이 얼마나 절실한 문제인지를 잘 보여주는 사례였다.

'진실마중 사람띠 잇기' 행사는 단순히 사람 띠를 잇는 일로만 그치지 않았다. 재판을 지켜보며 식사도 제대로 하지 못하는 세월호 가족들을 위하여 간식이나 식사를 제공하는 일도 자발적으로 이루어진 것이 바로 그것이다. 2015

년 2월 8일 선체 인양과 미수습자 수습을 촉구하며 도보 순례를 하던 세월호 유족들이 광주에 도착했을 때는 5·18민주광장 앞에서 800인분의 주먹밥이 마련되기도 하였다. 이는 5·18광주민주화운동의 과정에서 시장 상인들과 주민들이 골목에 솥을 걸고 밥을 지어 시민군들에게 식사를 제공하였던 장면을 떠올리게 하는 일이기도 하다.

한편, 2014년에 열린 광주비엔날레에서는 '나도 비엔날레 작가'라는 명칭의 시민참여 프로그램인 <쓸데 있는 궁리전>을 개최하였다. 이 프로그램에 광주시민상주모임의 '세월호 진실마중길 프로젝트'가 선정되면서 비엔날레를 찾는 방문객들이 세월호의 진실을 알고 참여할 수 있도록 진실마중길 24그루의 나무에 옷을 입히고 시민들의 사연을 전시하기로 하였다.

[사진 10] 진실마중길 나무에 입힌 뜨개천(광주시민상주모임 제공)

이러한 프로젝트를 위하여 광주·전남 곳곳에서 뜨개천을 만들기 위한 뜨개질이 시작되었다. 북구의 '한살림 육아모임 햇살아이'를 비롯하여 여성 장애인 시설인 '실로암 재활원'의 장애인, 곡성 지역에 거주하는 결혼이주여성 등 등 실로 다양한 사회계층의 여성들이 뜨개질에 참여하였다. 또한 이러한 작업이 SNS 등을 통해 퍼지면서 전국 각지에서 뜨개천과 함께 편지를 보내오기도 하였다. 이러한 활동은 뜨개천을 매개로 이루어진 재난공동체의 연대이자 실천 활동으로서 매우 의미 있는 활동이었다고 할 것이다

특별법 제정을 위한 서명운동과 빛고을 1,000일 순례

세월호 침몰사고가 발생한 지 한 달 후인 2014년 5월 17일, 안산시민대책위원회는 "진상규명과 재발 방지를 위해 특별법 제정과 범국민진상조사위원회 구성이 필요하다."라는 전제 아래 특별법 제정을 촉구하는 서명운동에 돌입한다고 밝혔다. 이에 5백여 개 시민사회단체로 이루어진 세월호 참사 대응 각계 원탁회의는 17일 오후 서울 청계광장에서 촛불 집회를 열고 정부가 책임 있는 자세로 진상을 밝히라고 촉구하는 한편, 시민들에게 천만인 서명운동에 참여해 달라는 호소를 하게 된다.

이와 같은 사회적 분위기에서 광주시민상주모임은 2014년 6월 16일 발족 직후부터 절박한 마음으로 특별법[12] 제정을 위한 서명운동에 돌입하였다. 2014년 6월 21일, 광주시민상주모임은 첫 번째 행동으로 오전 8시부터 오후 3시까지 문빈정사 입구에서 천만인 서명운동을 진행하기에 이른다. 이후 광

---

12 세월호 특별법은 세월호 침몰 사고가 일어난 원인과 세월호 침몰 사고에 대한 진상규명을 위해 대한민국 국회에서 2014년 11월 7일에 통과시키고, 11월 19일에 박근혜 대통령이 공포한 법률을 말한다.

주 지역 각 마을, 우체국, 터미널, 축제 현장, 다양한 행사장 등 사람들이 모이는 곳은 어디든 찾아가 서명운동을 하였다. 각 마을 촛불에서도 매주 꾸준하게 서명과 노란 리본 나누기가 진행되었다. 2014년 7월 5일에는 세월호 유가족과 함께 특별법 제정을 위한 서명운동을 전개하기도 하였으며, 8월 22일부터는 특별법 제정을 위한 시민 릴레이 단식농성을 벌이기도 하였다.

이와 같은 서명운동에 가장 열성적으로 참여한 단체로는 '장애인차별철폐연대'를 들 수 있다. 2014년 5월 29일 유스퀘어광장 1,122명, 충장로 우체국 앞에서 이루어진 6월 19일, 7월 4일, 7월 18일 서명 운동에서 각각 2,500명, 5,000명, 1,800명 등 이들은 떴다 하면 기본 몇 천 명의 서명을 기록하였다. 이들 가운데는 '서명의 여왕'이라는 별명을 가진 농인 여성이 있었는데, 1시간에 200명 이상의 서명을 받아내어 주변 사람들을 매번 놀라게 만들기도 하였다.

[사진 11] 광주 장애인차별철폐 연대 회원들의 서명 운동
(광주시민상주모임 제공)

또한 광주시민상주모임에서는 2014년 11월부터 "세월호를 계기로 사람과 생명을 소중하게 생각하자."라는 선언과 함께 광주 전역을 1,000일 동안 걷는 1,000일 순례를 시작하였다. 세월호 특별법 제정 후 전국적으로 시민들의 관심이 줄어드는 시기에 기억을 이어가고, 세월호 운동이 특별법 제정으로 끝나지 않았음을 공유하며, 시민들과 함께 걸으면서 광주시민상주모임의 지향점을 확인하려는 취지에서 비롯된 것이었다.

2014년 11월 15일 오전 10시, 5·18민주광장에서 출발한 1,000일 순례는 2017년 8월 11일 마지막 순례까지 1,000일 동안 계속되었다. 이 1,000일 순례는 매일 매일 마을 곳곳과 시민들이 많이 모이는 곳을 찾아 걷는 것으로 진행되었다. 또한 첫 순례가 시작된 지 약 한 달 후인 2014년 12월 20일에는 안산에 남아 있는 눈물 자국을 닦아주려는 뜻에서 안산 시민들과 동행, 함께 걷고 이야기를 나눌 수 있는 '안산순례길' 걷기를 실시하였다. 이날 행사에서는 안산 합동분향소 → 단원고등학교 → 안산 시내 곳곳→ 하늘공원 → 합동분향소'를 코스로 하는 순례 후, 오후 4시부터 5시까지 세월호 참사 유가족들과 함께하는 간담회가 개최되었다.[13]

한편, 마지막 순례일인 2017년 8월 11일에는 '세월호의 진실과 100개의 안전한 마을을 향한 빛고을 1,000일 순례 마무리 행사'가 진행되었다. 제1부는 오후 3시, 광주YMCA 백제실에서 '안전한 마을과 마을공동체 운동의 과제'라는 주제로 마을공동체는 어떤 변화를 만들 수 있는지에 관한 발표가 이루어졌다. 제2부에서는 세월호참사가족협의회를 초청하여 '세월호 운동의 과제와 우리의 역할'이라는 주제로 현재의 상황과 앞으로의 과제에 대해 정리하는 시

---

13 2014년 12월 16일 광주드림((http://www.gjdream.com) 기사 참조.

간을 가졌다. 제3부에서는 1,000일 동안 참여했던 시민과 연대해 준 단체들과 함께 5·18민주광장에서 출발해 '법원 진실마중길 → 푸른길 → 조선대'를 거쳐 다시 5·18민주광장까지 마지막 빛고을 1,000일 순례를 진행하였다. 마지막 4부에서는 예술인행동'장'과 함께하는 '빛고을 1,000일 순례의 문화의 밤' 행사를 진행하였다.14 다음은 이와 같은 빛고을 1,000일 순례가 어떠한 취지에서 이루어진 것인지를 보여주는 것이다.

1) 세월호 가족들의 고통과 슬픔을 함께 아파하며 진실을 바로 세우기 위해 걷습니다.
2) 억울한 죽음이 없는 생명이 안전한 사회를 위해 걷습니다.
3) 돈과 이윤보다는 사람과 생명을 소중하게 생각하고 행동하는 나와 우리의 변화를 위해 걷습니다.

[사진 12] 1,000일 순례 마무리 행사 포스터(광주시민상주모임 제공)

---

14 2017년 8월 10일, 민중의소리 (vop.co.kr) 기사문 참조.

촛불예술단과 예술인행동'장'의 예술인 행동

광주시민상주모임의 또 한 가지 중요한 활동으로는 지역예술인이 중심이
되어 이루어진 예술인 소모임 활동을 들 수 있다. 이러한 성격의 소모임 활동
은 크게 두 가지로 구분된다. '촛불예술단'과 예술인행동'장'이 그것이다.

우선 '촛불예술단'은 4·16 참사 직후 마을별로 꾸려진 '마을 촛불' 모임의
활동과 관련하여 자신들이 할 수 있는 일들로 촛불을 지키려는 뜻에서 별도
의 카톡방을 꾸려 그 이름을 '촛불예술단'이라 한 데서 출발하였다. '참가자들
은 광주 지역 마을 촛불 모임의 일정을 공유해가며 서로의 공연을 배치하는
한편, 지역의 예술인들, 단체들과 함께 '100일 문화제', '200일 문화제', '300일
문화제'를 준비하고 진행하였다. 이 시기 '촛불예술단'의 활동이 얼마나 활발
하였는지 그 활동 내역을 정리하여 제시하면 다음과 같다.

〈표 1〉'촛불예술단'의 활동 내역

예술인	역할
박강의	각종 문화제 연출,기획
좋은친구들	문화제연출기획, 음향(김동찬 외)
춤추는 나무	2014년 세월호 추모춤
김은숙	노래
김호준	탈굿(기억의 길), 문둥북춤, 문화제 연출
지정남	사회, 도라지꽃 노래극
박태규, 김희련	그림,깃발(상주모임깃발-김영오씨얼굴, 손바닥 그림)
박해라	판소리
김종일	난타
남지선	샌드아트연출(신미리 제작. "for get me not")
김옥진	공예
신양호	기다림판 제작
조재형	사진, 영상
추말숙	퍼포먼스: 몸빼엄마프로젝트 "빨래"
쎄쎄쎄	중창단(김희용, 이현미, 김화순, 강숙향, 강형원)
댄스씨어터 짓	세월호추모춤극 '하늘꽃'

다만, 1년 6개월이 지나면서부터는 대부분의 마을 촛불 모임이 피케팅과 서명운동을 함께하는 형식으로 바뀌면서 촛불예술단의 역할은 중단되었다. 어떤 면에서는 뒤를 이어 형성된 예술인행동'장'에 그 역할이 이관되었기 때문이라고도 할 수 있다.

예술인행동'장'이라는 이름으로 이루어지고 있는 예술인 소모임 활동은 2015년 7월 4일 '세월호 유가족과 광주예술인이 함께하는 토크콘서트'에서 동구촛불모임 예술인들의 제안에 따라 즉석에서 만들어졌다. 2015년 12월 준비모임을 시작으로 매월 1회 토론 및 준비를 한 후 2016년 4월 10일부터 예술인들은 광장으로 나섰다. 이처럼 예술인들이 '선'을 넘어 장으로 나온 이유는 '질문'을 하기 위해서였다. "'지금 우리 사회는 어떠한가?', '민주·인권·평화 등 근본 가치들은 제대로 작동하고 있는가?', '세월호는 왜 침몰할 수밖에 없었는가?'"와 같은 질문이 그것이다.

예술인행동'장'에 참여하고 있는 예술인은 '그림'과 '조각'을 비롯하여 '공예', '영상', '춤', '연극', '국악', '노래', '시', '시민작가' 등 무려 10개 분야에 걸친 전문 예술인과 시민작가로 구분될 수 있다. 각 분야에서 참여하고 있는 예술인 또는 단체는 아래와 같다.

〈표 2〉 예술인행동'장' 참여 예술인 및 예술 단체

분야	예술인	비고
그림, 조각	김화순, 최재덕, 정진영, 문성준, 심우삼, 서동환	
공예	김옥진, 송재민, 김지아, 추현경	
영상	조재형, 김경심	
춤	강혜림, 김정훈, 춤추는나무, 신희홍, 춤시	
연극	지정남, 김호준, 김은숙, 이름없는공연, 꿈을좇는극단막딸	
국악	고재성, 박경도, 신승태, 솟터	
노래	강숙향, 이현미, 곽복임, 길가는밴드, 쎄쎄쎄 권준희	

시	장헌권	
무술	김석민	
음향	최영호	
시민작가	우재아빠 고영환	세월호 유가족

예술인행동'장'의 첫 번째 장은 세월호 참사 2주기를 앞둔 시점인 2016년 4월 10일, 오후 2시부터 4시간 16분간 광주 동구 5·18 민주광장에서 개최한 '꼴딱진15 예술난장'에서 열렸다. 광주 지역 예술인 37명이 작업장 대신 광장으로 나와 시민과 함께하는 문화 난장이었다. 행사는 '잊지 않겠습니다. 행동하겠습니다'를 주제로 예술인들의 행동과 공동체 장터를 융합한 다양한 퍼포먼스, 체험 부스, 먹거리 장터 등으로 구성되었다.

[사진 13] 예술인행동'장'의 첫 번째 예술 난장(예술인행동'장' 제공)

---

15 '숨이 꼴딱 넘어갈 정도로 오지고도 오지다'라는 의미의 전라도 방언.

특기할 만한 사실은 그날의 공연이 오후 2시 사물놀이패 솟터의 길놀이를 시작으로 매시 16분에 열렸다는 점이다. 2시 16분에는 소리꾼과 장타령을, 3시 16분에는 광주시민상주 댄스 모임 '춤시'가 '지금은 춤바람 날 때' 공연을 펼쳤다. 4시 16분에는 '춤추는 나무'의 북춤, 5시 16분에는 광주시민상주 노래 모임 '쎄쎄쎄' 공연이 이어진 뒤, 오후 6시에는 여배우와 강강술래로 대미를 장식하는 방식으로 이루어졌다.

첫 번째 예술인행동'장'이 '입소문'이 덜한 탓에 예술인들이 주축이 돼 열렸다면 두 번째 장은 '열린 문화의 장'으로 열린 것이 특징이다. 먼저 '오월어머니집' 20여 명의 어머니들이 시민작가로 활동하며 그려 온 작품이 첫 선을 보이는 한편, 세월호 유가족 고영환 씨가 아들을 기억하며 다듬어 온 공예품 '기다림의 의자'의 전시가 이루어졌다. 진도 군민들이 세월호 '팽목항 식구들' 기금 마련에 보태기 위해 진도 특산물을 가져와 장을 펼치기도 하였다. 이러한 예술인행동'장'은 2016년 11월까지 매달 셋째 주 토요일 오후 2시에 계속되었고, 이후로도 매년 3월부터 11월까지 계속되어 오다가 코로나로 사람들이 모이기 힘든 최근 3년 동안은 그 움직임이 잠시 주춤해 있는 상황이다. 다음은 그동안 이루어져 온 대표적인 예술인행동'장'의 퍼포먼스와 거리 활동 목록 및 내용이다.

〈표 3〉 예술인행동'장'의 퍼포먼스와 거리 활동 목록

활동명	활동가(단체)	내용	비고
거리극 엄마다녀오겠습니다.	추말숙 외	세월호 희생자 유가족 모습을 시민 배우들이 연기	
하늘꽃 깃발춤	댄스씨어터 짓	세월호 추모 춤극	
춤명상	춤추는 나무	세월호 진실을 밝히려는 사람들을 위한 치유 워크숍	

춤시 (춤추는 시민)	추말숙 외	참사의 아픔을 기억하고 진실을 찾기 위한 몸짓으로 공연, 플래시몹 댄스로 연대의 장을 만들어 감.	
그들의 고스톱	김화순, 유삼용	두 권력자가 앉아 고스톱을!	
기억의 길	극단 깍지	세월호 미수습자들이 가족의 품으로 온전하게 돌아오기를 기원	
러쉬 타악 컴퍼니	타로	감성 타악 퍼포먼스	
닭 물러 나간다	김석민, 서홍석	민족이 나아갈 길을 가로막는 박혜근(닭)을 민족무예 24반으로 단죄함.	
게 섯거라 활쏘기	김석민 외	닭을 맞춰라~ 자, 조준하세요.	
못 찍는 사진관 '내가 너를 기억할게'	김경심, 조재형	세월호 희생자 304명 중 한 명의 이름을 쓴다. '너를 기억할게; 마음을 잇는다	
거리로 나온 미술관	최재덕 외	거리가 미술관이 된다.	
함께 그리는 걸개그림	김화순 외	노란나비야 그곳에 있으렴/ 우리는 그곳에 서 있겠다/ 촛불을 든 우리	3개
쎄쎄쎄	김화순 외	세월호의 아픔과 함께 만들 세상을 노래함.	
깃발 만들기	김옥진 외	금남로 촛불광장에서 모임의 깃발을 만듦.	
416726	이름 없는 공연	단 한 사람의 주권도 침탈되지 않는 세상을 향해	
시낭송	장헌권	자작시 낭송	
길놀이 풍물한마당	솟터	풍물놀이	
다함께 춤을	신희흥, 윤선목	장을 만드는 사람들과 시민들이 함께 춤을 춤	
깨자 깨자, 박깨자	다 함께	액땜과 부정비리의 박을 깸	집단 퍼포 먼스
신바람 창작공방	정진영, 최재덕	세월호를 기억하고 표현하는 체험부스	
맹글점빵	송재민, 김지아	목공예품 만들기 체험	
투호놀이	문성준	투호놀이, 제기차기 등 전통놀이	
날아라 나비	추말숙 외	세월호 유가족의 공예품 판매장	
세월주막	고재성, 임윤화	먹거리 판매	
팽목상회	조인호. 김남현	특산물 장터	
설화의 저항카페	강숙향, 이현미	음료 판매	

이처럼 다양한 프로그램으로, 줄기차게 이루어져 온 예술인행동'장'이 반드시 5·18 민주광장에서만 열린 것은 아니었다. 즉 2019년 6월 22일의 장은 오후 1시부터 3시까지 안산에 있는 '4·16세월호참사가족협의회'에서 열렸다. "지비들 마음은 우덜이 아요. 사월과 오월, 함께 걷는 진실의 길"이라는 주제로 열린 이날 장은 5주기가 지나고도 여전히 힘든 시간을 보내고 있는 세월호 가족들을 위로하려는 취지에서 안산에서 이루어졌다.

[사진 14] 안산에서 열린 서른 번째 예술인행동'장'의 공연 포스터(예술인행동'장' 제공)

세월호 참사의 아픔을 고스란히 담고 있는 진도 팽목항을 철거 아닌 기억의 공간으로 만든 것도 바로 예술인행동'장'이다. 2019년 11월 30일, 광주시민상주모임 회원과 예술인행동'장' 소속 작가 10여 명은 진도 팽목항에서 식당과 창고 벽화 작업을 하였다. 식당 건물 외벽을 흰색 페인트로 칠하고 밑그림을 그린 후 세월호 기적을 상징하는 '세월호 고래'와 시민들의 소원을 담은 노란 풍등을 새겨 넣었다. 창고 외벽은 풍등이 높이 높이 날아오르는 장면을 표현하였다. 이렇게 해서 세월호 참사의 흔적을 오롯이 간직한, 팽목항의 빛바래고 낡은 팽목기억관과 강당, 식당이 화사하게 새 단장이 이루어졌다.

[사진 15] 팽목기억관을 새로 단장하고 있는 모습(예술인행동'장' 제공)

팽목기억순례와 팽목예술마당

세월호 참사가 일어난 지 84일째인 2014년 7월 8일, 세월호 참사로 꽃다운 목숨을 잃은 단원고 2학년 8반 고 이승현 군의 아버지 이호진(56) 씨와 누나 이아름(25) 씨, 2학년 4반 고 김웅기 군의 아버지 김학일(52) 씨 등 세 사람은 잊혀져 가는 세월호 참사의 진상규명과 실종자들의 조속한 귀환을 염원하기 위하여 750여km(1900리) 도보 순례길에 나서게 된다. "아무도 지지 않는 십자가, 우리라도 지겠다"라는 각오로 이루어진, 이른바 십자가 순례길이었다.16

경기도 안산 단원고에서 출발해 전남 진도 팽목항을 거쳐 8월 15일 대전 월드컵경기장에서 프란치스코 교황이 집전하는 미사에 참석할 계획으로 이루

---

16 2014년 7월 8일 자 한겨레(세월호 유족들, 단원고에서 팽목항까지 1900리 길 걷는다: 사회 일반: 사회: 뉴스: 한겨레(hani.co.kr).

어진 십자가 순례길은 하루 20~25km의 길을 40여 일 동안 걷는 고된 여정이었다. 다행스러운 일은 세 사람이 걷는 십자가 순례길은 비록 고되고 힘든 길이었으나 결코 외로운 길은 아니었다는 것이다. 유가족과 함께 걷는 순례단 또는 지원단의 수가 적지 않았고, 특히 광주 구간에서는 800여 명의 순례 참가자들의 아침, 점심 식사를 반나절 만에 해결하는, 이른바 오월 주먹밥의 기적이 다시 한번 일어나기도 했다.

세월호 유가족 세 사람에 의해 시작된 십자가 순례는 광주시민상주모임에도 큰 영향을 미치게 된다. 십자가 순례가 끝나고 난 뒤 바로 다음 달인 2014년 9월부터 현재까지 광주시민상주모임은 팽목항의 기억관 앞에서 '팽목기억순례'와 함께 '팽목기억예술마당'을 열게 된 것이다. 그리하여 매월 마지막 주 토요일 오후면 어김없이 세월호 팽목기억관 앞에 '팽목기억순례길'을 걷기 위한 순례자들이 모이고, 오후 4시 16분이면 '팽목기억예술마당'이 열리고 있다.

이러한 행사와 관련하여 기억관 방문객을 안내하고, 주변을 정리하는 일에서부터 행사를 주관하여 진행하는 일 모두 광주시민상주모임의 몫임은 물론이다. 그리하여 정기열 활동가를 비롯한 몇몇 시민상주들은 광주에서부터 팽목항까지 두 시간 이상 걸리는 길을 매번 쉬지 않고 달려가고 있다. 최근 들어서는 '팽목기억캠프'라는 이름으로 두 행사가 계속되고 있음이 특징이다.

이상에서 살펴본 바와 같이 다양한 활동들을 활발하게 진행해 오고 있는 광주시민상주모임은 시민단체나 조직 중심으로 이루어진 그간의 활동 양태를 벗어나 특별한 조직체계 없이 매월 전체 모임과 SNS를 통해 활동 제안, 의사 결정이 이루어지며, 결정된 내용은 개개인의 자발적 실천으로 실행해 오고 있다는 점에서 가장 주목받는 세월호 시민 활동의 플랫폼 성격을 띠고 있다. 현재 카카오톡이나 밴드 같은 SNS를 통해 연결되어 있는 시민상주 회원은 약

250명 정도이다. 다만, 회원들 모두가 똑같이 적극적인 활동을 지속하고 있는 것은 아니어서 정기열, 김화순, 김옥진 씨 등을 비롯한 50여 명의 활동가들이 중심이 되어 꾸준히 활동을 계속하고 있다.

[사진 16] 팽목기억캠프에서 개최한 기억순례와 예술마당
(광주시민상주모임 제공)

올해만 하더라도 광주시민상주모임은 세월호 참사 8주기를 맞이하여 5·18민주광장에 희생자를 기리는 시민분향소를 설치하여 다음 날인 4월 17일까지 운영하였다. 또한 지난 10월 8일에는 4·16합창단을 초청하여 연주와 토크콘서트를 내용으로 하는 '세월호 가족과 함께 떠나는 진실여행' 프로그램을 진행한 바 있다.

[사진 17] '세월호 가족과 함께 떠나는 진실여행'에서의 토크콘서트 장면
(광주시민상주모임 제공)

전일빌딩245 건물 9층 다목적홀에서 열린 이날 행사에서는 4·16 합창단원의 연주와 토크쇼가 끝난 뒤 객석의 참석자들이 답가로 도종환 시인의 '화인'을 부르며 "반드시 진상규명", "우리가 함께할게요"라는 구호가 적힌 작은 펼침막을 들고 함께 외쳤다. 서로의 아픔을 공감하는 참가자들의 눈에는 뜨거운 눈물이 흘러내렸다.

[사진 18] '세월호 가족과 함께 떠나는 진실여행'이 끝난 뒤
진상규명을 함께 외치는 참가자들(광주시민상주모임 제공)

5. 오월과 사월의 연대로 그리는 미래

공동체와 시민의 생명을 지키기 위하여 불의한 국가 권력에 저항했던 5·
18민주화운동 희생자들의 가족과 어머니들은 40여 년이 지난 지금까지도 오
월만 되면 망월동 묘지에서 한번도 마른 적이 없는 눈물을 다시 흘린다. 세월
호 참사 유가족들 또한 4월 16일이 돌아올 때마다 몸과 마음이 찢겨 나가는
아픔을 느끼며 한없이 눈물을 흘려야만 한다.

무릇 좋은 정치란 백성들의 눈물을 닦아줄 수 있어야 하지만 우리의 정치
는, 정확히 말해 국가는 그러한 역할을 전혀 제대로 수행해 내지 못하고 있다
고 보아도 과언이 아니다. 불의에 항거하는 시민들을 겨냥하여 조준 사격까지
가하였던 집단 발포의 책임을 면하기 어렵고, 마땅히 해야 할 의무를 행하지
않음으로써 304명이나 되는 아까운 목숨을 그대로 수장시킨 책임에서 결코

자유롭지 못한 국가이고 보니 눈물을 닦아줄 수 있는 정치를 만나기란 요원한 일이라고 할 수 있다. 따라서 일찍이 유토피아를 경험하였던 재난공동체 간의 사회적 연대와 실천을 통해서만 눈물을 닦을 수 있는 터, 오월과 사월 공동체는 그동안 서로의 아픔을 공감하며 서로를 따뜻하게 품어 안음으로써 눈물을 닦아왔다고 할 수 있다.

그러나 두 공동체 간의 연대와 실천은 단순히 눈물을 닦는 일에만 머물러 있지 않았다. 금남로에서 이루어진, 수많은 사상자가 발생케 하였던 집단 발포 혹은 헬기 사격의 책임 소재가 아직도 밝혀지지 않고 있으며, 세월호 참사를 둘러싼 수많은 의혹에 대한 철저한 진상규명이 필요한 상황이고 보니[17] 오월과 사월 공동체는 다른 무엇보다 과연 진실이 무엇인지를 규명하기 위한 목소리를 함께 내는 데 온 힘을 쏟아왔다고 할 수 있는 것이다.

그러나 지난 세월을 통해서 줄기차게 외쳤던 진실규명은 아직 이루어지지 않았으며, 우리 사회의 안전 또한 전혀 보장되지 않았다. 지난 10월 29일, 159명이라는 귀한 생명을 물속도 불길 속도 아닌 이태원이라는 길 위에서 잃어야 했던 또 한번의 사회적 참사가 그 결정적 증거이다.

따라서, 바라는 게 있다면, 또 할 수만 있다면, 오월과 사월이라는 재난공동체의 더 굳건한 연대와 실천을 통해 아직도 밝혀지지 않은 진실이 언젠가는 백일하에 드러나고, 다시는 아무런 잘못도 없이 귀한 목숨을 잃는 사회적 참사가 우리를 찾아오지 않기를 바랄 뿐이다. 이것이 바로 오월과 사월의 연대로 그리는 미래이다.

---

17 세월호 참사 유가족들과 사회적참사특별조사위원회 등은 '해경의 구조 방기', '전원 구조 관련 오보', '법무부의 검찰 수사 외압' 등 17건의 의혹을 제기했지만 이 가운데 15건은 무혐의 혹은 불기소 처분으로 마무리됐다.

세월호광주시민상주100인, 『사람꽃피다 1, 2』, 전라도닷컴, 2016.

광주광역시, 5·18민주화운동 기록관, 『오월의 기록, 인류의 유산』, 2021.

리베카 솔닛, 정해영 역, 『이 폐허를 응시하라』, 펜타그램, 2009.

임광호, 배주영, 이민동, 정수연, 『5월 18일 맑음』, 창비, 2019.

(사)4.16세월호참사가족협의회, 『세월호참사진상규명 Q&A』, 창비, 2021.

가습기살균제 피해와
시민사회의 연대와 실천

박진영

(부산대 SSK 느린 재난 연구팀)

1. '여전히 현재진행형'인 가습기살균제 참사

2011년 가습기살균제 피해가 세상에 처음 알려진 이후 약 11년이 지났다. 피해자들은 이 참사가 해결되지 않았으며, 여전히 진행 중이라고 말한다. 2022년 4월 옥시RB(Oxy Reckitt Benckiser, 옥시레킷벤키저)와 애경산업은 '가습기살균제 피해구제를 위한 조정위원회(이하 조정위원회)'의 조정안에 합의하기를 거부했다. 이미 피해자 지원과 「가습기살균제 피해구제를 위한 특별법(약칭 가습기살균제피해구제법)」에 따른 기금 조성에 참여했는데, 또 다시 조정을 위한 기금을 낼 수 없다는 것이 이유였다. 피해자들이 가장 많이 사용한 두 제품이 옥시RB의 옥시싹싹 가습기당번, 애경산업의 가습기메이트이다. 두 기업 외에 조정위원회에 참여한 나머지 7개 기업(SK케미칼, SK이노베이션, LG생활건강, GS리테일, 이마트, 롯데마트, 홈플러스)은 조정안에 합의했다. 조정위원회는 일단 활동 시한을 연장하기로 결정했다. 피해자들은 가습기살균제피해구제법에 따라 국가가 피해의 일부를 구제해주는 것에 그치지 않고, 기업이 조정안에 동의해 가습기살균제 피해에 대한 배상과 보상에 적극적으로 나서주기를 요구하고 있다.[1]

---

1 2023년 1월 기준 한국환경산업기술원 가습기살균제 피해지원 종합포털에서 확인할 수 있는 가습기살균제 피해자단체와 노출확인자단체는 총 25개다. 조정위원회의 조정안과 조정금액에 대해 각 피해자단체의 세부 의견이 다른 부분이 있다. 이 글에서 각 피해자단체

피해자들은 이 참사가 여전히 진행 중이라고 말하지만, 사회의 관심은 예전 같지 않다. 2022년에도 피해자, 시민사회단체는 수차례 광화문광장, 옥시RB, 애경산업과 SK 본사 앞 등지에서 캠페인, 기자회견, 농성을 진행했다. 그렇지만 이 자리에 피해자들과 함께 참여했던 활동가들은 시민들의 관심이 예전 같지는 않은 것 같다고 말한다.

가습기살균제 피해는 2016년 대한민국을 떠들썩하게 만들었다. 검찰조사를 시작으로 연이은 언론보도, 전국적으로 진행된 옥시 불매운동, 국회의 국정조사에서부터 가습기살균제피해구제법 제정 논의까지가 모두 한 해에 일어난 일이다. 2016년에는 누구나 한번쯤 가습기살균제 피해를 들어보았을 것이다. 또한 옥시 불매운동에 관한 내용을 보고 듣거나, 동참하기도 했을 것이다. 그러나 해를 거듭할수록 가습기살균제 문제에 대한 사회의 관심은 줄어들고 있다. 피해자들은 지속적으로 기업이 진정성을 가지고 실효성 있는 대책을 마련해 주기를 원하지만, 혹자는 아직도 이 문제가 해결되지 않았는지 몰랐다며 놀란다.

옥시RB와 애경산업의 조정안 거부 이후 2016년에 이어 2022년 다시 한번 전국적으로 옥시와 애경 불매운동 캠페인이 진행되었다. 2016년, 2022년 불매운동은 어떤 계기로 이루어졌으며, 어떤 의미를 지닐까? 이 글은 가습기살균제 제품을 제조, 판매한 주요 기업을 대상으로 펼쳐졌던 불매운동을 중심으로 가습기살균제 피해에 연대해 온 시민사회의 실천을 살펴본다.

시민사회의 연대와 실천을 중심으로 가습기살균제 피해라는 대규모 화학물질 재난을 살펴봄은 재난공동체 외연의 확장 가능성을 모색하고 상상하려는

의 입장에 대해서 자세히 다루지는 않는다.

시도이다. 이 글은 가습기살균제 피해자단체, 피해자 공동체의 활동과 구성원들 간의 연대를 살펴보기보다는 시민사회가 환경재난 사례와 연대해 온 모습을 본다. 이를 통해 불매운동을 비롯한 시민사회의 연대 활동을 통해 확장될 수 있었던 재난공동체의 모습을 확인한다. 이 글에서는 시민사회가 가습기살균제 피해자와 연대하고 문제 해결과 공론화를 위해 행한 여러 실천들을 불매운동을 중심으로 검토한다. 이를 위해 언론기사, 시민사회 성명서, 발행 문건 등을 수집해 분석하고, 가습기살균제 문제와 관련해 오랜 기간 연대해 온 활동가와 심층면접을 진행했다.[2]

21세기 위험사회(Risk Society)의 대표적인 재난이라 할 수 있는 환경재난은 피해가 쉽게 확인되지 않고, 피해를 야기한 단일한 원인을 지목하기가 어렵고, 피해 확인과 조사 과정이 더디게 진행된다는 점이 가장 큰 특징이다. 가습기살균제 피해는 질병관리본부의 역학조사를 통해 2011년에 처음 알려졌다. 피해확인, 조사, 연구, 피해구제정책 실행, 민·형사 재판 등 일련의 일이 10여 년간 진행되었다. 전술했듯 2023년인 지금까지도 피해 조사, 구제, 배·보상과 관련된 활동이 진행 중이다. 이 글은 이렇게 더디게 진행되었던 가습기살균제 재난 대응 과정에서 시민사회의 실천과 여러 단체들이 수행한 역할을 살펴보고 그 의미를 탐색한다.

가습기살균제 제품은 1994년 SK케미칼의 전신인 유공이 전 세계 최초로 개발해 판매하기 시작했다. 이 제품은 살균제 성분이 포함된 액체를 가습기 물통에 넣어 사용하는 방식이다. 물을 장시간 방치하는 가습기의 특성상 가습기 내부 관리가 필요했고, 기업들은 가습기살균제로 간편하게 가습기를 깨끗

---

2 이 글에서 심층면접 내용 인용 시 면접 참여자들이 동의한 경우 현재 소속단체와 실명을 기입했다.

하게 관리하고 세균과 물때를 예방할 수 있다고 광고했다. 유공은 주로 닦아내는 용도로 사용되었던 원료물질을 가습기 가동 시 물에 섞어 장시간 분무되도록 변형했다. 화학물질의 사용 방식이 바뀌었지만, 기업은 해당 방식이 인체에 영향을 미칠 수 있는지에 대해서는 제대로 확인하지 않고 제품을 판매했다. 이후 여러 기업에서 이 원료물질 또는 비슷한 성질의 물질을 사용해 가습기살균제 제품을 판매했다. 가습기살균제는 대형마트, 슈퍼마켓에서 세제, 방향제, 살균제가 판매되는 동일한 매대에서 손쉽게 구할 수 있었다. 더 깨끗하고 간편하게 가습기를 관리하고 사용하고 싶었을 뿐이던 소비자들이 이 제품을 구입해 사용했다. 누구나 이름을 들으면 알만한 기업이, 세제와 같은 다른 제품을 팔던 기업이 판매하는 제품이었기 때문에 소비자들은 믿고 가습기살균제를 사용했다. 가습기를 통해 물 입자와 함께 분무된 가습기살균제 성분은 호흡기를 통해 인체로 흡입되어 호흡기 질환뿐 아니라 각종 피해를 일으킨다. 수많은 소비자들이 쉽고 간편하게 사용할 수 있었던 생활화학제품이 인체에 질병을 유발하고, 심한 경우 죽음에 이르게 할 수 있다는 사실을 제품을 개발하고 판매한 기업도, 제품 출시 허가와 유통을 관리 감독해야할 정부도 제대로 확인하지 않았다.

처음 가습기살균제 피해가 알려진 이후 가습기살균제를 사용했거나 사용하고 있었던 피해자들은 시민사회에 도움을 요청했다. 석면, 공장주변 환경피해 등의 환경보건문제를 중심으로 활동하고 있던 환경보건시민센터는 가습기살균제 제품 확인, 초기 피해신고 접수 등의 활동을 수행했다. 환경보건시민센터 외에도 중앙과 지역 환경운동연합, 참여연대, 경제정의실천시민연합(경실련) 등의 시민사회단체는 가습기살균제 대응 시민사회운동을 함께했거나 지금까지 연대 활동을 하고 있다.

이 글은 가습기살균제 참사에 대응한 시민운동의 전개 과정을 분석한 이철재와 구도완(2020)의 연구를 확장하며, 최근까지 가습기살균제 피해와 관련해 진행되었던 시민사회의 연대와 실천의 모습들을 살펴본다. 이철재·구도완(2020)은 가습기살균제 피해를 사회문제로 부각시키고 피해자를 지원하는 활동을 수행한 시민운동조직의 활동을 4개 시기로 나누어 살펴보았다. 제1기 운동의 발생기(2011. 8.~2012. 12.), 제2기 운동의 1차 확산기: 피해자 연대 투쟁기(2013. 1~2015. 12), 제3기 운동의 2차 확산기: 시민사회 연대 활동기(2016. 1~2017. 7), 제4기 운동의 제도화기(2017. 8~2019. 6)가 그것이다. 2011년부터 2019년 6월까지의 기간 동안 장기적이고 역동적인 시민사회 운동 과정이 나타났다. 시민사회의 시위, 기자회견, 옥시 불매운동, 국회 압력, 소송 등 다양한 자원 동원과 정치적 기회구조 변화가 결합해 가습기살균제피해구제법, 사회적참사특별법 등이 제정되고 문재인 대통령의 사과, 사회적참사특별조사위원회 구성 등의 변화가 가능했다.

이철재·구도완(2020)에서 다룬 2019년 6월 이후에도 가습기살균제 피해를 둘러싼 많은 논란들이 있었다. 이 글에서는 2020년 이후 가습기살균제 피해를 둘러싼 논쟁과 이에 대응하는 시민사회의 연대와 실천을 살펴본다. 그 중에서도 2022년 옥시·애경 불매운동이라는 활동에 주목하기 때문에, 2016년에 진행되었던 옥시 불매운동의 의미와 평가에 대해서도 기술했다. 이 글에서는 주로 환경보건시민센터, 중앙과 지역 환경운동연합과 가습기살균제참사전국네트워크(이하 가습기넷)의 활동을 중심으로 시민사회의 연대와 실천을 보았다. 25개 피해자단체와 노출확인자단체 각 단체마다 개별 사안과 쟁점에 대해서 의견이 다르고, 가습기넷 활동은 소강상태이며 현재 가습기살균제 피해자 전체를 아우르는 공동체나 연대체가 구성되어 있지는 않다. 이는 가습기살균제 피해자 규모가 크고 사용 제품과 제조판매 기업이 다르기 때문이기도 하고, 2020년 9월 가습기살균제피해구제법 2차 개정 이전까지 폐손상과 가습기살균제 사용 사이의 상관관계를 1~4단계로 나누어 피해자를 판정하고 지원해왔던 제도로 인한 것이기도 하다. 이 글에서는 피해자들 사이의 연대와 실천보다도, 피해자들의 목소리를 듣고 전달하고 확장하고 사회에 알리기 위한 연대와 실천을 수행해 왔던 시민사회의 활동을 살펴본다.

'재난 시티즌십(disaster citizenship)'에 관한 논의는 재난 발생 이후 시민들의 적극적인 참여와 재난공동체 확장의 필요성을 주장해왔다. 이영희(2014)는 재난에 대한 대비 및 대응과정에서 재난과 시민들이 관계를 맺는 방식의 전개를 재난 시티즌십 형성 과정으로 살펴보았다. 재난 시티즌십이란, "시민들이 재난 문제에 일상적으로 관심을 기울이고 재난 관련 공적 의사결정에 적극적으로 참여할 권리를 주장하며, 재난으로 인한 공동체의 파괴에 대해 연민과 연대감을 가지고 그 복구과정에 정신적, 육체적, 또는 다른 어떤 방식으로라도 참여하는 것을 의미"한다(이영희, 2014: 74). 이영희가 제안한 재난 시티즌십 개념은 시민들의 참여 권리만이 아니라, 재난 위험사회에서의 시민의 책무와 덕성까지를 포괄하는 개념으로 이해된다. 포항 지진에 대한 사례 연구도 이영희의 재난 시티즌십 연구를 활용해 공동체 중심의 재난 거버넌스가 필요함을 강조했다(김진희 외, 2020). 재난 시티즌십 논의의 핵심은 시민들이 재난대응과 복구에 자발적으로 참여하고, 공동으로 문제를 해결하는 공동체의 복원력 형성 과정에 있다(노진철, 2020).

이 글은 가습기살균제라는 재난에 대응하는 과정에서 시민사회가 추진했던 불매운동을 중심으로 시민사회의 연대와 실천을 살펴보고, 재난 시티즌십의 형성, 재난공동체 형성의 의미와 확장에 대해 재고하고자 한다. 기업의 제품을 사지 말자는 불매운동은 사회운동의 전략적 수단이자 도구에 불과하지만, 가습기살균제 사례에 있어서는 피해자와 시민과 소비자를 연결하고 가습기살균제 참사로 인한 재난 대응과정과 복구과정에 시민을 참여하게 하는 재난 시티즌십 구성 과정이자 재난공동체의 연대 활동이었다.

2. '드물게 성공한' 2016 옥시 불매운동

가습기살균제 문제의 국면 전환

2011년 가습기살균제 피해가 확인되었지만, 정부와 기업 어디에서도 제대로 된 피해 조사나 지원 대책을 마련하지 않았다. 초기에는 열 몇 명의 피해자와 가족이 있었지만, 가습기살균제가 어디서나 쉽게 구할 수 있는 제품인 만큼 훨씬 더 많은 피해자가 있을 것이라 예상되었다. 일부 피해자와 환경보건시민센터가 가습기살균제 제품명을 공개하고 피해신고를 받고 피해사례를 확인해 발표했다. 가습기살균제 제조, 판매, 허가와 확인에 책임이 있는 기업과 정부가 제대로 대응하지 않는 상황에서 가습기살균제 피해를 둘러싼 모든 대처가 지지부진했다. 2012년 말 보건복지부가 '폐손상조사위원회'라는 민간 합동조사위원회를 꾸려 피해신고자들의 피해 상황을 확인하고, 2014년 3월 조사 결과를 발표하고, 환경보건법에 의해 일부 피해 지원을 해주었지만, 5년여 동안 가습기살균제 문제는 사회적으로 많은 관심을 받지 못했다.

그러던 중 2016년 1월 검찰이 가습기살균제를 제조하고 판매한 기업들에 대한 수사를 시작하고, 이 수사가 언론에 대대적으로 보도되면서 가습기살균제 문제에 대한 사회적 관심이 환기되기 시작했다. 특히 검찰수사 과정에서 옥시가 대학 교수에게 연구비를 지급하고 가습기살균제 물질의 유해성에 관한 연구 결과를 조작하게 했다는 사실이 밝혀지며, 가장 많은 피해자를 야기한 가습기살균제 제품 기업인 옥시에 대한 사회적 공분이 커졌다. 검찰 수사가 본격적으로 시작되자 기업들은 대표이사 명의의 사과문을 배포하거나 기자회견을 열어, 처음으로 피해자들에게 사과 의사를 밝히기 시작했다. 언론은 연일 검찰 수사, 옥시의 청부과학, 국회와 정부의 대응, 피해자와 시민사회의 활동 등 가습기살균제 문제 관련한 보도를 쏟아냈다.

가습기살균제 문제에 대한 사회적 관심이 증가하고, 검찰 수사로 흐름이 완전히 바뀌게 된 틈을 타 시민사회 영역에서는 가습기살균제 제조·판매 기업을 대상으로 한 불매운동을 기획하고 조직했다. 가습기살균제 문제에 대한 사회적 관심이 증가하기 이전인 2016년 초부터 환경보건시민센터에서는 불매운동을 진행할 경우 소비자, 시민의 참여가 가능할 것이라 판단하고 있었다. 2016년 1월 17일 환경보건시민센터는 가습기살균제 문제 관련 전국규모 여론조사 결과를 발표했다. 전국 1천명 성인남녀 휴대전화 무작위추출 여론조사 결과, 응답자의 22%가 가습기살균제 사용경험이 있으며, 이중 20.9%가 건강피해 경험이 있다고 답변했다. 또한, 응답자 10명 중 9명(89.9%)은 가장 많은 피해자를 야기한 옥시RB의 가정용 옥시싹싹 제품에 대한 소비자 불매운동에 참여하겠다고 답변했다(환경보건시민센터, 2016).

가습기살균제 피해자와 가족모임(이하 가피모)은 2016년 4월 24일 피해자 대회인 <임시총회 및 살인기업 규탄대회>를 열고 옥시 불매운동을 선언했다. 이날 총회에는 약 150명의 피해자와 가족이 전국 각지에서 참여했다. 가피모는 옥시 제품 불매운동을 포함해 가해기업의 사과, 정부의 문제해결, 국회 청문회 개최와 특별법 통과, 검찰의 수사 등을 요구했다. 가피모의 9개 결의 내용은 아래와 같다.

① 가해기업들은 사과 코스프레, 언론플레이를 즉각 중단하고, 진심을 갖고 피해자와 대한민국 국민에게 무릎 꿇고 사과하라!!
② 무참하게 사람 목숨을 빼앗고 방치한 살인기업들과 대한민국 정부는 각성하고, 즉각 문제해결에 나서야 한다!!
③ 정부는 가습기살균제 피해신고센터를 설치하고, 3-4단계 피해자 대책을 세워야 한다. 또한 판정 대기자들에 대해서도 서둘러 판정 절차를 진행하라!!
④ 20대 국회는 가습기살균제 청문회를 개최하고, 특별법을 통과시켜라!!
⑤ 대한민국 검찰은 가해기업들을 살인죄로 처벌해야 하고, 구속수사 하라!!
⑥ 서울대와 호서대 등은 연구 윤리를 저버린 교수들에 대해 파면하라!!
⑦ 옥시측 법률대리인 김앤장은 살인기업의 편에 서서 법의 정의를 외치지 말고, 손을 떼라!!
⑧ 가피모는 피해자와 가족들의 집단공동소송을 통해 피해자들의 피해회복과 재발방지를 사회적으로 촉구해 갈 것이다.
⑨ 가습기살균제 피해자와 가족들은 대한민국 소비자의 생명과 안전을 우선시하는 모든 제 단체들과 연대해 불매운동에 나설 것이다.[3]

---

3 환경보건시민센터 홈페이지, 「[보도자료] 가습기살균제 피해자들 옥시제품 불매운동 선언 및 참사 오적 발표」,
http://eco-health.org/bbs/board.php?bo_table=sub02_02&wr_id=412&page=4

[사진 1] 옥시 불매운동 슬로건(출처: 환경보건시민센터)

　　다음날인 4월 25일 가피모와 37개 단체[4]는 광화문광장에서 옥시 불매운동
선언 기자회견을 열었다. 가습기살균제를 제조·판매한 여러 기업이 있었지
만, 이 때 불매운동은 옥시 브랜드와 옥시 제품을 대상으로만 이루어졌다. 옥
시 제품이 "사망자의 70% 이상을 발생"시켰고, 청부과학 의뢰 등의 행위가
드러났기 때문이었다.[5] 불매운동 선언 참여단체는 기자회견문에서 시민사회

4　<가습기살균제 제조 기업 처벌 촉구 및 옥시 상품 불매 선언 시민사회 기자회견> 참가단
　　체는 다음과 같다. 가습기살균제 피해자와 가족모임, 환경보건시민센터, 한국부인회총본
　　부, 한국YWCA연합회, 녹색소비자연대, 한국여성소비자연합, 소비자교육중앙회, 한국소
　　비자교육원, 한국YMCA전국연맹, 한국소비자연맹, 소비자공익네트워크, 소비자시민모임,
　　민주언론시민연합, 민주사회를 위한 변호사모임, 한국투명성기구, 장애우권익문제연구소,
　　한국여성민우회, 한국여성단체연합, 행복중심동북생협, 두레에코생협, 녹색미래, 환경정
　　의, 인드라망생명공동체, 산과자연의친구 우이령사람들, 국립공원을지키는시민의모임, 한
　　국내셔널트러스트, 불교환경연대, 서울환경연합, 에너지나눔과평화, 녹색교통, 녹색연합,
　　생태지평, 분당환경시민의모임, 여성환경연대, 생명의숲, 자원순환사회연대, 환경운동연
　　합(이상 37개 단체, 환경보건시민센터 홈페이지 참고).
5　가습기살균제 제조 기업 처벌 촉구 및 옥시 상품 불매 선언 시민사회 기자회견 참가단체
　　일동, 「시민사회단체 기자회견문 "가습기살균제 제조 기업들의 처벌을 촉구하며, 최악의
　　가해기업 옥시의 상품 불매를 선언한다."」, 환경보건시민센터 홈페이지, http://eco-
　　health.org/bbs/board.php?bo_table=sub02_02&wr_id=413&page=4

가 그동안 제대로 기능하지 못했던 점을 사과하고 각자의 영역에서 공동체와 미래를 지키기 위해 불매운동을 진행하고 함께할 것이라 밝혔다. 이처럼 옥시 불매운동에 참여연대, 소비자단체 등 다양한 분야의 시민사회운동단체가 적극적으로 결합하면서, 2016년 가습기살균제 문제는 환경단체만의 문제가 아니라 시민사회 전체의 이슈로 자리 잡는 상징성을 가지게 되었다(이철재·구도완, 2020: 106-107).

피해자들의 고통이 갈수록 커지고 사회의 불안이 증폭되는 상황에서, 늦었지만 시민사회가 나서고자 한다. 사회의 감시자, 약자와 피해자의 대변자로서 제대로 기능하지 못한 그 동안의 모습에 우선 사과드리며, 가습기살균제 피해자들을 위로하고 지원하며, 기업과 정부의 무책임에 맞서 싸우고자 한다. 우리들의 무능과 무관심이 지금의 혼란과 슬픔을 키우는 데 큰 몫을 했다고 반성하며, 보건단체, 소비자 단체, 환경단체, 생활협동조합 등 각 사회단체들이 각자의 영역에서 공동체를 지키고 미래를 지키기 위해 투쟁코자 한다. (중략)

따라서 지금 이 순간부터 옥시제품의 구입을 중단하고, 가능하다면 보유 중인 옥시 제품의 폐기를 통해 적극적인 항의를 표시해 주기 바란다. 또한 유통업자들에게 옥시 제품의 취급과 판매를 중단할 것을 요청한다. 우리 사회의 건강성 항상성을 유지하기 위해, 사회를 교란한 범죄 기업에 대한 징벌의 역할은 모두가 나누어야 하기 때문이다.

(중략) 시민사회는 가습기살균제 문제가 사회적으로 종결될 때까지 함께 할 것이다. 피해자들이 이제 그만해도 된다고 할 때까지, 우리 사회에 더 이상은 이런 문제가 발생하지 않을 것이라고 확신할 수 있을 때까지, 활동을 멈추지 않을 것이다. (강조 표시는 필자)

선언문에서 확인할 수 있듯, 옥시 불매운동의 가장 큰 특징은 두 가지 방향에서 전개되었다는 점이다. 통상적으로 불매운동은 소비자들에게 특정 기업의 제품을 소비하지 말자는 식으로 이루어진다. 옥시 불매운동은 "옥시 제품 사지맙시다"라는 소비자 불매와 "옥시 제품 팔지맙시다"라는 마트에서의 불매가 동시에 진행되었다. 옥시에서 판매하는 제품 종류가 많았기 때문에, 옥시싹싹, 옥시크린, 물먹는하마와 같은 특정 제품을 겨냥해 불매를 홍보하기도 했지만, 옥시라는 브랜드 자체에 대해 불매운동을 벌인 것도 큰 특징 중 하나였다.

[사진 2] 옥시 불매운동 선언 당시 전시된 옥시 제품(출처: 환경보건시민센터)

시민사회 단체는 불매운동을 홍보하고 시민들의 참여를 독려하기 위해 연달아 캠페인, 선전전, 기자회견을 진행했고, 옥시 제품을 판매하는 마트에 방문해 제품을 치우는 시위를 하고, 옥시 본사가 위치한 여의도에 철망을 설치하고 옥시 제품을 모으는 퍼포먼스를 했다. 가피모와 환경보건시민센터는 옥시RB의 레킷벤키저 본사가 있는 영국에도 방문해 항의 캠페인을 진행하기도 했다(이철재 · 구도완, 2020: 106-107).

2016 옥시 불매운동 평가와 그 의미

당시 불매운동을 조직하고, 적극적으로 참여했던 시민사회 활동가들은 불매운동 집중 기간 동안 가용한 모든 자원과 인력을 총집중해 불매운동을 벌였다고 기억했다. 여러 단체의 활동가들은 거의 매일 보도자료를 작성해 배포하고, 불매운동 진행과 더불어 가습기살균제 문제 대응과 관련한 국회나 정부, 기업의 대응과 조사 모니터링을 병행하며 가습기살균제 문제와 관련된 모든 현안을 파악하고 대응했다. 이 시기의 옥시 불매운동은 그만큼 가습기살균제 참사 대응 "시민운동의 절정"이었다(이철재 · 구도완, 2020: 107).

그렇다면 시민사회는 2016년 옥시 불매운동을 어떻게 평가하고 있을까? 심층면접에 참여한 활동가들은 공통적으로 2016년 옥시 불매운동을 "한국 사회에서 드물게 성공한 불매운동"이라고 평가했다. 가습기살균제 문제를 알리고 피해자들의 목소리를 세상에 전달하는 데서 나아가, 옥시가 옥시RB로 기업명을 바꾸고, 실제 옥시 제품 판매가 급감하고 국내 공장이 문을 닫았으며, 현재까지 대형마트에서는 옥시 제품을 판매하지 않는 실질적인 성과가 있었던 것이다(환경보건시민센터, 2022). 제품 판매처뿐만 아니라 2016년 불매운동을 계기로 여전히 옥시 제품을 소비하거나 판매하지 않는 데 동참하고 있는 소비자, 시민들이 있다는 측면에서 옥시 불매운동은 환경운동영역의 시민사회 단체들에게 이례적인 경험으로 남아있다.

환경보건시민센터 최예용 소장과 서울환경연합 이민호 활동가는 공통적으로 2016년 옥시 불매운동의 경험이 시민사회 활동을 하는 데 있어 엄청난 자산이라고 평가했다. 시민사회의 조직과 활동으로 전국적 불매운동에 성공한 경험이 시민사회 내부에 긍정적인 자산으로 남아 다른 활동과 운동을 이어갈 수 있게 해준다는 것이다. 2016년 이전 답보 상태에 있던 가습기살균제 문제가 갑자기 여러 논의 흐름들이 겹치고 증폭되며 폭발적인 불매운동으로 몇 달간 이어지고 실제 눈에 보이는 성과까지 이루었던 경험은 "내 생에 또 한 번 이런 걸 경험할 수 있을까" 하는, "이런 일이 벌어질 수도 있구나, 세상에 살다 보니까 이렇구나" 하는 일이었다.[6]

사실 어떻게 보면 뭔가 '성공했다'라고 하는 경험들은 굉장히 큰 자산인 것 같아요. 불매운동이 그때 당시에 성공을 했었고 지금도 어떻게 보면 옥시 (불매)운동이 계속 이어지고 있다고 보거든요. (중략) 사실 어떻게 보면 대표적인 옥시 제품들을 안 쓰는 사람들이 많이 생겨났던 상황이었고, 지금도 제가 생각하기에는 (시민) 전부는 아니겠지만 많은 분들은 '옥시 제품이네'라고 해서 좀 사시기를 꺼려하시는 분이 계실 것 같다라는 생각이 들어요. 그런 경험들은 분명히 우리 사회에 큰 자산인 것 같고 우리 (단체) 자체에도 자산인 것 같아요. 그리고 '할 수 있구나'라고 하는 것이 계속 도전해 볼 수 있는 그런 바탕이 되지 않을까 싶어요. (서울환경연합 이민호 활동가)

사실은 한국 사회에서 불매운동 같은 게 성공하기가 굉장히 쉽지 않거든요. 워낙 유통의 경로가 다양하기 때문에, 그걸 다 제어한다는 게 쉽지 않은데. 그런 면에서 보면 옥시 같은 경우에는 매우 예외적으로 비교적 성공한

---

6 환경보건시민센터 최예용 소장 심층면접.

것으로 볼 수 있겠습니다. 결국 회사도 이름을 바꾸고 다른 제품들도 이제 굳이 그 회사의 브랜드임을 강조하지 않는 방식으로 지금도 이제 유통하고 있는 걸 보면 성공한 경우로 볼 수 있긴 한데. 뭐 한계도 분명히 있었던 것 같고. (참여연대 장동엽 선임간사)

옥시 불매운동은 마트에서만 이루어지지 않았다. 옥시가 판매하는 대표적인 제품 중에는 약국에서 구입할 수 있는 개비스콘과 스트렙실과 같은 의약품도 있었다. 따라서 약사, 의사도 옥시 불매운동에 동참하며 소비자, 시민, 전문가 등 다양한 사회 구성원이 전국적으로 참여하는 불매운동이 진행될 수 있었다. 다양한 영역에서 불매운동이 광범위하게 이루어졌다는 측면에서도 옥시 불매운동을 성공적이었다고 평가할 수 있는 것이다.

아까 잠깐 말씀드렸는데, (옥시 불매운동이) 굉장히 성공한 불매운동이었다라고 생각해요. 불매운동이라고 하는 게 사실 우리 (사회에서) 종종 일어나긴 하지만 노재팬(No Japan)이라든지. 이런 불매운동으로서 소비자이자 시민에 대한 의견들을 이야기하는 사례들이 굉장히 많은데. 옥시 불매도 굉장히 크게 진행됐던 사례였고. 그래서 확실히 시민분들이 심각하게 생각하는구나라는 것을 알 수 있었고.. 그래서 약사분들도 옥시의 제품이 생활용품뿐만 아니라 스트렙실이라든지 이런 의료 용품도 같이 있었기 때문에 (불매운동에) 참여하고 굉장히 넓은 의미의 참여들이 많이 진행됐던 게 어떻게 보면 기억에 남는 일이라고 할 수가 있죠. (서울환경연합 이민호 활동가)

[사진 3] 약사의 옥시 불매운동 참여 포스터(출처: 가습기살균제참사전국네트워크)

　　가습기살균제 관련 불매운동에 참여해 온 활동가들은 피해자들이 직접 불매운동에 참여하고 목소리를 냈다는 점에서 옥시 불매운동이 한국사회의 다른 불매운동과는 구별되는 지점이 있다고 보았다. 남양유업 불매운동, SPC불매운동 등의 불매운동은 기업의 운영 방침과 노동조건 개선 등을 요구하며, 소비자들이 기업의 제품뿐만 아니라 이미지를 소비하지 말자는 식으로 전개된다. 기업의 활동으로 인한 직접적 피해자가 존재하지만, 여러 여건상 그 피해자들이 전면으로 나서서 불매운동을 진행하지는 않는다. 그러나 가습기살균제의 경우 불매운동 기자회견, 캠페인, 서명운동에는 항상 가습기살균제 피해자들이 함께 했다. 피해자들이 직접 목소리를 내 피해를 증언하고, 기업들의 책임을 요구하며 시민들에게 불매운동에 참여해줄 것을 호소했기 때문에, 거리에서 마트에서 지하철에서 불매운동의 목소리가 시민들에게 더 잘 가닿을 수 있었다는 것이다.

피해자분들이 직접 호소하고 당연히 눈물도 흘리시고. 보통 저희 활동하는 사람들이 쓰지 않는 언어로 (호소하고.) 본인이 피해 당사자이거나 혹은 피해자 유족으로서 이제 정말 절규하면서 말씀하시기 때문에 지나가는 시민분들도 그 부분은 전혀 다르게 인식하셨을 것으로 보입니다. 그런 면이 좀 현장에서는 확실히 좀 달랐던 것 같아요. (참여연대 장동엽 선임간사)

피해자분들이 직접적으로 소비자들하고 같이 액션을 한 경우는 굉장히 드물긴 하거든요. 지금도 여러 불매운동 경우들이 있긴 하지만, 소비자 단체들이 그 정도로 전면적으로 같이 함께 해서 피해자분들이 중심이 돼서 불매운동을 펼치는 경우(는 없어요). (다른 불매운동의) 경우도 피해자분들(이) 개별적으로 소송하는 방식으로 보통 (불매운동을)하기 마련인데, 그런 면에서 보면 피해자분들이 중심이 돼서 펼쳐진 불매운동이었다는 점에서 굉장히 또 의미 있고. 그 결과와 상관없이 (옥시 불매운동이) 다시 평가되어야 하는 것 같아요. (참여연대 장동엽 선임간사)

(다른 기업 불매운동은) 제조 환경이나 노동 여건이나 이런 것에 대해 불매를 하고, 그 기업이 가진 이미지를 소비하지 않겠다라는 측면이 강한데요. (옥시 불매운동의) 경우는 사실 제품이 직접적으로 관련이 돼 있고 그 제품을 소비한 피해자들이 소비자이면서 동시에 피해자들이었고. 피해자들이 (직접) 호소를 하니까 좀 더 다르게 그래도 다가갈 수 있었지 않았나 그런 생각이 들더라고요. (참여연대 장동엽 선임간사)

또한, 활동가들은 옥시 브랜드의 제품을 어디에서나 쉽게 구할 수 있었고 어떤 특정 시간대, 특정 장소에서 재난이 발생한 게 아니라 몇 년간 일상에서 생활화학제품을 사용하다 피해가 발생했다는 측면에서, 옥시 불매운동에 대해서 소비자와 시민의 인식이 다를 수 있었다고 보았다. 시민들은 가습기살균제 제품을 자신도 사용할 수 있었고, 자신과 자신의 가족이나 주변도 피해자가 될 수 있었다는 사실에 마음 깊이 공감하면서 불매운동과 서명운동에 동참하고 가습기살균제 피해에 관심을 기울여 주었다.

그리고 이제 또 하나는 생활화학제품들이나 혹은 생활과 직접적으로 관련되는 제품들이 많아서, 그리고 또 사실 찾으려고 마음만 먹으면 대체제도 찾을 수도 있는 (제품이고.) 물론 국내 유수의 재벌 기업들이기 때문에, 여전히 매대에서도 지금도 찾아볼 수 있고. 애경도 마찬가지고 LG도 그렇고 다 (비슷한 제품을) 찾아볼 수 있긴 한데. 그렇다 보니까 (불매운동) 캠페인이 조금 더 밀접하게 다가가지 않았을까. 소비자들한테는 그런 면이 있었고. (가습기살균제가) 늘상 쓰는 가전제품이나 자동차 등과는 좀 다른 성격의 제품들이어서 (시민들에게) 다르게 다가가지 않았을까 싶긴 하거든요. (참여연대 장동엽 선임간사)

다른 참사들은 특정한 공간이나 어떤 특정한 집단이 한꺼번에 피해를 본 세월호도 그렇고 그런 특성이 있는데. (가습기살균제) 같은 경우는 이제 그냥 일상에서 누구나 사서 쓸 수 있는 (제품으로 인한) 참사, 사서 쓰다 (피해가) 생기게 되는 참사다 보니까 '진짜 어쩌면 나도 피해자가 될 수 있었다'는 생각을 많이들 하셨던 것 같은데. 그런 면에서 조금 반응이 많이 달랐던 기억이 있고요 특히 아이를 키우는 부모님, 젊은 부모님들의 반응이 좀 많이 달랐던 (것 같아요). 왜냐하면 아마 초반에 희생자분들이 산모나 태아들이 많다 보니까, 그런 기억이 있는 분들은 반응이 많이 달랐던 것으로 느껴졌습니다. (참여연대 장동엽 선임간사)

이렇게 옥시 불매운동은 실제 불매운동 효과에서부터 운동 진행 과정에서 피해자들과 함께하고 목소리를 드러냈다는 의의, 운동 진영의 향후 활동에 끼친 영향까지 여러 의미를 지닌다. 그러나 사실 불매운동은 시민사회단체 입장에서는 일상적으로 행해지는 수많은 운동 도구이자 수단 중 하나에 불과하기도 하다. 특정 사회문제를 어떻게 이슈화 시키고 드러낼 것인가 했을 때 택할수 있는 기획 방법 중 하나인 것이다. 가습기살균제 문제에 있어서는 가습기살균제 제품을 제조하고 판매하고 나아가 관련 연구를 조작한 기업이 명확히있었기 때문에, 해당 기업의 제품을 소비하고 판매하지 말자는 불매운동이 하나의 전략으로 선택된 것이다. 2016년 옥시 불매운동 기획 배경에는 여론의급격한 변화라는 배경이 있었지만, 이렇게까지 폭발적이고 전국적인 불매운동으로까지 이어질 줄은 불매운동을 기획했던 활동가들도 예상치 못했던 일이었다.[7]

> 사실 불매운동이나 모든 운동의 방식들이 어떻게 보면 도구들인 건데, 환기를 시키는 방법들. 아까 말했던 영화 〈공기살인〉을 같이 보러 간다라든지, 관련 기자회견이나 아니면 추모 집회를 한다든지 이런 것들은 어떻게보면 이제 환기를 계속 시키기 위한 방법들이라고 생각이 들어요. (서울환경연합 이민호 활동가)

이렇게 불매운동은 다른 많은 운동전략 중 하나의 수단에 불과할 수 있지만, 적어도 가습기살균제 문제에 있어서는 소비자, 시민과 피해자, 시민사회를 연결해 주는 중요한 역할을 수행했다. 피해자가 존재하는 사회문제의 경우, 시민과 사회가 함께 연대하며 문제 해결을 위해 목소리를 내기란 쉽지 않다. 옥시 불매운동을 매개로 시민과 소비자도 가습기살균제 피해에 책임이 있

---

7 환경보건시민센터 최예용 소장 심층면접.

는 기업에 목소리를 내고 기업의 변화를 촉구하기 위한 실천에 참여할 수 있게 되면서 가습기살균제라는 재난에 연대할 수 있게 된 것이다.

이런 측면에서 2016년 옥시 불매운동은 앞서 살펴본 여러 실질적인 성과를 넘어서 한국 사회의 환경재난 피해에의 연대라는 측면에서도 의미를 가지는 불매운동이라 할 수 있다. 불매운동을 조직하고 기획하는 것은 시민사회 영역의 몫이었을지 모르겠지만, 그 불매운동이 효과적이고 성공적일 수 있게 만들었던 힘은 시민들의 관심과 참여와 응원이었다.

> 대형 마트에서 '팔지 않겠다'라고 이야기하면서 옥시도 철수를 하는 수순을 밟았던 것처럼 사실 어떻게 보면 굉장히 성공한 불매운동의 사례라고 이야기할 수 있을 만큼 시민분들이 굉장히 많이 참여해 주셨던 상황이었죠. 그래서 저희(시민사회)가 적극적으로 완전 주도를 했다라기보다는 시민분들이 굉장히 큰 관심이 있었고, 거기에 우리는 정보 제공이라든지 시민분들의 힘을 받아서 입법이나 이런 활동들을 하게 되지 않았었나라는 생각이 좀 듭니다. (서울환경연합 이민호 활동가)

3. 결코 쉽지 않은 재난 해결

2016년 가습기살균제 문제를 둘러싼 여러 논의 지형이 전환된 이후, 2017년부터 가습기살균제피해구제법이 시행되고, 사회적참사특별조사위원회가 조사를 시작하는 등의 성과가 있었다. 하지만 가습기살균제 문제 해결은 여전히 더디게 이루어졌다. 시민사회에서도 어떤 정책적 결정이나 변화가 있을 때만 문제제기를 하는 식으로 대응하게 되었다.

옥시 불매운동은 2016년 5~7월 정도에 집중적으로 진행되었고 이후에 시민사회의 가습기살균제 문제 대응은 불매운동을 중심으로만 이루어지지는 않았다. 가습기살균제 현안에 대응해 나가면서 불매운동은 이슈화와 기획 방편 중 하나로 활용되었다.

가습기넷과 가피모는 2017년 4월 '가습기살균제 재발 방지대책 마련까지 옥시RB 불매운동을 계속하겠다'라는 의미로 '옥시 불매 시즌 2'를 선언하고 진행했다(이철재·구도완, 2020: 110).8 7월에는 옥시 전 대표에 대한 법원의 판결을 계기로 국제적인 옥시 불매운동을 선언하기도 했다. 두 단체는 "우리가 끝났다고 말할 때까지 끝난 게 아닙니다. 다시 한번 불매운동으로 그들을 사회적 심판대 앞으로 끌어내어야 할 때입니다. 옥시 불매는 옥시가 국제적으로 퇴출당할 때까지 계속되어야 합니다"고 선언하며, 전세계적으로 판매되고 있는 옥시의 주력 상품 데톨(Dettol)과 듀렉스 콘돔(Durex Condom)을 대상으로 집중 불매운동을 펼치겠다고 계획을 밝혔다.9 2018년에는 옥시 의약품 불매운동이 있었다. 옥시RB가 의약품 판매에 집중하자 가습기넷은 옥시 의약품 불매운동을 선언하고 불매운동 촉구 기자회견을 열었다(이철재·구도완, 2020: 116). 가습기넷은 대한약사회에 공문을 보내며 옥시 의약품 불매운동 참여를 요청했다. 대한약사회는 "옥시 가습기살균제로 인하여 발생한 피해자에 대해 옥시 측이 책임 있는 조치를 끝까지 다해야 한다는 본회의 기존 입장에는 변함"이 없고, "약국에서의 옥시 제품 판매거부 운동에 대해서도 본회는 충분히 공감한다"고 지지 입장을 밝혔다.10

---

8 환경운동연합 홈페이지, 「[옥시불매시즌2] 가습기살균제 재발 방지책 마련 때까지 옥시 불매운동」, http://kfem.or.kr/?p=176309
9 환경운동연합 홈페이지, 「[가습기살균제] 'OXY OUT!', 옥시불매운동 국제적으로 확산」, http://kfem.or.kr/?p=181808
10 환경운동연합 홈페이지, 「"스트렙실, 개비스콘 사지마세요" 옥시 의약품 불매운동 시작!」,

이렇게 가습기넷과 가피모에서는 가습기살균제 문제 해결 촉구와 관심 환기를 위해 몇 차례 불매운동을 선언했다. 하지만 2016년과 같이 전국적인 불매운동을 기획하거나 실행하려 했던 것은 아니었다. 또한, 가습기살균제 제조·판매 기업이 옥시 이외에도 여럿 있는 상황에서 다른 여러 기업들을 대상으로 불매운동을 조직하고 실행하기란 어려운 일이었다. 환경보건시민센터 최예용 소장에 따르면, 2018~19년 정도에 SK케미칼을 대상으로 한 불매운동을 시행하려 했었다.

가습기살균제에 사용된 성분은 크게 두 가지로 옥시 제품의 PHMG와 애경, SK케미칼 제품의 CMIT/MIT가 있다. PHMG의 유해성과 인체 영향에 대해서는 연구와 조사가 많이 진행되었지만, CMIT/MIT의 유해성에 대해서는 초기 질병관리본부 예비시험에도 포함되지 않는 등의 문제가 있었다. 이렇게 유해성이 잘 확인되지 않자 CMIT/MIT 성분의 가습기살균제를 제조·판매한 기업은 책임이 없다고 주장하거나 대응에 적극적으로 나서지 않았다. 따라서 가습기살균제 피해자와 시민사회 내부에서는 옥시와 같이 SK에 대한 불매운동을 진행해야 한다는 의견이 있었다. 그런데 소비재를 판매하는 옥시와 달리 SK의 경우 소비자들에게 불매운동을 호소할만한 대표적인 소비재가 없었다. 운동적으로 불매운동을 하기 위해서는 직관적으로 해당 제품을 쓰지도 사지도 팔지도 말아야겠다는 것이 이해가 되어야 하는데, SK케미칼이 가습기살균제 원료를 공급했고 이 원료를 공급 받은 기업이 있다 이렇게 설명을 하게 되면 불매운동이 효과적일 수 없다는 판단이었다. 2016년 불매운동 이후 시민사회영역의 동력과 힘이 떨어졌던 까닭도 있지만, 한 제품과 브랜드를 특정할

---

http://kfem.or.kr/?p=190136

재난인문학 연구총서 8

수 없었던 점도 옥시 불매운동 이후 시민사회가 불매운동을 다시 크게 전개하기 어려웠던 이유다.[11]

그러던 중 CMIT/MIT를 주성분으로 한 가습기살균제를 제조·판매한 기업의 형사 재판 무죄 판결이 내려지며, 가습기살균제 문제에 대한 사회의 관심을 다시 끌어올리려는 시민사회 실천이 나타났다. 2021년 1월 12일 서울중앙지방법원 제23형사부 재판부는 SK, 애경 등의 기업에 대해 1심 무죄 판결을 선고했다. 이 소송에서는 기업들이 사람에게 해를 끼치거나 심한 경우 죽음에 이르게 할 수 있는 제품을 판매한 행위에 대한 유죄 유무보다도, CMIT/MIT라는 주요 성분이 피해를 야기할 수 있느냐가 주요 초점이 되었다. 따라서 이 판결은 많은 논란을 야기했고, 2021년 시민사회의 가습기살균제 문제 대응 활동의 동기가 되었다.

아래는 주심 판사의 판결 설명자료 중 일부이다. 재판부는 CMIT/MIT 성분이 인체에 피해를 일으킬 수 있다는 확실한 증거가 없기 때문에 이 성분을 주요 성분으로 한 가습기살균제 제품을 제조하고 판매한 기업들에게 혐의가 있다고 보기 어렵다고 판결했다.

(전략) 결국 현재까지 이루어진 모든 연구결과를 종합하더라도 CMIT/MIT가 이 사건 폐질환 혹은 천식을 유발하였다는 사실을 입증하기에는 그 증거가 부족한 것입니다.

Ⅳ. 이제 결론을 말씀드리겠습니다.

- **CMIT/MIT 성분 가습기살균제 사용과 이 사건 폐질환 및 천식 발생 혹은 악화 사이의 인과관계를 인정할 만한 증거가 없습니다.**

---

11 환경보건시민센터 최예용 소장 심층면접.

- 그러한 이상 피고인들이 제조·판매한 이 사건 각 가습기살균제의 사용과 이 사건 피해자들의 상해 또는 사망 사이에 인과관계가 인정됨을 전제로 하는 공소사실의 나머지 쟁점에 관하여는 더 나아가 살펴볼 필요가 없이 피고인들에 대한 이 사건 공소사실은 모두 범죄의 증명이 없습니다.

- 가습기살균제 사건은 어마어마한 피해가 발생한 사회적 참사로 인식되고 있습니다. 이 사건 CMIT/MIT 성분 가습기살균제로 인한 피해도 접수되어 있고, 바라보는 심정이 안타깝고 착잡하기 그지없습니다. 그러나 재판부가 2년여동안 심리한 결과 **CMIT/MIT 성분 가습기살균제는 지난번 유죄판결을 받았던 PHMG, PGH 성분 가습기살균제와는 성분이나 위해성에서 많은 차이가 있다는 것입니다. 향후 추가 연구결과가 나오면 역사적으로 어떤 평가를 받게될 지 모르겠습니다만, 재판부 입장에서는 현재까지 나온 증거를 바탕으로 형사사법의 근본 원칙의 범위 내에서 판단할 수밖에 없었습니다.**

- 그 동안 가습기살균제 사건의 진상규명을 위해 혼신의 노력을 기울여 주신 교수님들 연구진, 환경부 관계자분들, 시민단체 여러분들 그리고 검사님들께도 모두 감사드립니다. 그리고 피고인들과 변호사님들도 모두 고생이 많으셨습니다. 재판부의 인간적 소회를 말씀드리는 것은 자제하고 판결의 주문을 읽도록 하겠습니다.

- 사건의 실체에 관한 심리가 완료되어 무죄사유가 있는 것으로 명백히 판명되었기 때문에 피고인들의 공소기각, 면소 주장에 대하여는 따로 판단하지 않고, 피고인들의 이익을 위하여 공소사실에 대하여 실체판결을 하도록 하겠습니다. (강조 표시는 필자)[12]

피해자단체, 시민사회는 즉각적으로 형사 재판 1심 무죄 판결에 비판하는 성명서를 발표하고 기자회견을 진행했다. 무죄 판결 선고 당일인 1월 12일 가

---

12 서울중앙지방법원, 「판결설명자료」, 서울중앙지방법원 2019고합142,388,501 업무상과실 치사상 CMIT/MIT 성분 가습기살균제로 인한 사망, 폐질환, 천식 사건.

습기넷, 가습기살균제참사피해자단체는 <납득할 수 없는 기만적 판결을 규탄한다>라는 제목으로 성명서를 발표했다. 피해자 단체와 시민사회는 피해자는 있지만 가해자는 없다는 사법부의 판결이 기만이라고 비판하면서, 재판부의 판단과 같이 CMIT/MIT의 유해성이 입증되지 않았다면 가습기메이트 제품을 사용하고 고통 받는 피해자들이 없어야 한다며 사법부의 존재 이유가 무엇인지를 물었다.

(전략) 도저히 납득할 수 없는 판결이다. 피해자는 있지만 가해자는 없다는 이 판결은 사법부의 기만이다.

재판부는 가습기살균제 참사의 특성조차 전혀 이해하지 못 했다. CMIT/MIT의 인체 유해성이 명확히 입증되지 않았다는 가해기업 측의 궤변에 대해 가습기메이트를 사용하고 온갖 질환으로 고통을 호소하고 있는 피해자들의 피해를 의학적 검증하면 되는 사안을 동물실험으로 검증됐는지를 따지는 어처구니없는 법정의 모습에서 피해자들은 할 말을 잃었다. (중략)

만들어져서는 안 될 제품이 세계에서 처음으로 유일하게 만들어져 불특정 다수의 소비자가 써서 일어난, 전 세계에서 유례를 (찾기) 어려운 참사다. (중략) 그러나 사람을 죽이는 제품을 만들어 판 혐의에는 그 어떤 형사 책임도 물을 수 없다는 재판부의 1심 판결로 결국 가해기업들은 면죄부를 받고 말았다. (중략)

2019년 7월에 발표한 검찰의 수사 결과만 보더라도 가습기메이트로 인한 피해 인과관계가 확인된 피해자가 모두 97명이며, 이 가운데 세상을 떠난 (이가) 12명이다. 이 피해자들이 스스로 만들어진 가습기살균제에 목숨을 잃은 것인가! 기체 상태로 흡입하면 안 되는 물질을 가습기살균제로 만들어 팔면서 흡입독성조차 검증하지 않은 '업무상 과실'조차 형사 책임을 물을 수 없다면, 사법부의 존재 이유는 대체 무엇인가!

가습기메이트를 사용하고 피해를 호소하는 피해자가 존재하는 상황에서 기업들에게 죄가 없다고 내려진 무죄 판결은 시민사회와 피해자단체에게 납득할 수 없는 결과였다. 시민사회는 무죄판결에 대응해 연속적으로 기자회견을 진행했다. 1월 14일 피해자 증언 기자회견 <법원의 엉터리 판결에 항의한다 시리즈 기자회견1: 법원이 무죄라는 SK, 애경, 이마트의 가습기살균제가 우리를 이렇게 파괴했다 - 가습기메이트 사용 피해자 증언 기자회견>, 1월 19일 전문가 기자회견 <법원의 엉터리 판결에 항의한다 시리즈 기자회견2: SK, 애경, 이마트의 가습기살균제, 무죄라는 법원 판결 무엇이 문제인가?>가 열렸다.

전문가 기자회견에서는 재판 과정에서 전문가 증언에 참여했던 전문가들이 직접 판결에 대한 의견을 밝혔다. 또한 전문가 단체이기도 한 한국환경보건학회에서는 성명서를 발표하고, 가습기살균제 물질 동물실험을 지속적으로 수행해 온 한국화학연구원 부설 안전성평가연구소 이규홍 박사의 입장문이 공개되었다.

한국환경보건학회는 성명서를 통해 재판부가 피해자가 존재함에도 동물실험에서 피해의 근거를 찾고 있고, 환경성질환은 노출에 비특이적이며 증상이 광범위하고 연구자들이 수행한 실험의 과학적 방법론이 존중되어야 한다고 주장했다. 학회는 재판부가 과학적 인과관계에만 집중해 판결한 점을 지적했다.

> 판결문에 따르면, 피고는 CMIT/MIT를 가습기살균제로 사용하면 인체피해가 우려됨을 사전에 인지했고 안전성 확인의무를 회피했습니다. 그러나, 1심 판결의 결과는 무죄였습니다. 그 이유는 문제의 제품사용과 폐질환 발생의 인과성을 재판부가 인정하지 않았기 때문입니다. 재판의 대상이 피고인의 잘못이었어야 했는데, CMIT/MIT의 질환발생 입증에 대한 과학의 한계로 바뀐 것입니다. (중략) 그리고, CMIT/MIT의 건강영향에 대한 규명은

과학이 할 일입니다. 과학이 해야 할 일과 법이 해야할 일의 구분이 없어지면 갈릴레오 시대의 판결같은 오류가 생산될 수 있습니다. 저희는 형사사건에 '인과관계'가 엄격히 입증되어야 함을 인정합니다. 다만, 그 대상이 물질과 건강피해의 입증이 아니라 피고인의 범행의도와 행적을 더 엄격히 따졌어야 했습니다. 그리고, 건강피해자와 관련 제품의 사용이 가장 중요한 '인과관계'로 포괄적으로 인정되었어야 했습니다. (중략) 이번 형사 재판의 판결 대상은 기업의 위법 행위가 아니고 과학과 연구가 갖게 되는 본질적 한계점이었습니다. 그 결과, 우리는 CMIT/MIT를 마음껏 흡입하게 해도 책임을 물을 수 없게 되었습니다. **이에 본 학회는 이번 판결의 정당성을 인정할 수 없으며, 항소심에서 합리적이고 공정한 판단이 이뤄지길 바랍니다.**[13] (밑줄, 강조 표시 원문과 동일함)

안전성평가연구소에서는 재판 증인으로 참여했던 이규홍 박사의 입장문을 공개했다. 이규홍 박사는 판결에서 "연구책임자의 증언이 원래 발언 취지와는 다르게 인용되거나, 여러 가지 연구결과를 선별적으로 선택한 것처럼" 보이기 때문에, 증언을 했던 "연구책임자로서 당시 증언의 취지를 분명히 하고, 과학적 사실의 이해에 대한 견해를 밝히고자" 입장문을 낸다고 밝혔다.[14] 그는 입장문에서 증언의 취지와 인과관계에 대한 입장을 정리하면서, 자신의 연구결과와 증언이 올바르게 사용되기를 바란다고 재판 결과에 대한 의견을 표명했다.

저는 CMIT/MIT를 포함하여 가습기살균제의 독성을 2011년 이후로 지속적으로 연구해왔습니다. 그 중에는 PHMG나 PGH처럼 초기부터 인과관계

---

13 (사)한국환경보건학회, 「가습기살균제 CMIT/MIT 판결에 대한 한국환경보건학회의 성명서」, 2021년 1월 19일.
14 안전성평가연구소, 「이규홍 박사 입장문」, 2021년 1월 19일.

가 분명한 연구결과를 보인 물질도 있었습니다. 그러나 CMIT/MIT는 초기에는 인과관계를 설명하기 다소 어려운 물질이었습니다. 그러나 연구를 거듭하면서 또, 다른 분야의 과학적 연구결과를 같이 검토하면서 점점 CMIT/MIT라는 물질과 사람에게서 나타난 피해 질환들 간의 인과관계의 증거들은 찾아낼 수 있었습니다. 현재도 지속적으로 연구결과를 쌓아가고 있습니다.

이상으로 재판의 판결에서 사용된 연구결과들에 대한 연구책임자로서, 과학자로서의 입장을 밝힙니다. 아무쪼록 이런 과학적 연구결과들이 올바르게 받아들여져 사용되기를 바랍니다.[15]

1월 15일 소비자단체는 성명서 <가습기살균제, 피해자는 있으나 가해자는 없는 무죄 판결을 개탄한다!>를 발표했다. 여기에는 소비자교육중앙회, 한국여성소비자연합, 한국YWCA연합회, 한국소비자연맹, 소비자시민모임, 한국소비자교육원 한국YMCA전국연맹, 녹색소비자연대, 소비자공익네트워크, 한국부인회총본부, 대한어머니회중앙회가 참여했다. 2016년 옥시 불매운동 때와 마찬가지로 무죄 판결에 대해서도 환경단체 외에 소비자운동 진영의 시민사회단체가 함께 목소리를 더한 것이다.

1월 21일에는 가습기살균제참사피해자총연합이 기자회견을 개최했다. <SK, 애경, 이마트의 가습기살균제, 무죄라고? 그럼 당신들이 써봐라 가습기메이트 무죄판결 법원규탄 피해자 기자회견>이 그것이다. 이 기자회견에서 피해자들은 "무죄선고 웬 말이냐, 내 몸이 증거다", "SK는 주범이다, SK는 유죄다!", "애경은 주범이다, 애경은 유죄다!", "이마트는 주범이다, 이마트는 유죄다!"라는 구호를 외쳤다.

---

15 안전성평가연구소, 앞의 문서.

무죄 판결 대응 기자회견을 시작으로 2021년 2월 10일부터 환경보건시민센터, 가습기살균제책임기업피해배·보상추진회 등은 <가습기살균제참사책임 촉구 릴레이 기자회견/캠페인>을 시작했다. 특히 5월 12일부터는 각 지역 환경운동연합과 환경보건시민센터가 전국(광역, 기초) 자치단체별 피해조사를 발표하는 전국순회기자회견을 시작했다.

전국순회 기자회견에서는 각 지역의 가습기살균제피해자와 지역 환경운동연합, 환경보건시민센터, 다른 지역의 피해자가 한자리에 모여 피해 증언을 했다. 이 기자회견을 통해 전국에 있는 가습기살균제 피해자들의 목소리를 듣고, 아직 가습기살균제 피해 신고가 미진한 지역에서는 신고를 독려할 수 있었다. 2021년 6월 7일에 있었던 경북지역 기자회견에 함께 한 포항 피해자는 "돈을 달라는 것도 아니고 뭔가 다른 것을 해달라는 게 아니다. 그런다고 떼어낸 아이의 폐가 돌아오겠나?"라며, "제품을 허가해줬던 정부 관계자들과 제조·유통했던 업체 책임자들이 내 아이 앞에서 제대로 된 사과를 하고 적정한 처벌을 받는 모습이 보고 싶다"라고 발언했다(매일신문, 2021). 그러나 재판부의 판결은 기업들이 어떤 대가도 치르지 않는 쪽으로 내려졌다.

2021년 7월 환경보건시민센터, 환경운동연합, 가습기살균제참사전국네트워크, 가습기살균제참사10주기비상행동이 개최한 <가습기살균제 피해규모 발표 및 문재인 대통령 약속이행 촉구 기자회견>에서는 5~6월 두 달간 전국 15개 지역을 순회하면서 발표되었던 광역 및 기초자치단체별 가습기살균제 피해규모 조사결과, 실제 피해신고 및 가습기살균제피해구제법에 의한 인정/불인정 실태 내용이 정리되어 공유되었다. 특히 2021년 8월 31일 가습기살균제 참사가 알려진 지 만 10년을 앞두고 시민사회와 피해자단체는 정부와 기업이 문제 해결에 적극적으로 나서야 한다고 다시 한번 목소리를 냈다.[16]

4. 다시 선포된 2022 옥시 · 애경 전국불매운동

2022년 4월, 전국 환경시민사회단체는 2016년에 이어 다시 한번 전국불매
운동을 선포했다. 이 전국불매운동은 3월 말 조정위원회의 피해조정안을 옥
시와 애경이 거부하면서 시작되었다. 가습기살균제 피해에 대한 사회적 합의
를 위해 진통 끝에 조정위원회가 꾸려지고 여러 논의가 오갔지만, 대다수 피
해자가 사용한 제품을 제조 · 판매한 옥시와 애경이 조정안을 거부했다. 조정
안이 도출되기 이전에도 시민사회는 기업들이 조정안에 성실히 임할 것을 요
구하면서 2월 15일부터 가습기살균제 참사 피해자 궐기대회 겸 기자회견을
진행했다. 피해자들은 정당한 배 · 보상을 요구하며 매일 1인 시위를 진행하
기도 했다. 이들은 조정안 마련에 기업이 책임을 가지고 참여하기를 촉구했
다. 22년 3월에는 일부 피해자들이 단식농성을 진행하기도 했다.

2016년 불매운동 이후 6여 년의 시간이 흘렀지만, 여전히 가습기살균제 문
제 해결을 둘러싼 잡음이 끊이지 않았고 피해자들의 고통은 날로 깊어져만
갔다. 두 기업이 조정안을 거부하자 다시 한번 불매운동을 할 필요성이 제기
되었다. 2022년 옥시 · 애경 전국불매운동을 기획하고 조직한 환경보건시민센
터 최예용 소장은 조정안 거부에 대해 압박하고 조정안 참여를 요구하는 차
원에서 불매운동 기획을 추진했다고 밝혔다(환경보건시민센터, 2022).[17]

전술했듯 이전에도 시민사회와 가습기넷, 가피모가 불매운동 캠페인을 일
부 진행한 적은 있었지만, 2016년과 같이 전국적인 규모로 불매운동을 선포

---

16 환경보건시민센터 홈페이지, 「취재요청 보도자료 "찾/아/내/라! 책/임/져/라! 전국 가습기
　살균제 건강피해자 952,149명」,
　http://eco-health.org/bbs/board.php?bo_table=sub02_02&wr_id=966&page=10
17 환경보건시민센터 최예용 소장 심층면접.

한 것은 6년 만의 일이었다. 2022년 4월 25일 <가습기살균제 살인기업 옥시와 애경 범국민 불매운동 선포식 및 기자회견>에서 발표된 성명서에서 전국 242개 환경시민사회단체 일동은 "소비자의 힘으로 피해소비자를 위로하고 안전한 시장을 만듭시다, 가습기살균제 살인기업을 불매운동합니다, 피해대책 외면한 무책임한 옥시와 애경을 불매운동합니다, 옥시 데톨을 사지도 쓰지도 맙시다, 애경 트리오를 사지도 쓰지도 맙시다, <공기살인> 영화보고 가습기살균제 참사 잊지 맙시다"라고 선언했다.[18]

오늘 전국 50여개 지역의 242개의 환경시민사회단체들이 반사회적 기업인 옥시와 애경을 불매운동하는 선포식을 갖고 본격적으로 가습기살균제 가해기업에 책임을 묻는 전국행동을 시작합니다. (중략)

가습기살균제 살인기업 옥시와 애경의 그동안 행위는 가해 만행이라 할 수 있습니다. 그런데도 이들은 환경보호, 사회책임, 공정한 지배구조를 뜻하는 ESG를 앵무새처럼 되뇌이면서 소비자를 우롱합니다. 가습기살균제 참사가 알려진 지 10년이나 되었지만 피해대책이 요원한 상황에서 피해자단체의 제안으로 피해지원을 위한 조정위원회가 발족해 6개월간의 피해자 기업 양측의 의견을 수용한 피해조정안이 2022년 3월 겨우 나왔는데 9개 기업 중 7개 기업은 동의했는데 전체 기업부담의 60%가 넘는 책임을 져야할 옥시와 애경이 조정안을 발로 차버렸습니다.

(중략) 이들 시민사회단체들은 4월 22일 개봉한 가습기살균제 영화 〈공기살인〉을 많은 시민들이 보고 이 문제를 기억해 줄 것을 요청하고 있습니다. 이를 통해 소비자를 죽고 다치게 해놓고도 책임지지 않는 옥시와 애경

---

18 환경보건시민센터 홈페이지, 「[기자회견문] 전국 242개 환경시민사회단체 반사회기업 옥시, 애경 전국 불매운동 선포식」,
  http://eco-health.org/bbs/board.php?bo_table=sub02_02&wr_id=1028&page=4

에 대한 불매운동에도 나서줄 것을 요청합니다. 소비자를 죽고 다치게 해놓고도 나몰라라 하는 반소비자, 반사회적인 기업들을 방치해서는 안 됩니다. 그러면 제2의 가습기살균제 참사가 발생합니다. 2016년 일어난 옥시불매운동을 다시 한번 일으킵시다. 죽고 다친 피해자들의 억울함을 동료 소비자들이 위로합시다. 기업들과 정부가 안전한 시장을 만들지 않는다면 소비자의 힘으로 안전하게 만들어야 합니다.

옥시의 대표적인 제품 데톨, 개비스콘, 스트렙실을 사지도 쓰지도 맙시다.

애경의 대표적인 제품 트리오, 스파크를 사지도 쓰지도 맙시다.

애경의 제주항공 이용하지 맙시다.[19]

각 지역의 불매운동은 주로 4월 22일 개봉한 영화 <공기살인>의 상영회와 함께 이루어졌다. 영화 <공기살인>은 소설 <균>을 원작으로 한 영화로 가습기살균제 피해 가족의 삶과 분투를 그린다. 각 지역 환경운동연합은 회원을 대상으로 한 영화 상영회를 개최하고 이 자리에서 옥시·애경 불매운동을 동시에 진행하기도 했다. 영화개봉과 상영을 통해 가습기살균제 문제에 대한 사회적 관심이 다시 모아질 수 있었다. 환경보건시민센터와 지역 환경운동연합을 중심으로 한 시민사회 영역은 이런 흐름 속에서 2016년에 이어 다시 한번 전국 불매운동을 진행하며, 가습기살균제 제조·판매에 책임이 있는 기업들의 조정안 참여와 변화를 요구했다. 환경보건시민센터 정리에 따르면 2022년 한 해 동안 전국 36곳에서 162회 옥시·애경 전국불매운동 캠페인이 진행되었다(환경보건시민센터, 2022).

전국 여러 곳에서 수차례 캠페인이 진행되었고 242개 환경시민사회단체가 연대했지만, 2016년 옥시 불매운동과 비교했을 때 불매운동 진행 과정과 동

---

19 환경보건시민센터 홈페이지, 앞의 문서.

력, 결과는 달랐다. 최예용 소장은 불매운동 기획 당시부터 이런 차이를 인지하고 있었고, 현재 시점에서 불매운동이 가시적인 성과를 내기 어렵다는 점을 충분히 알고 시작한 일이었다고 밝혔다. 즉 다른 소비자 불매운동과 비슷하게 상징적 의미와 운동적 필요성에서 시작했다는 것이다(환경보건시민센터, 2022). 옥시와 애경이 조정안을 거부했을 때, 사회적인 압박을 통해 두 기업의 입장을 바꾸는 것이 필요했다. 운동 진영에서 떠올릴 수 있는 가장 효과적인 방법은 불매운동이었다. 그렇지만 2016년 옥시 불매운동 성공의 경험에도 불구하고 불매운동이 쉽지 않은, 만만치 않은 운동 방법이라는 것을 알고 있었다는 것이다.[20]

그럼에도 전국불매운동을 조직하고 진행하고자 했던 배경에는 가습기살균제 문제에 대한 사회적 인식이 있다. 가습기살균제 문제가 사회적으로 알려진 지 11년째에 접어들었는데, 많은 사람들은 가습기살균제 문제가 "아직도 해결 안 됐어", "2016년도에 다 끝난 거 아니야" 이렇게 말한다고 한다. 최예용 소장은 이런 상황에서 '그렇지 않다'는 것을 알리고 대중의 관심을 환기하기 위해 또다시 불매운동을 수단으로 선택했다. 불매운동을 통해 "2016년 옥시 불매라고 하는 대중적인 기억"을 이끌어 내고 "아직도 해결 안 됐습니다"라고 말하면서 시민과 언론이 관심을 갖게 만들고 싶었던 것이다.[21]

어떤 확신이 있었던 것도 아니고 2016년과 같이 다양한 영역의 시민사회단체가 연대해 불매운동이 진행된 것은 아니었지만, 지역 환경운동연합과의 연대, 지역 시민과 언론의 관심은 2022년 옥시·애경 전국불매운동 과정에서 가장 기억에 남는 일이었다. 특히 최예용 소장은 7월 성남환경운동연합과 성

---

20 환경보건시민센터 최예용 소장 심층면접.
21 앞의 심층면접.

남지역 시민사회단체들이 주최해 열린 '집중행동의 날'을 인상 깊게 기억하고 있었다. 7월 9일 성남시 서현역 AK플라자 앞에서 <가습기살균제 참사 가해기업 옥시·애경 불매운동 집중행동의 날 기자회견>이 열렸다. 더운 여름날, 150~200명의 활동가, 노동조합원, 시민이 모여 집중행동의 날을 연 것이다. 최 소장은 가습기살균제 문제와 관련해 이정도 수의 관계자가 모인 것은 드물다고 평가했다. 한 지역에서 다양한 시민사회단체와 노동조합 회원이 함께 가습기살균제 문제해결을 위해 모인 것은 처음이었다.[22]

[사진 4] 가습기살균제 참사 가해기업 옥시·애경 불매운동 집중행동의 날
(출처: 환경보건시민센터)

---

22 앞의 심층면접.

[사진 5] 가습기살균제 참사 가해기업 옥시·애경 불매운동 집중행동의 날
(출처: 환경보건시민센터)

성남환경운동연합 최재철 이사장은 발언을 통해 윤리적 구매 행위를 하는
시민들이 사회를 바꿀 수 있다고, 그렇기 때문에 지속적인 불매운동이 필요하

다고 말했다.[23]

가습기살균제는 "안방의 세월호"라는 말을 해왔습니다. 소리 없이 가까운 곳에서 사람들이 죽어나갔기 때문입니다. 그 피해자는 어린이, 병자, 산모 등 건강에 각별히 건강에 신경을 써야하는 사람들이었습니다. 이제 생각해보니 살균제가 아니라, 살생제였습니다. 균에게 좋지 않으면 살아있는 사람에게도 당연히 좋지 않습니다. 아주 기본적인 것. 지금 생각해보면 너무나 명백한데 그때는 왜 그 생각을 못했는지 모릅니다. (중략) 매스컴의 외면으로 많은 이들의 주의를 끌지 못하는 가운데, 이렇게 더운 날 함께 행동에 나서주신 분들께 다시 한번 감사드립니다. (중략) **그러나 한번 집회하고 으쌰으쌰하고 헤어지는 것은 쉬울 수 있습니다. 그보다 좀 더 지속적인 불매운동이 필요합니다.** (중략) 이제 시민의 힘이 필요합니다. (중략) 그래서 믿을 것은 시민들밖에 없습니다. 천주교에서는 이렇게 말합니다. "생활양식을 바꾸면 정치적, 경제적, 사회적 힘을 발휘하고 있는 이들에게 건전한 압력을 행사할 수 있을 것입니다. 소비자 운동은 특정 상품의 불매로 기업의 행태를 바꾸는 데 영향을 미쳐 기업이 환경 영향과 생산 방식을 재검토하도록 합니다. … 구매는 단순히 경제적인 행위가 아니라 언제나 도덕적인 행위입니다." 위 내용은 현재 프란치스코 교황의 회칙인데요. 마지막 구절이 참 좋습니다. "구매는 단순히 경제적인 행위가 아니라 언제나 도덕적인 행위입니다." **그런 윤리적 구매 행위를 하는 시민들이 사회를 바꿀 수 있습니다. 그래서 지속적인 불매운동이 필요합니다.** 마지막으로 구호를 외치며 마무리하겠습니다. 책임회피 기업상품 끝까지 사지말자! 애경과 옥시는 조정안을 수용하라![24] (강조 표시는 필자)

---

23 환경보건시민센터 홈페이지, 「[발언문] 가습기살균제 참사 가해기업 옥시·애경 불매운동 집중행동의 날 기자회견」,
   http://eco-health.org/bbs/board.php?bo_table=sub02_02&wr_id=1052

2022년 불매운동 캠페인은 12월 마지막 주에도 진행되었다. 환경보건시민센터와 옥시·애경불매운동참가단체 일동은 "2022년 올해의 옥시·애경불매운동은 아직까지 옥시와 애경이 피해지원안을 받아들이는 태도변화를 이끌어내지 못하고" 있지만, "7개의 가습기살균제 가해기업들이 피해조정안에 동의한 상태이기 때문에 옥시·애경에 대한 사회적 압박을 통해 피해자 배·보상 문제 해결의 실마리를 풀 수 있다는 점에서 옥시·애경 불매운동은 계속 이어져야 한다"고 밝혔다.[25]

이 보도자료의 내용과 같이 2022년 옥시·애경 불매운동은 가시적인 성과로 이어지지는 못했고, 처음부터 운동의 자원, 방법, 조직 측면에서 한계가 노정되어 있었다. 시민사회의 연대에 있어서는 환경보건시민센터가 여러 지역의 환경시민단체들을 조직했지만, 2016년 불매운동에 적극 참여했던 서울의 주요 소비자단체 등 다른 시민사회단체 참여를 조직하는 데 실패했고, 가습기넷의 와해로 중앙환경운동연합, 참여연대, 경실련이 연대할 수 없었다. 또한, 옥시와 애경 두 기업 모두를 대상으로 불매운동을 진행해야 하는 어려움도 존재했다. 애경의 경우 이전 SK케미칼과 마찬가지로 대표적인 소비재 상품을 꼽아 불매운동을 진행할 수 없었다. 오랜 기간 판매된 애경의 주방세제인 트리오가 있었지만, 과거와 달리 트리오가 주방세제의 대표적인 제품이라고 할 수 없는 상황이었다. 따라서 캠페인 진행 시 옥시와 애경의 특정 제품보다도 폭넓게 두 기업의 브랜드나 제품을 나열할 수밖에 없었다. 두 기업을 대상으로 불매운동을 하다 보니 운동이 집중될 수 없었고, 대중들의 이목을 끌기에

24 환경보건시민센터 홈페이지, 앞의 문서.
25 환경보건시민센터 홈페이지, 「[보도자료] 2022년 마지막 주 옥시·애경 불매운동 안내」, http://eco-health.org/bbs/board.php?bo_table=sub02_02&wr_id=1102

부족한 면이 있었다(환경보건시민센터, 2022).[26]

이와 같이 2022년 옥시·애경 전국불매운동은 2016년 옥시 불매운동과 비교했을 때 여러 조건이 달랐고 제한점이 있었다. 최예용 소장은 "꼭 불매운동이었어야 하는가"하는 의문을 여전히 가지고 있지만, 적지 않은 지역에서 연대하고 반응을 보여준 자체가 그에게 큰 힘이었다고 말했다. 또한, 2023년에 불매운동을 어떻게 진행을 해야 할지 구체적인 계획을 세우기엔 어려운 상황이지만, 계속 불매운동이나 캠페인을 이어가야 한다고 생각했다. 그는 불매운동과 같은 운동전략이 출구 전략을 세우기가 어려운 점이 있다고 보았다. 어떤 목표를 이루거나 어떤 계기가 있어야 불매운동을 중단할 수 있는데, 가습기살균제 문제를 둘러싼 상황은 바뀐 게 없는데 과연 불매운동을 중단해도 되는가 하는 고민이 있다는 것이었다.[27]

5. 계속해서 이야기해야 할 가습기살균제 피해

환경보건시민센터에서 2022년 옥시·애경 전국불매운동을 기획했던 이유처럼 가습기살균제 문제에 대한 사회적 관심은 점차 줄어들고 있고, 이 문제는 쉽게 풀릴 것 같지 않아 보이는 상황에 처해있다. 옥시와 애경 두 기업의 조정안 합의 거부뿐 아니라 피해자단체 사이에서도 조정안과 조정금액에 대한 이견이 큰 상황이다. 2016년 옥시 불매운동, 2022년 옥시·애경 전국불매운동에 참여해 온 활동가들은 갈수록 가습기살균제 참사를 이야기하기가 어

---

26 환경보건시민센터 최예용 소장 심층면접.
27 앞의 심층면접.

려워지고 있다고 상황을 인식하고 있었다. 10년 넘게 이 문제가 계속되면서 대중과 언론의 관심에서 멀어지는 것뿐 아니라, 오랜 기간 활동에 참여해 왔던 시민사회 활동가와 피해자들의 동력과 의지도 떨어지고 있다는 것이다.

이제 우리가 '이 문제가 중요하고 이 문제가 해결돼야 된다'라고 이야기하기가 점점 어려워지는 것 같은 느낌을 받는 것 같아요. 11년 당시에 문제가 됐을 때 그때 더 강력하게 이야기를 하고. 또 14년, 15년에 문제가 됐을 때 그때 놓치지 않고 이야기를 했더라고 하면. 또 22년 왔을 때 우리가 다시 (관심을) 올리는 거를 할 만큼 그 만큼에 대한 역량이 더 필요했었을까에 대한 생각(이 들어요). 그리고 이 문제가 굉장히 오래 해오다 보니까 지쳐서 떨어져 나간 사람들이 생기는 상황, 활동가뿐만 아니라 피해자분도 생기는 상황인 거고.. (서울환경연합 이민호 활동가)

어떤 식으로든 뭔가 계속 대응을 해나가야 되는데, 확실히 동력이 많이 떨어져 있다는 게 확연히 느껴지게 되고. 2022년의 불매운동도 그런 면에서 2016년만큼의 동력은 솔직히 담보되진 않았죠. (참여연대 장동엽 선임간사).

많은 분들의 뇌리 속에는 특히 그런 대대적인 불매운동도 일어나고 검찰이 옥시라든가 이런 기업들을 압수수색하고 이러는 장면. 이런 걸로 약간 좀 문제가 다 해결된 거 아닌가, 아직도 이게 이렇게 되고 있나. SK가 무죄를 받았다고 (하는) 그게 잘 납득이 좀 안 되는 그런 반응도 좀 있는 것 같아요. 당연히 그냥 잘 해결이 될 것이라고 (생각했는데) 그게 아직도 이러고 있다 보니까 참... (A단체 B활동가)

운동에 주도적으로 참여해온 피해자들의 건강 상태가 갈수록 나빠지고 있는 점도 가습기살균제 피해 운동을 지속해 나가는 데 어려움으로 작용하고 있다. 활동가들은 공통적으로 보통 가습기살균제 피해자들이 호흡기 질환 환자들이 많기 때문에 "무엇보다 건강이 제일 걱정"이고, 함께 활동하던 분들이 한두 분씩 병원에 입원하거나 돌아가시는 상황이 안타깝다고 말했다.[28]

이런 상황에서 활동가들은 가습기살균제 문제와 관련해서 앞으로의 운동 방법과 전략에 있어서도 고민이 많았다. 사회의 관심도 멀어지고, 전반적으로 동력도 떨어진 상황에서 섣부르게 대규모의 활동을 시작하는 것이 조심스럽다는 것이다. 그런 측면에서 불매운동뿐 아니라 어떤 캠페인을 진행했다가 실패하거나 영향력이 미미할 때 피해자들이 실망하거나 더 동력을 잃게 되는 상황을 염려해 조심스럽게 접근해야한다는 의견도 있었다.[29]

활동가들은 공통적으로 운동의 구체적인 전략뿐 아니라 지금까지 시민사회가 연대해 온 방식과 앞으로의 방향에 대해서도 지속적으로 성찰이 필요하다고 보았다. 한국사회의 다른 재난도 마찬가지겠지만 시민사회 입장에서 가습기살균제 참사 피해자들과 연대하고 운동의 지형을 만들고 돌파구를 모색하는 데 있어서 완전한 해결이란 무엇일지 그 해결에 이르는 단계란 무엇일지에 대한 고민이 있었다. 지금까지 성과라고 할 수 있는 가습기살균제피해구제법 제정, 개정, 피해구제 실시 등 여러 제도적 실행과 변화가 있어 왔지만, 피해자들은 해결된 게 없다고 할 때 그 해결책이 배·보상만은 아닐 것이라는 것이다.

정말 좀 더 깊이 파고 공부해야 할, 이후에도 복기해야 할 면이 많은 참사라는 생각이 드는데요. 피해자 숫자는 그렇게 많지만 사실은 다른 참사들

---

28 참여연대 장동엽 선임간사 심층면접; 서울환경연합 이민호 활동가 심층면접.
29 참여연대 장동엽 선임간사 심층면접.

에 비해서 어떤 면에서 보면 제대로 지금 해결의 길을 가고 있는지도 모르 겠어요. (중략) (가습기살균제 참사는) 검찰 수사, 국정조사, 피해구제법을 만들고, 사참위 조사도 하고 그런 일련의 과정들이 사실 제도적으로 다 이 루어진 참사거든요. 근데 피해자분들은 해결된 게 없는 거예요. 지금 보면 그러니까 배상받은 분들이 물론 있긴 하겠지만, 저는 뭐 배상이 (완전한) 해 결이라고 보지 않기 때문에. 여전히 이 참사는 해결이 안 된 상태로 진행 중인 참사라고 생각해요. 여전히 피해자분들이 계속 피해가 누적되거나 더 심해지거나 해결이 안 되는 상황인 참사여서. 근데 이 참사에 대해서 사실 시민사회가 제대로 지금 접근해서 하고 있는 건지에 대해서 저는 여전히 고 민이고. 그래서 그런 부분에 대해서 좀 더 진지하게 살펴야 될 것 같아요. (참여연대 장동엽 선임간사)

저희 단체를 비롯해서 시민사회 전반적으로도 반성해야 하는 지점도 있 는 것 같고(요). 이런 거대한 이슈(는) 몇 십 년을 붙어가지고 노력을 해도 되게 쉽지 않은 이슈인데, 뭔가 이슈가 될 때 좀 반짝 결합을 했다가 또 이 렇게 (단체에) 다른 일들이 많다거나 (하면) 우선순위를 조정하는 게 있어서. 어떻게 보면 (활동하는 사람들이) 다 도망간 거죠.. (중략) 그런 (가습기살균 제 관련) 이슈를 좀 키핑(keeping)할 수 있는 그런 노력들도 좀 필요하지 않았나. (A단체 B활동가)

이런 상황에서 활동가들은 모두 한 목소리로 1심 무죄 판결이 내려졌던 형 사 재판의 항소심 결과가 가습기살균제 문제 해결 국면에서 중요할 것이라 전망했다. 판결 결과에 따라 가습기살균제 문제에 대한 사회적 관심이 다시 모아질 수 있다는 것이다. 국면이 한번 전환되면 지난 10년간 가습기살균제 문제 대응이 그래왔던 것처럼 상황이 진행될 수 있을 것이라 보았다. 최예용 소장은 2016년까지는 아니어도 그 당시의 절반, 아니 2~30%라도 관심을 가지는 계기가 만들어지고 그렇게 해서 매듭을 지을 수 있었으면 좋겠다고 말했다. 그렇지만 새로운 상황이 펼쳐진다 해도 한 번에 모든 게 바뀌기보다도 단계적으로 조금씩 변화가 있을 것이라 예상했다.[30]

> 단계적인 전략으로 가야죠. 가습기살균제 문제를 그냥 확 뒤집어엎어가지고 한꺼번에 해결할 수 있는 혁명적인 방법은 없는 거예요. 단계적으로 조금씩, 조금씩 가야 되는 거고 그동안에도 그랬어요. (가습기살균제피해)구제법 만들어졌죠. 그전에 겨우 아니 처음부터 정부랑 기업은 뒷짐 졌고, 정부는 아예 이거 자기네가 해야 될 일이라고 생각도 안 했어요. (중략) (가습기살균제 피해가) 우리 거 아니에요 해가지고 질본(질병관리본부)은 손 놔버릴라는 걸 (시민사회가) 막 압박해가지고 '아니 기본적인 조사는 해라' 해서 그랬더니, 이번에는 신고도 안 받으려고 그래요. (시민사회가) 왜 신고도 안 받냐고 그래서, 우리가(환경보건시민센터가) 신고 받아가지고 해서 이렇게 하나씩 하나씩 모은 거예요. (중략) 2016년 옥시 불매운동을 우리가 했지만 이때도 아무도 그렇게 되리라고 예상도 못했지만, 그해 겨울에 촛불시위와 세월호 참사와 같이 해서 무슨 사회적참사특조위라든지 그런 걸로 흘러갈 거라고는 우리는 운동적인 상상도 못했던 영역인 거죠. 근데 그렇게 갔어요. (환경보건시민센터 최예용 소장)

6. 재난공동체 연대로서의 불매운동

가습기살균제 대응 시민사회의 운동 방향과 전략을 다시 재점검해야 하는 시점에서, 가습기살균제 문제를 계속해서 환기하고 관심을 모으기 위해 결국

---

30 환경보건시민센터 최예용 소장 심층면접.

다시 "불매운동"이 호명된다. 가습기살균제 문제해결에서 제일 중요하게 요구되고 있는 것은 기업들의 전향적인 태도 변화다. 시민사회에서는 기업의 성실한 조정안 참여, 진정성 있는 사과, 배·보상안 선제시 등이 필요하다고 보고 있다.

오랜 기간 가습기살균제 문제에 연대해 온 활동가들은 기업의 변화를 이끌어 낼 수 있는 힘이 결국은 소비자와 시민 그리고 그 활동을 조직하고 지원하고 연대하는 단체들에게 있다고 보았다. 2016년 옥시 불매운동은 그런 힘이 우리 사회에 있다는 것을 보여주었다.

이 문제를 제대로 해결하는 게 기업의 이익에 더 나은 상황이겠구나라고 생각하게 하는 방식은 불매운동인 거고. 사실 지금 애경이니 옥시니 다른 기업들이 가습기살균제 문제를 이렇게 미지근하게 대하는 이유도 우리가 (기업이) 이 문제를 선도적으로 해결해 나가려고 하는 것보다 그냥 이렇게 있는 게 더 이익이 된다고 생각하기 때문이라고 보거든요. (중략) 불매나 이런 (활동으로) 우리가(시민과 소비자가) 이런 가치를 가지지 못한 기업들 물건을 사지 않겠다라고 하는 걸 보여주는 모습일 테니까요. 그래서 불매운동들은 소비자이자 시민인 우리의 의견을 기업에 이야기하는 모습 중에 하나라고 생각을 합니다. (서울환경연합 이민호 활동가)

저는 여전히 답은 시민이나 소비자에 있다고 생각하는데. 그런 면에서 그냥 우리가 단순히 불매운동으로 딱 키워드가 만들어져 있긴 하지만. 소비자들하고 시민들하고 어떻게 소통하느냐의 문제가 가장 상징적으로 드러나는 게 불매운동이라는 생각이 많이 들어서. 불매운동이 성공할 가능성이 높지 않긴 하지만, 계속 열심히 고민하고 공부해서 어떤 식으로 시민들하고 같이 이런 문제를 해결하는 방식의 하나로 불매운동에 대해서 고민해야 될까 이런 부분을 계속 저도 고민할 거고... (참여연대 장동엽 선임간사)

시민은 어떻게 재난 복구 과정에 참여하고, 재난공동체에 연대할 수 있는가? 가습기살균제 문제에 있어 불매운동은 소비자와 시민이 가습기살균제 문제라는 재난과 연대할 수 있게 하는 창이었다. 그렇기 때문에 시민사회는 여전히 불매운동을 중심축으로 일부는 불매운동 캠페인을 지속하고, 일부는 일련의 시민사회 실천들을 복기하면서 불매운동으로 가능했던 시민과의 소통 그리고 연결을 재고한다.

이 글은 불매운동이라는 시민사회의 구체적인 실천을 중심으로 우리 사회가 재난에 연대하고, 끊임없이 재난에 관해 이야기하고 힘을 모으려는 시도들을 살펴보았다. 가습기살균제 문제를 설명할 때 늘 붙는 수식어인 "아직 끝나지 않은"을 생각한다. 이 문제가 아직 끝나지 않았기에, 해결되어야 할 문제가 산적해 있기 때문에, 우리 사회가 이 재난에 연대할 수 있는 불씨가 타오를 기회도 "아직" 남아있다. 지난 십여 년간 이루어졌던 연대 활동의 의미를 다시 새기며, 가습기살균제 재난에 관한 사회적 관심과 소비자와 시민의 목소리를 드러내는 활동이 다시 타오르기를 바란다.

김진희 외, 『포항지진 그 후: 재난 거버넌스와 재난 시티즌십』, 나남출판, 2020.

노진철, 「공동체 중심 재난 거버넌스의 필요성과 재난 시티즌십」, 『포항지진 그 후: 재난 거버넌스와 재난 시티즌십』, 나남출판, 2020.

매일신문, 「내 아이 폐(肺) 돌려주세요"…가습기 살균제 피해자들의 눈물」, 신동우 기자, 2021.06.07.

이영희, 「재난 관리, 재난 거버넌스, 재난 시티즌십」, 『경제와 사회』, 104호, 비판사회학회, 2014, 56-80.

이철재·구도완, 「가습기살균제 참사 대응 시민운동」, 『환경사회학연구 ECO』, 24권 1호, 한국환경사회학회, 2020, 87-133.

환경보건시민센터, 「보고서 217호 2016년 1월 17일 가습기살균제 문제 전국규모 여론조사」, 2016.

환경보건시민센터, 「보고서 419호 2022년-35호 12월 30일 가습기살균제 참사 불매운동」, 2022.

환경보건시민센터 홈페이지, http://eco-health.org/

환경운동연합 홈페이지, http://kfem.or.kr/

기후위기 대응과 새로운 시민운동

윤희철
(한국지속가능발전센터)

기후변화에서 기후위기로

최근 우리는 '기후위기'를 위기로 생각하기 시작했다. 2019년 '기후변화'라
는 용어를 '기후위기'로 바꿔 쓰겠다고 영국의 가디언지에서 발표했을 때,[1] 설
마 이 표현이 보편화될 것이라고는 생각하기 어려웠다. 그동안 기후위기는 일
부 환경에 관심 있는 사람들을 제외하고는 크게 신경 쓰지 않는 어려운 상식
에 속한 일이었다.

그런데 일련의 사건들 속에 세상이 바뀌기 시작했다. 2016년 '파리기후변화
협정(Paris Climate Agreement)'이 체결될 때만 해도, 그저 거대한 환경행사
가 벌어졌거나 남의 일처럼 치부된 일들이 많았다. 2018년 인천 송도에서
IPCC(기후변화에 관한 정부간 협의체) 총회가 열리고 지구온난화 1.5℃ 특별
보고서를 채택해 기후변화를 막기 위한 세계 각국의 노력을 요청하는 결의를
한 역사적인 사건이 있었지만, 정작 우리나라에서는 언론에 거의 보도도 되지
않았다.

하지만 이 시기부터 전 세계적으로 변화가 나타났다. 스웨덴 그레타 툰베

---

1 The Guardian, Why the Guardian is changing the language it uses about the envi-
ronment, 2019.5.17.

리(Greta Thunberg)[2]의 청소년 기후행동을 시작으로 전 세계적인 기후변화에 관한 동맹 휴학 운동이 일어나기도 했다. 우리나라에서도 그동안 기후위기 대응을 위한 운동은 주로 환경단체의 전유물(?)처럼 여겨졌던 것과 달리 청소년 기후행동이 등장하거나 마을공동체, 교육운동의 주요 이슈로 등장하기도 했다.

한편, 세계적으로 보면, 미국 민주당 선거운동의 주요 이슈로 기후변화와 경제적 문제를 아울러 해결하기 위해 제시한 정책이나 법안을 의미하는 '그린 뉴딜(green new deal)'이 나타났다. 실제로 미국의 하원의원인 알렉산드리아 오카시오코르테스(Alexandria Ocasio-Cortez)를 포함한 하원의원 64명과 상원의원 9명은 '그린뉴딜 결의안(Green New Deal Resolution)'을 제출했다. 해당 결의안에서는 '기후변화'와 '불평등'을 해결할 대안으로 그린뉴딜 정책을 제시했다.

EU(유럽연합) 집행위원회는 2050년까지 EU 내에서 탄소배출 제로를 달성하겠다는 목표를 설정하고, 목표를 달성하기 위한 정책방안으로 'EU 그린딜'을 제시했다. 이 정책은 에너지, 교통, 건물, 산업 등 각 분야별 온실가스 감축 대책을 포함하여 저탄소·친환경 경제로의 전환을 위한 다양한 계획을 포함하고 있다.

결국, 우리나라도 안팎의 변화에 따라 2050 탄소중립 선언을 하기에 이른다. 탄소중립·녹색성장 기본법을 제정하고 2030년 온실가스 배출량을 2018년 대비 35% 이상 감축한다고 법에 명시했다(법 제8조제1항). 불과 2~3년 전

---

2 그레타 툰베리는 2018년 8월, 스웨덴 의회 밖에서 처음으로 청소년 기후행동을 한 것을 시작으로, 2019년에 유엔 본부에서 열린 기후행동 정상회의에서 연설을 하고, 역대 타임지 올해의 인물에 최연소로 선정되기도 했다. 현재도 기후위기 대응을 위한 다양한 활동을 하고 있다.

만 해도 상상할 수 없었던 변화가 일어난 것이다.

한편, 지난 수십 년간 기업은 전혀 기후위기 대응에 관심이 없었다. 그런데 갑자기 기후위기에 신경을 쓰고, 탄소중립 선언을 하기 시작했다. ESG 경영 선언을 마치 붐처럼 한다. 환경을 경영의 중심에 두어야 기업의 미래가 있다고 이구동성으로 말한다.

약 7조 달러(약 8110조원)에 달하는 자산을 운용하는 세계 최대 자산운용사인 블랙록(Black Rock)의 래리 핑크(Larry Fink) 회장은 2020년 연례서한에서 "기후변화를 고려해 투자 포트폴리오를 변경하겠다"고 밝혔다.[3] 재생에너지를 100% 활용해 기업이 사용하는 에너지를 만들자는 국제적인 기업간 협약 프로젝트인 RE100도 큰 이슈다. 우리나라에서도 SK그룹 8개사가 최초로 가입 신청을 했고, 2022년 9월에는 삼성전자도 참여를 선언했다.[4]

우리나라의 기후위기 인식 변화

우리나라는 기후위기에 대해 어떻게 생각할까? 일반적으로 조사결과를 보면, 기후위기의 심각성은 인식한다는 결과가 나온다. 하지만 우리의 기후 조건은 기후위기를 위기로 받아들이게 하는데 어려움이 있다. 예를 들어, 지역에 따라 다르지만, 일부 지역에서는 한 여름에 40도가 넘는 폭염을 겪고, 겨울에 다시 영하 10도가 넘는 혹한을 경험한다. 사계절이 뚜렷한 기후 특성과 함께 여름의 태풍은 주기적으로 찾아오기 때문에 기후변화에 따른 위기 인식이 다른 나라와 다를 수밖에 없다. 체감하는 경험과 위기가 적으니 상대적으

---

3 블랙록 홈페이지, https://www.blackrock.com/kr
4 전 세계적으로 보면, 2021년 보고서 기준으로 총 61개 기업이 RE100을 달성했다.

로 인지가 낮다고 볼 수 있었다.

<표 1> 세대별 비용부담 의지 차이(일반국민, %)

세대 구분	현재 삶의 질이 낮아지지 않는 수준에서 또는 혜택받는 만큼 감수	비용부담의 설득력 있는 제안이 부재하기 때문에 부담 의사 낮음	탄소중립 달성에 책임을 느끼고 비용과 불편을 최대한 감수 가능	모르겠음
2030세대	50.5	24.4	16.0	9.2
4050세대	51.5	22.9	19.4	6.2
60세이상	48.2	27.9	16.2	7.6

출처: 한국환경연구원(2021), 2050 탄소중립 일반 국민·전문가 인식조사

그래서 기후위기의 심각성은 인정하면서도 이 문제가 나와 내 가족, 더 크게는 우리 공동체의 문제가 될 수 있다는 인식이 상대적으로 낮았다. 실제로 우리나라는 기후위기에 대한 시민인식조사에서 우리나라 만 13세 이상의 우리나라 국민들의 거의 대부분인 97.0%는 지구 온난화로 인한 기후변화에 대해 인지하고 있는 것으로 나타난 반면, '모른다'는 비율은 3.0%에 불과한 것으로 조사되었다. 인지 정도를 살펴보면 '자세히 안다'는 9.7%에 불과하여, 지구온난화로 인한 기후변화에 대해 정확하게 인지하고 있는 비율은 상대적으로 낮은 것으로 분석되었다.[5]

하지만 최근 기후위기 심각성과 기후위기 대응 중요성에 대해 조사한 결과, 심각하다고 생각하는 비율이 84.7%로 집계되었고, 86.3%가 기후위기 대응의 중요성에 공감하는 것으로 나타났다. 2050 탄소중립 달성을 선언한 후 1년이 지난 시점에서 조사한 결과, 국민 중 85.9%가 탄소중립에 관한 정보를

---

5 환경부(2007), 기후변화에 따른 전 국민 의식조사 결과보고서.

접해본 적이 있고, 잘 알고 있다고 답변했다.[6]

'기후변화' 또는 '기후위기'라는 단어만 알고 있던 과거와 달리 최근에는 다양한 정보를 접하면서 이 위기에 대한 고민이 확산되었음을 보여준다. 동시에 세대별로 기후위기 대응과정에서 발생하는 비용부담 문제에 대해서도 절반가량이 '현재 삶의 질이 낮아지지 않는 수준에서 또는 혜택 받는 만큼 감수'하겠다는 답변에 동의하고 있다.[7]

과거와 다른 지금의 기후운동

그동안 기후변화 또는 기후위기는 주로 과학기술적 관점에서 어떻게 대응할 것인가에 초점을 두고 있었다. 즉, 온실가스 감축을 위한 방안을 마련할 대책에만 집중하거나, 기후변화의 상황에 우리 인간이 어떻게 적응하고 살 것인가에 집중했었다. 그런데 기후위기 대응을 하는 동안에 발생하는 빈곤층, 취약계층에 대한 고려, 산업계의 재편에 따른 노동자 대책 등 사회전반적인 대응 방안을 찾아야 한다는 주장이 크게 부각된 것이다.

기후위기 대응의 영역을 온실가스를 배출하는 에너지, 수송, 건물, 폐기물, 농축산물, 탄소흡수원의 영역으로만 구분하던 방식에서 벗어나, 기후위기에서 실제로 큰 피해를 받는 빈곤층과 취약계층에 대한 근본적인 문제를 생각하기 시작했다.

---

6 한국환경연구원(2021), 2050 탄소중립 일반 국민·전문가 인식조사.
7 물론 이 결과와 실제 현실에서의 반응이 다르다는 점이 최근 여러 조사에서 지적되고 있긴 하다. 예를 들어, 온실가스 배출의 많은 부분을 차지하는 화석연료 기반의 에너지 발전과 수송 부문에 대한 대응을 위해서는 에너지전환을 해야 하는데, 그러면 자연스럽게 전기요금, 도시가스 요금이 올라간다. 기후위기 대응에는 동의하지만 당장 내 집의 전기요금을 올리는 것은 민감하게 반응하는 점이 정책 결정과정에서 중요한 문제로 나타난다.

기후위기가 우리의 삶에 중대한 영향을 미친다는 사실을 이제 누구나 한다. 하지만 가장 심각한 영향을 빈곤층과 취약계층에게 미친다. 이 인식은 전세계적으로는 이미 널리 알려진 사실이다. 앞서 살펴본 것처럼 북반구에 주로 위치한 선진국이 배출한 온실가스 때문에 실제로 피해는 사하라 이남 지역과 남반부의 최빈국과 개발도상국에서 주로 발생한다.

유엔도 동일한 인식을 반영해 2015년 지속가능발전목표(SDGs, Sustainable Development Goals)를 채택할 때, 13번 목표로 "기후변화와 그로 인한 영향에 맞서기 위한 긴급 대응"을 포함시켰고, 세부목표에는 "1.5 2030년까지 빈곤층과 취약계층의 회복력을 구축하고, 극한 기후에 관련된 사건이나, 기타 경제·사회·환경적 충격 및 재난에 대한 노출과 취약성을 감소한다."라는 구체적인 내용을 포함시켜, 기후위기에 따라 발생하는 자연과 사회재난에 따른 피해에 노출된 빈곤층과 취약계층에 대한 근본적인 대응방안을 모색하도록 하고 있다.

이 글의 목적

기후위기는 지금 현재 인류가 직면한 가장 큰 위기다. 보통 지속가능한 세상을 설명할 때, 지구환경이란 테두리 속에 사회와 경제가 있다고 설명한다. 만약 가장 바깥의 지구환경이란 테두리가 깨어진 상황이 되면, 아무리 좋은 사회, 건강한 경제가 구현되더라도 결국 인류는 공멸할 것이라고 말한다.

이 글은 기후위기 대응에 대한 정치와 정책의 큰 테두리에서 벗어나 새롭게 부각되는 여러 영역의 시민운동을 살펴보고, 이전과 다른 변화 속에 앞으로 우리 사회가 새로운 공동체 운동으로써 '기후위기'를 극복하고, 새로운 대안을 찾아가는 과정을 조명한다. 이 과정에서 기후위기와 만난 새로운 시민운동이 에너지전환, 생태교통, 채식 등의 주제를 갖고 어떻게 새로운 사회를 만드는 데 기여할 것인지에 대해 살펴보고자 한다.

2. 기후변화와 우리가 직면한 위기

기후위기의 원인이 온실효과 때문이라는 사실은 이제 잘 알려져 있다. 이 온실효과의 개념을 프랑스의 물리학자 요셉 푸리에(Joseph Fourier)가 처음 발견했다. 그는 1822년 지구의 대기에 의해 태양열이 머물게 되면서 지구의 온도가 태양에서 오는 에너지보다 높다는 이론을 제시했다. 이후 여러 연구를 거쳐 온실효과가 가져오는 지구의 기온 상승에 대해 최초로 상세하게 밝혀낸 사람은 1903년 노벨 화학상을 수상한 스반테 아레니우스다. 그는 이산화탄소 농도가 2배 상승하면 지구 온도는 5~6℃ 상승하게 된다는 내용의 논문을 1896년 스톡홀름 물리학회에 기고했다.[8]

1975년 윌리엄 노드하우스 미국 예일대 교수가 '온실가스 배출량을 줄이지 않으면 지구 온도가 산업화 이전 대비 2.4~4.4도 상승할 것'이라고 경고했다. 1992년 유엔 기후변화협약(UNFCCC), 1997년 교토 의정서 발효, 2016년 파리 협정(Paris Agreement)을 채택했다.

---

8 기후변화를 최초로 예언한 과학자, 사이언스타임즈, 2019.2.27.

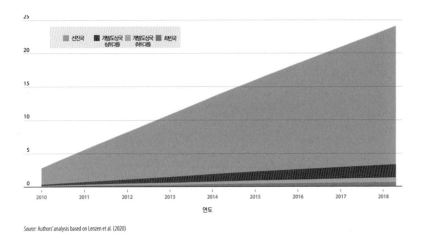

Source: Authors' analysis based on Lenzen et al. (2020)

[그림 1] 온실가스 배출량, 2010-2018년 연간 1인당 누적 평균
출처: UN SDSN(2022), Sustainable Develop, ment Report 2022, p.31.

그런데 지난 반세기 동안 '기후변화' 노래를 불렀지만, 우리는 바뀌지 않았다. 오히려 온실가스 배출은 늘었다. 우리는 탄소중립을 할 수 있을까? 1992년 기후변화 협약이 이후 인류는 수많은 약속을 계속했다. 하지만 우리는 그 이후 온실가스 배출을 줄인 적이 있었는가? 딱 3번 줄였다. IMF, 세계금융위기, 코로나 19 팬데믹. 모두 경제가 침체된 상황에서 나타난 현상이다. 3번의 위기를 벗어난 직후 그동안 손해 본 것을 만회하려는 강력한 의지를 내세우며, 더 많은 온실가스를 배출했다. 심지어 대부분의 온실가스 배출은 선진국을 중심으로 이뤄진다.

게다가 작은 국토를 가진 우리나라에서도 같은 문제가 발생한다. 얼마 전한 회의에서 토론자들끼리 농담처럼 문제를 지적한 적이 있다. 강원도의 원주에서 온실가스와 미세먼지의 주원인이 충남 당진의 화력발전소와 제철소가 문제니, 당진시를 고발하겠다고 했다. 그랬더니 당진시는 우리가 화력발전소에서 에너지를 만들어 문제를 일으키지만 실제 에너지는 대부분 서울과 경기도에서 쓰니 우리는 서울시를 고발하겠다고 말이다. 그랬더니 한 패널이 복잡하게 서로 고발하지 말고, 그냥 원주에서 서울시를 바로 고발하면 되겠다고 말했다.

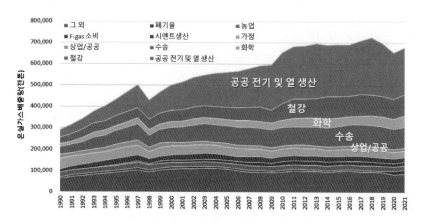

[그림 2] 우리나라 온실가스 배출량 분야별 추이(1990~2021)
출처: 환경부, 보도자료, 2022.6.28.

2022년 6월 환경부가 발표한 우리나라 온실가스 배출량의 분야별 추이를 보더라도 쉽게 알 수 있다. 전기 에너지를 생산하면서 발생하는 온실가스 배출량은 지난 30여 년간 계속 증가 중이다. 인구의 90% 이상이 도시에 사는 우리는 멀리 떨어진 화력발전소에서 만든 전기를 송배전망을 통해 도시로 가져온다.

온실가스를 배출하는 지역, 그 혜택을 보는 지역, 피해를 보는 지역이 모두 다르니 나타난 현상이다. 기후위기는 발생원인과 결과가 같은 곳에서 거의 나타나지 않는다. 그래서 지역 차원의 협력과 국가 치원의 공조가 절실할 수밖에 없다.

우리가 직면할 기후재난의 형태

얼마 전 서울 강남과 서초에 내린 집중호우에 시민들이 죽거나 다치고, 재산상 피해도 상당히 많이 발생했다. 수많은 영상이 나왔고, 재난 대응을 제대로 못한 정책 당국자들을 비판했다. 갑자기 이런 재난이 닥쳤을까? 같은 시기 영국 런던은 영상 40도를 넘는 폭염에 시달렸다. 이곳은 가장 더운 7월 평균 기온이 22도에 불과할 정도로 서늘하다. 그런데 2022년 7월 기상 관측 사상 처음으로 최고기온 40도를 찍은 런던의 구조 당국은 온열질환으로 인한 응급 신고 전화가 1주일 전보다 10배로 증가하기도 했다.[9] 이어 8월에는 역대 최악의 홍수가 곳곳을 덮쳤다. 서울에서 벌어진 홍수가 비슷한 시기에 프랑스 파리를 덮은 것이다.[10]

특히 우리가 사는 도시는 기후위기에 취약하다. 사람이 많이 사는 다중 밀집지역이란 문제도 있지만, 자연적으로 해결할 수 있는 것을 인위적으로 막는 수많은 인공구조물들이 문제를 더 크게 일으킨다. 농촌이나 산에 비가 오면 빗물은 땅에 그대로 흡수된다. 지하수가 되거나 개울을 만들고, 강을 따라 바다로 흘러간다. 하지만 도시는 다르다. 비가 오면 대부분 콘크리트나 아스팔트 포장이기 때문에 빗물이 땅에 흡수되지 못한다. 우수 관로를 따라 하천으로 흐른다. 평상시 적당한 양의 비가 오면 아무런 문제가 없다. 하지만 갑자기 집중호우가 발생하면 우수 관로는 그 용량을 다 담지 못한다. 집중호우가

---

9 연합뉴스, 40도 폭염 대처에 허둥댄 런던…"온난화 준비 부족 노출", 2022.7.21.
10 한겨레, 가뭄 끝에 단비 아닌 폭우…유럽 이번엔 '물 난리', 2022. 8.19.

내린 지역은 그대로 침수된다.

과거에는 방재 대책을 충실히 해서 재난을 예방하는 데 중점을 두었다. 하지만 이제 우리가 당할 기후재난은 예방으로는 불가능하다. 결국 홍수가 발생하면 최대한 피해를 줄이고, 신속하게 일상의 삶으로 돌아가는 방안을 찾아야 한다. 즉, 집중호우가 오면, 빗물이 땅속에 바로 흡수되어 하수관로에 미치는 영향을 최소화해야 한다.

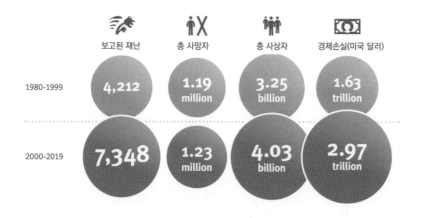

[그림 3] 세계 재난과 피해액
출처: UNDRR(2020), Human cost of disasters, p.6.

재난은 또 다른 문제를 일으킨다. 얼마 전 영국이 결국 EU를 탈퇴했다. 국민투표에서 EU탈퇴를 결정한 지 3년여 만이다. 2018년 제주도에 예멘 난민이 도착했다. 난민 문제가 한동안 우리 사회를 떠들썩하게 했다. 2011년에서 2013년까지 중동과 북아프리카에서 반정부 시위가 일어났다. 우리는 역사책에 이것을 '아랍의 봄'이라고 기록한다. 이 때문에 튀니지, 이집트, 예멘은 정권교체가 이뤄졌다. 전혀 상관없을 것 같은 이야기가 사실 하나의 원인으로 발생했다. 러시아의 밀 생산량이 급감하면서 벌어진 일이었다. 2010년 러시아에 가뭄과 산불로 인해 밀 생산량이 30% 감소했다. 국제 곡물 가격이 그다음해 70.8% 폭등했다. 밀 수입국이었던 상당수 국가에서 배고픔에 시달리던 국민들이 봉기를 일으켜, 정권교체가 일어났다.

시리아는 몇 년 전부터 흉작 때문에 식량난에 직면해 국민들의 삶은 피폐한 상태였는데, 정치적 불안정이 더해지면서 최악의 상황에 직면한다. 결국 유엔난민기구(UNHCR)가 발표한 '시리아 분쟁 7년'에 따르면, 국경을 넘은 난민의 수는 560만 명에 이른다.[11] 결국, 난민이 유럽으로 이동하면서, 장년층과 저소득층의 일자리 부족이 심각해지면서 영국도 문제에 봉착하는데, 브렉시트(Brexit, Britain+exit)의 사태가 발생한 것이다.[12]

이처럼 러시아의 밀 생산량 감소가 여러 해에 걸쳐 수많은 국가에 미친 영향은 엄청났다. 그리고 밀 생산에 영향을 준 것은 바로 '기후변화'였다.[13] 여기에서 우리는 크게 두 가지 사실을 엿볼 수 있다. 먼저, 기후변화가 어떤 힘을 지니고 있는지를 확인할 수 있다. 또한, 인간이 지구 생태계에서 최상위에 있지만, 지구환경의 변화에는 너무나 쉽게 무너지는 존재에 불과하다는 사실을 확인한 것이다.

---

11 프레시안, UN조차 집계 포기한 21세기 참극 시리아 전쟁 7년, 2018.3.13.
12 인사이트, 영국이 EU를 탈퇴한 결정적인 이유 4가지, 2016.6.24.
13 연합뉴스, 유럽 난민사태 '뿌리'는 기후변화, 2015.9.21; 중앙선데이, 선제적인 기후변화대응이 곧 국가안보다, 2017.02.12; 동아닷컴, 사상 최악의 더위 - 가뭄이 기후난민 만들었어요, 2019.10.2.

새로운 기후운동의 시작

최근 시민들이 이제는 '기후위기' 또는 '기후비상사태'이기에 적극 대응해야 한다고 목소리를 높이면서 변화가 시작했다. 게다가 코로나19 때문에 전염병과 환경에 대한 관심이 더욱 커지면서 '기후위기'에 대한 대응책 마련에 고심하고 있다. 2019년 특이한 일이 생겼다. 그동안 기후운동은 환경단체들이 주도해 왔다. 그런데 지역마다 새로운 조직이 만들어졌다. 일명 '기후위기비상행동'. 민간단체도 아니고 기구도 아닌, 단순히 기후위기를 고민하고 적극적인 대응을 원하는 수많은 사람들이 각 지역별로 뭉치기 시작했다.

[사진 1] 924 기후정의행진(2022.9.24.) (출처: 참여연대)

전통적인 시민단체도 아니고, 그저 목소리와 행동이 모여 거대한 흐름을 만들었다. 오랫동안 기후운동을 했다는 환경단체들이 오히려 뒤에서 지켜보며, 도움을 요청하면 참여하는 형태가 되었다. 그 사람들은 누굴까? 정확하게 조사한 결과는 아니지만, 대다수가 청소년 운동, 마을공동체 운동을 했던 사람들이었다. 그동안의 교육과 학습 운동이 기후위기의 현실을 알게 되면서 더이상 가만히 있으면 우리 인류가 공멸의 위기를 겪을 수밖에 없는 현실을 인식하게 되었고, 현재의 문제를 해결하기 위한 특단의 대책이 없으면, 결국 우리의 미래가 없다는 사실을 깨닫게 되었다. 목소리를 내지 않고 가만히 있으면 미래가 없다는 인식을 직접 갖게 된 미래 세대가 주도하는 새로운 운동이 탄생한 것이다.

이 장에서는 에너지전환, 생태교통, 채식을 주제로 기후위기에 대응하는 시민운동의 사례를 살펴보고, 이러한 변화가 가져오는 긍정적인 변화와 영향에 대해 생각해보고자 한다. 이를 통해 위기에 대응하는 시민운동의 방향에 대해 함께 모색해 본다.

3.1. 시민 주도 에너지전환

모든 문제의 원인은 에너지

기후위기 대응을 하려면 당신은 무엇을 하겠습니까? 일반 시민들에게 물으면, 가장 많은 응답은 '분리수거'를 잘 하거나 일회용품 사용을 줄이겠다고 답한다. 사실 이 말은 절반은 맞고 절반은 틀린 말이다.

맞는 부분은 우리가 배출하는 온실가스를 전 지구적 차원에서 보면, 무엇인가를 만들 때 사용하는 철강, 시멘트, 플라스틱을 만들면서 약 35%가 배출

된다. 풍요로운 경제 체제를 만들기 위해 지금까지 우리가 해 왔던 대량 생산, 대량 소비의 미덕은 우리의 미래를 암울하게 만드는 결과를 초래했다. 이 점에서 자원순환은 정말 중요한 방향이다. 우리가 쓰는 제품을 생산하고 소비하는 전 단계에서 발생하는 탄소발자국[14]을 줄이는 것이 기후위기 대응의 첫걸음이고 끝이기 때문이다. 하지만 생산과 소비에는 제품만 있지 않다. 에너지의 생산과 소비도 있다. 최근 전국적으로 탄소중립 · 녹색성장 기본계획을 세운다고 난리법석[15]이다.

우리나라에서 가장 온실가스 배출이 많은 곳은 충청남도이고, 심각한 문제를 겪고 있다. 보통 기후변화대응이나 탄소중립 계획을 세울 때, 온실가스 배출을 에너지 발전(생산), 건물, 수송, 폐기물, 농축수산, 탄소흡수원의 부문별로 나눠 정책을 수립한다. 각 부문별로 각자가 어떻게 온실가스를 줄일 것인지 논의하는 자리에서 볼멘 목소리가 터져 나왔다. 충남은 온실가스 배출의 상당 부문이 2018년 기준 에너지 부문에서 94.5%가 발생한다. 이 대부분은 석탄화력발전소와 철강 회사에서 나온다. 충남도민들은 그곳에 발전소를 세워달라고 한 적이 없다. 국가에서 계획을 수립해 세웠다. 탄소중립 계획을 수립하면서도 발전소와 산업 영역은 국가에서 직접 컨트롤 할 테니, 충남은 다른 분야에 대한 계획을 세우라는 것이었다.

그런데 우리가 풀어야 할 '기후위기'라는 숙제는 너무 거대하다. 우리나라

---

14 탄소발자국은 제품 및 서비스의 원료 채취, 생산, 유통, 사용, 폐기 등의 전 과정에서 발생하는 온실가스가 기후변화에 미치는 영향을 나타낸 지표이다.
15 계획을 세워 문제를 해결하겠다는 자세는 좋지만, 우리는 지난 수십 년간 계획만 세웠고, 실제 바뀐 것은 아무것도 없으며, 온실가스 배출은 계속 증가하고 있다. 게다가 이번 계획은 모든 지방자치단체에 기계적으로 세우도록 하고 국비지원도 이뤄진다. 과연 의미 있는 계획이 행정주도로 만들 수 있을 것인지에 대해 많은 사람들이 걱정하고 있다. 또 하나의 좋은 계획이 만들어져, 그대로 캐비닛에 들어가지 않을까 하고 말이다.

온실가스 배출은 58.1%는 20개 기업의 제품 생산과정에서 발생한다. 그러면 온실가스 배출을 많이 하는 기업을 탓하면 될까. 아니다. 그 기업들이 만드는 철강, 전기 에너지, 화학제품 등을 우리가 사용한다. 결국 우리 시민의 삶이 바뀌지 않으면 변화는 없다.

정치의 장벽에 막힌 에너지전환의 현실

하지만 답답한 현실이 펼쳐진다. 많은 사람들이 정치적 이데올로기에 빠져 에너지전환에서 가장 중요한 재생에너지에 엄청난 편견과 오해를 갖고 있다. 건물의 빛 반사가 있어 도시에서는 안 된다고 하지만, 실제로 빛 반사는 없다. 빛 반사가 있었다면 인천공항 2청사를 지을 때 지붕 전체에 태양광 패널을 붙이지는 않았을 것이다. 전자파가 심해 건강을 해친다고 하지만, 태양광 패널에는 전자파가 거의 나오지 않는다. 태양광 발전소를 세울 때 설치하는 인버터에서 일부 전자파가 발생하지만, 나오는 수준도 LCD 텔레비전 수준에 불과하다. 그마저 건강이 걱정된다면 생활반경에서 멀리 떨어트려 설치하면 된다. 중금속 문제도 말한다. 20년 전 초창기 태양광 기술이 아직 발전하지 못하던 시기에 나타난 문제다. 지금은 개선되어 원재료도 '모래'를 주성분으로 한다.

물론 산비탈에 경관을 망치고, 농지에 무분별하게 설치하는 태양광 패널은 문제다. 하지만 우리는 지금 도시지역인 광주의 탄소중립을 말하고 있다. 당연히 도시는 막대한 에너지 소비의 중심지이다. 도시의 에너지원을 바꿔야 기후위기에 대응할 수 있다.

그런데 정부 정책도 흔들리고 있다. 탄소중립의 중심으로 재생에너지를 고려하다가, 윤석열 정부는 기조를 바꿔 전체 에너지원에서 원전을 27%에서

30%로 증가하도록 했다. 이는 실현 불가능한 계획이다. 당장 계획 중인 신한울 3, 4호기 역시 2030년까지 건설 완료는 어렵다. 그렇다면 현 정부가 말하는 원전 비중 확대는 그저 숫자 놀음에 불과하다.

반면에 세계는 지금 재생에너지의 중요성을 더욱 강조하고 있다. 유엔 지속가능발전목표는 "2030년까지 전 세계 에너지원 구성에서 재생에너지 비율을 상당히 증대한다." 말한다. 과학기술을 통한 기후위기 대응을 그동안 이야기했던 빌 게이츠도 '기후재앙을 피하는 법'이란 책을 쓰면서 "우리가 해야 할 가장 우선해야 할 일로 현재 할 수 있는 재생에너지, 태양광, 풍력 등을 최대한 해야 한다"라고 주장한다.

바보야 문제는 전기요금이야

얼마 전 우리는 일명 '레고랜드 사태'를 경험했다. 경제가 흔들린다고 날리다. 그런데 근본적인 문제는 정말 상식적이라 불릴 정도로 단순하다. 전기요금이 너무 싸서 생긴 문제였다. 한전은 전력거래소를 통해 발전회사들이 생산한 전기를 사서 소비자들에게 판다. 2022년 상반기 한전이 사서 판매한 전기의 도매가격이 202원이고, 판매 가격이 122원이었다. 흔히 말하는 경제 법칙을 무시한 형태다. 80원의 손해를 어떻게 메꿀 수 있을까? 러시아-우크라이나 전쟁으로 원자재 가격 상승으로 한전은 더 큰 손해를 봤다. 당장 경영을 위해 채권을 발행해야 했다. 높은 금리의 한전 채권은 우리나라 채권 시장에 혼란을 일으켰고, 결국 이 과정에 강원중도개발공사의 기업회생 신청이 도화선이 되어 엄청난 경제적인 혼란까지 가중시킨 것이다.[16] 만약 전기요금이 적정가

---

16 레고랜드·롯데건설·산은까지…이 모든건 한전 때문, the bell, 2022.11.28.; 정부가 놓

격이었고, 한전의 부채가 낮았다면, 전혀 발생할 수 없는 일이 나타난 것이다.

에너지전환 네트워크의 활동

2018년 지방선거를 계기로 '에너지전환전국네트워크'가 창립된다. 이 네트워크는 정부주도 중앙집중식 에너지계획과 집행방식을 시민과 지자체가 주도하는 분산형 지역에너지 시스템으로 전환하고자, 지역 에너지전환과 자립을 실천하는 시민사회단체, 사회경제조직, 민관협력기구 등이 참여하고 있는 전국 네트워크이다.17. 현재 전국의 수백 개 단체가 참여해 에너지전환에 관한 전국적인 논의와 활동에 참여하고 있다. 이 중 가장 왕성히 활동하는 지역 중 광주의 사례를 토대로 시민 주도의 에너지전환 활동을 살펴본다.

광주에너지전환네트워크는 2019년 창립했다. 에너지전환 활동가들이 에너지전환 정책의 수립, 이행, 모니터링, 평가 등 모든 주기에 걸친 역량을 확보하는 것이 무엇보다 급선무라고 판단했다. 해당 판단하에 에너지전환 활동가들을 대상으로 에너지전환 관련 학습의 장으로 마련하고자 '광주에너지전환포럼'을 진행했다. 국가와 광주시에서 추진하는 정책과 사업들을 견제하고 비판하는 것에서 그치지 않고, 운동의 방향을 함께 고민하고 비전을 제시하는 역량을 쌓아가기 위해 포럼을 진행했다.

포럼을 열었던 가장 큰 이유는 국가단위, 그리고 지자체 단위의 에너지전환 관련 사업을 비판하고, 견제하고, 더 나은 비전을 제시할 수 있는 역량을 강화할 필요가 있다는 데에는 전반적인 공감대가 형성되어 있었다. 시민사회

치고 있는 한전 적자의 진짜 이유, 시사인, 2022.11.29.
17 지역에너지전환전국네트워크 홈페이지, https://localenergy.or.kr/

단체들이 뜻을 모아 에너지전환네트워크를 설립했으나, 본래 각자의 활동영역이 있어 에너지전환 운동 역량을 스스로 확보하는 데는 한계가 있었으므로, 포럼을 통해 학습도 하고 소통의 기회도 넓히고자 했다. 역량 강화에 대한 활동가들의 열정으로 포럼 이외에도 자발적인 책 읽기 모임-에너지전환을 주제로 하는-이 생겨나는 등 다양하게 전개되었다.

포럼의 형식에는 제한을 두지 않고 자유롭게 이루어질 수 있도록 기획했다. 함께하는 시민사회단체의 주도적인 포럼 주최, 활동가들의 에너지전환 역량 강화, 나아가 광주시에서 시민참여 재생에너지 관련하여 중점적으로 추진되고 있는 민관협력 햇빛발전협동조합 사업, 에너지전환 마을 사업과 포럼의 연계도 진행되었다.

[사진 2] 광주에너지전환포럼의 사례

한편, 에너지전환의 성공은 시민이 참여에 달려있다. 시민이 일상에서 사용하는 에너지 사용량은 작지만 시민의 수용성 즉, 시민이 동의하지 않은 정책을 실패한다. 기후위기의 심각성을 극복하려면 에너지전환이 필수적이고, 시민이 동의하지 않으면 절대로 우리는 이 위기를 벗어날 수 없다.

시민이 주도하는 에너지전환을 위해 시민사회와 광주시가 만나 2020년부터 논의를 했고, 2021년 사업이 추진되었다. 처음 설계할 때 시민사회가 강조한 것은 대규모 예산을 투입해 재생에너지 시설을 만들기보다, 학습과 교육을 통해 시민의 역량이 강화되고, 이를 통해 시민햇빛발전소를 만들어 직접 변화를 주도해보자는 것이었다.

이러한 논의의 배경에는 그동안 에너지자립 마을 또는 에너지전환 마을이 대부분 관주도로 진행되었고, 성공사례로 보기 어렵다는 평이 많았다. 가장 큰 이유는 많은 사업비가 투입되었지만, 수혜자인 주민은 해당 사업의 취지와 주요내용을 잘 모르는 경우가 많았다. 그나마 성공을 이룬 사례는 시민이 주도한 사례였고, 대부분 주민 학습 프로그램이 시도된 곳이 대부분이었다.

따라서 광주의 에너지전환 마을은 처음 설계부터 시민참여를 위한 학습의 장을 만들 공간을 고민했고, 에너지전환의 거점공간으로써 마을센터가 가장 먼저 고려되었다. 에너지전환 운동이 마을에서 일어나고 실질적인 변화를 주도하며, 뜻을 함께하는 주민들이 모여 시민햇빛발전협동조합을 만들어 운용을 시작했다. 이 활동은 약 5년간 광주시가 지원하고, 주관기관으로 국제기후환경센터가 참여했다. 광주에너지전환네트워크는 이 과정에서 컨설팅과 논의의 장을 열어 광주에 에너지전환마을을 세우는데 직간접적인 역할을 했다. 이 노력 끝에 기존의 광주햇빛발전협동조합 외에 7개의 신규 시민햇빛발전협동조합이 창립하여 조합원을 모집하고 에너지전환 운동이 더욱 증대되고 있다.

재생에너지에 집중적인 노력과 변화를 추구하지 않으면, 탄소중립은 불가능하다. 에너지원을 바꾸지 않으면서 기후위기 대응과 탄소중립을 말하는 것은 헛된 구호에 그친다. 당장 정부나 기업에도 변화를 요구해야 하지만, 도시에 사는 우리는 더욱 적극적으로 주택 태양광, 베란다 태양광, 도시형 풍력, 지열난방 등 우리가 할 수 있는 모든 방법을 더욱 가열차게 해야 한다. 우리가 떳떳하게 우리의 미래 세대에게 우리의 노력을 말하려면 우리 세대의 문제는 현재 우리가 끝내야 한다. 현재의 기후위기 극복은 에너지전환을 통해서만 가능하다.

그동안 우리는 에너지는 국가가 제공하는 인프라를 이용한다는 인식만 생각하고 살았다. 기후위기 시대에 우리는 에너지부터 자급자족하는 생활 방식의 전환이 필요하다. 당장 수십 년간 만들어온 전력 체계를 비롯한 모든 것을 바꿀 수 없지만, 시민의 역할을 하나씩 찾아가며 변화를 만들어 갈 수 있다.

[사진 3] 에너지전환마을의 활동 사례(출처: 국제기후환경센터, https://icecgj.or.kr/)

3.2. 새로운 도시를 만드는 녹색교통

도시에서 온실가스 배출원 중 가장 큰 것은 수송이다. '수송'이란 단어가 어렵다면, 이 책을 읽는 당신이 오늘 어떻게 출퇴근을 하고 있는지 생각해 보시라. 자가용 승용차를 이용하지 않는가? 대부분의 도시에서 온실가스를 배출하고, 미세먼지 발생원의 가장 큰 요인이 바로 자동차다. 화석연료를 기반으로 하는 이동수단을 바꾸지 않으면 우리는 기후위기에 근본적으로 대응할 수 없다.

우리나라 2018년 기준 수송분야 온실가스 배출량은 약 9천8백만 톤으로, 에너지(발전), 제조분야에 이어 세 번째로 많다. 정부에서는 대중교통 및 개인 모빌리티 이용을 확대하고, 공유차량 등으로 승용차 통행량을 감축할 계획을 내놓았다. 특히 전기차로의 전환을 위해 보조금을 지원하는 등 많은 투자를 하고 있다. 그런데 이 전기차가 과연 수송분야의 탄소절감을 위한 원천적인 방법일까. 전기차를 충전하는 전기는 어디서 만들어지고 있는 것인지 확인하고 본질적인 해결방안이 맞는지 고민이 필요하다.

최근 들어 도시의 기후운동에서 가장 중요한 방법 중 하나로 등장한 것은 '생태교통'이다. 생태교통(Eco Mobility)이란 앞으로 30년~40년 후 화석연료가 고갈된 후 어떻게 대처하고 살아갈 것인가를 준비하는 전세계적인 프로젝트로 도심에서 자가용 대신 보행과 자전거, 대중교통 위주의 생활을 통해 에너지를 절약하고 기후를 보호하며 인간의 쾌적한 삶을 영위하고자 하는 교통개념이다. 2007년 독일의 콘라드 오토 짐머만(이클레이 전 사무총장)이 제시했다.

생태교통은 수송분야의 탄소중립을 앞당기는 열쇠이다. 생태교통은 환경과의 상호작용을 교통에서 강조하는 개념이며, 보행, 자전거, 대중교통 위주의 생활을 하여 기후를 보호하고 더 나아가 인간의 삶을 영위하는 것이다.

생태교통 운동의 시작과 변화

우리나라에서 보행, 자전거, 대중교통 등과 연계하는 생태교통 운동은 사실 1990년 말부터 지역별로 산발적으로 나타났다. 기후위기와 같은 환경문제도 있지만, 주로 교통약자에 대한 이동권 측면의 접근이 먼저 시작되었다. 최근 들어서는 보행은 쇠퇴지역의 거리 활성화와도 직결되는 문제였기 때문에 이를 연계하는 도시재생과 연계하는 방안도 함께 고려되었다.

생태교통과 교통정책을 접목한 사례는 전국에 수없이 많지만, 시민운동과 직접 연결한 사례는 수원에서 나타난다. 생태교통 2013 이후 수원에서는 '차 없는 날'이 곳곳으로 확산됐다. 자동차 이용을 줄이고 시민이 중심이 된 생태교통도시 수원을 조성하기 위한 '수원형 자동차 없는 날'이 이듬해부터 확대 운영된 것이다.

2014년 정자동, 영화동, 금호동, 영통1동 등 4개 마을에서 총18회의 자동차 없는 날이 펼쳐진 이후 2015년 8개 지역 51회, 2016년 10개 지역 46회, 2017년 11개 지역 56회, 2018년 13개 지역 61회, 2019년 18개 지역 55회 등 총 300회의 자동차 없는 날 행사가 열렸다.

첫 시작은 행궁동 생태교통마을로 진화하면서, "자동차가 없어지면 우리의 삶은 어떻게 변할까?"였다. 지구 온난화와 화석연료 고갈에 대비해 미래의 길을 찾고자 기획된 '생태' 중심 행사에 당시 전 세계의 이목이 집중됐다. 당시 9월 한 달간 수원시 행궁동에서 자동차가 사라졌던 당시 실험은 그 자체로 '파격'이었다. 행궁동은 보행자 중심으로 도로가 개선됐고 유휴부지에 쌈지공원이 조성돼 마을에서 잠시 쉬어가는 공간으로서의 기능적 변화와 미관 개선 효과도 생겼다.

행사 기간 대중교통을 이용해 행궁동을 방문한 사람들은 광장에서 자전거

버스를 타고 이색자전거와 커플자전거, 당시만 해도 생소했던 세그웨이 등 친환경 교통수단을 타고 골목을 누볐다. 축제 기간 행궁동을 찾은 국내외 관람객은 100만 명에 달했고, 기후변화 대응을 위한 환경정책의 성공적인 모델을 만들어 냈다는 평가를 받았다.[18]

[사진 4] 생태교통 2013(출처: 수원지속가능발전협의회)

이제는 전국적으로 차 없는 거리 행사가 빈번하게 이뤄진다. 자동차가 점령한 차도를 사람에게 돌려준다는 의미와 함께 기후위기를 위한 중요한 수단으로 도로와 이동수단의 변화가 필수적이라는 인식이 보편적으로 나아가고 있기 때문이다.

---

18 에듀인뉴스, 수원시, 생태교통-생태보전 노력…'환경도시 수원'의 한 축이 되다, 2020.8.24.

자전거 운동과 공유 자전거

자전거는 생태교통의 중요한 수단이다. 최근 자전거 활성화를 위한 정책 중 공공자전거가 곳곳에서 등장한다. 전 세계적으로 수백여 개 도시에서 운영 중이다. 기후위기와 에너지 위기에 대응하고 지속가능한 교통체계를 구현하는 수단으로 평가된다.

프랑스 파리에는 공공자전거 벨리브(Velib)가 있다. 프랑스어 자전거라는 뜻의 '벨로(velo)'와 자유롭다는 뜻의 '리브르(libre)'를 합성하여 만든 말로, 벨리브(Velib)는 말 그대로 자전거로 자유롭다는 뜻이다. 파리 곳곳 300m마다 정거장이 설치되어 있고, 18,000개나 된다. 총 23,600개의 벨리브 자전거가 마련되어 있어 누구나 쉽고 편리하게 이용이 가능하다. 무인등록기를 설치하여 회원으로 가입한 이용자들이 필요한 곳에서 자전거를 빌려 타고 목적지에서 자전거를 반납할 수 있도록 했다. 파리 벨리브의 성공은 전 세계에 확산되었고, 그 영향으로 우리나라도 다양한 공공자전거 시스템이 나타난다.

우리나라는 서울 따릉이, 대전 타슈, 창원 누비자, 세종 어울링, 광주 타랑께 등 수많은 도시에서 공공자전거를 운영 중이다. 2021년 우리나라 공공자전거 현황 자료를 보면, 터미널 또는 주차장이 4,374곳, 자전거 보유 대수 64,069대, 대여실적 40,618,339건으로 나타났다. 2022년 4월 서울의 따릉이는 누적 이용량 1억 2만 건을 돌파하는 등 자전거 이용 활성화의 주요 모델이 되고 있다.

[사진 5] 프랑스 파리의 벨리브(출처: 윤희철)

서울 따릉이

창원 누비자

세종의 뉴 어울링

대전의 타슈

[사진 6] 각 지역의 공유자전거 서비스(출처: 각 지역의 지방자치단체 홈페이지)

에코바이크와 자전거 출퇴근 챌린지

에코바이크는 기후위기 시대에 가장 알맞은 교통수단인 자전거를 생활 속에서 재미있게 탈 수 있게 만든 앱이다. 일상생활에서 자전거로 이동한 거리를 계산해 온실가스와 에너지 감축량, 나무 심은 효과를 객관적 수치로 표현하고 자전거 이용 거리와 행태를 빅데이터로 분석하여 지역별 효율적인 자전거 정책 수립과 실행을 통해 자전거 수단부담률을 높이는 데 기여하고자 했다. 즉, 자전거 이용자가 많은 구간을 공간 데이터로 확인하고 해당 지역에는 우선적으로 자전거 도로를 설치하는 등의 정책적 노력을 강구하고자 방안을 마련한 것이다.

현재 경기, 광주, 충남, 대구, 대전, 세종, 순천, 원주, 인천, 전주, 진주, 창원, 춘천, 제주 총 14개 지역의 지속가능발전협의회가 참여하고 있다. 에코바이크 홈페이지를 통해 실시간 거리순위, 타고순위, 출퇴근횟수 순위는 물론 에너지 감소량, CO2 감소량, 지역별 현황 등을 확인할 수 있다.

[그림 4] 에코바이크 홈페이지(출처: http://ecobike.org)

자전거출퇴근 챌린지는 에코바이크 앱으로 일상생활에서 자전거로 이동한 거리를 포인트로 환산하고, 지역·개인별 자전거 이용을 활성화하기 위한 프로그램이다. 자전거출퇴근을 통해 온실가스와 미세먼지를 줄이고, 지역·개인별 선의의 경쟁을 통해 자전거 이용을 활성화하고 지속가능한 도시를 만들어가는 시민행동이다. 자전거 이용시 에코바이크 앱을 켜고 주행시작을 누르면 GPS 시스템에 기반하여 자전거로 이동한 거리를 계산, 온실가스와 에너지 감축량이 객관적 수치 데이터로 반영된다.

[사진 7] 에코바이크를 이용한 '자전거 출퇴근챌린지' 홍보 라이딩

2019년부터 에코바이크 앱을 활용해 진행한 자전거출퇴근 챌린지의 성과는 아래 표와 같다. 처음에는 6개 도시만 참여했다가, 점차 23개 도시로 확대되었다. 참여도시와 참여자가 늘어나면서 주행거리도 늘어나고, 덩달아 온실가스 감축량도 증가했다.

〈표 2〉 자전거 출퇴근 챌린지 프로젝트의 3년간 성과

년도	참가 도시 수	총 주행거리 (km)	온실가스 감축량(kg)	에너지 절감량(L)	나무 심은 효과(그루)
2019	6	213,692	45,495	14,937	2,645

2020	12	768,280	163,567	53,703	9,510
2021	23	587,496	125,078	41,066	7,272

　시민들의 다양한 활동에 여러 기관과 기업도 관심을 갖고 참여하기 시작했
다. 우리나라와 유럽연합이 함께 생태교통 국제컨퍼런스를 전주에서 개최하
고, 이를 주제로 대화마당을 열기도 했다. LX한국국토정보공사와 함께한 에
코바이크 '지구 두 바퀴'챌린지를 열기도 했다. LX공사는 사회공헌사업으로
2050 탄소중립 달성을 위해 국민과 함께하는 탄소절감 프로젝트로 이 기부챌
린지를 주최해, 생태교통문화가 확산되길 희망하며 8월 22일부터 9월 22일까
지 한 달 동안 전주 등 15개 도시에서 각 지역 지속가능발전협의회를 중심으
로 자전거챌린지를 진행했다. 이 결과 캠페인 목표인 50만km 운행 및 탄소
100,000kg 절감을 달성하기도 했다.

[사진 8] 한-EU 생태교통 국제컨퍼런스in 전주의 에코바이크 시상식

　자전거출퇴근 챌린지는 네 가지의 목표를 가지고 프로젝트를 진행하려고
한다. 첫째, 시민행동 그룹 활성화이다. 출퇴근, 쇼핑, 통학 등 다양한 이동에
서 온실가스 감축을 위한 시민행동을 추진하고자 하며, 자전거와 보행자 그룹

을 연계하여 생태교통의 인프라를 확대할 예정이다.

둘째, 빅데이터 기반으로 자전거 정책 제안을 하고자 한다. 수요자에 맞춤형 자전거 인프라를 구축해 생태교통 이용자를 확대하고 데이터를 활용을 통한 다양한 시민행동을 기획할 것이다.

셋째, 도시별 네트워크 확대이다. 현재는 14개의 지역이 참여하고 있는데, 선의의 경쟁 프로그램으로 자전거챌린지 빅 리그전 및 국제교류 프로그램을 개발할 계획이다.

넷째, 자전거출퇴근 챌린지의 중요한 기록수단인 에코바이크 앱의 기능 개선이다. 마일리지 적립과 사용기능을 추가하고 이용자의 편의를 반영한 커뮤니티 개편과 디자인 개선을 계획하고 있다.

3.3. 우리의 삶을 다시 생각하는 채식과 기후위기 대응[19]

기후변화에서 채식의 중요성을 강조하는 연구는 전 세계적으로 시작된 지 오래되지 않았다. 그동안 기후변화의 실질적인 요인으로 주목된 온실가스 배출에 대해 주로 수송, 에너지, 건축물 등이 주요 요인으로 생각되었고, 전통적으로 그 분야에서만 주로 연구가 되었기 때문이었다. 최근에서야 다양한 연구기관에서 과도한 육식이 낳은 문제와 기후변화가 연결되고는 있지만 아직까지도 그 연구가 기후변화 연구의 중심에서 논하고 있지 못한다.

하지만 최근 10여 년 동안 다양한 논의가 계속 진행 중이고, 기후변화대응에서 채식의 중요성을 논하는 자료와 연구가 계속 늘어나고 있다. 미국 시카

---

19 이 글의 일부 내용은 정무권 외(2019), "우리 지역은 SDGs 이행을 어떻게 했는가?"의 제2장 내용을 일부 수정해 정리했다.

고대(University of Chicag) 에셸(Eshel Martin) 박사는 1년 동안 채식을 한 사람이 이산화탄소 배출량을 1.5톤 줄일 수 있다고 말하며, 이는 친환경자동차로 바꾸는 것보다 온실가스를 더 줄이는 효과를 가져올 수 있다고 말한다.[20] 카네기 멜론 대학(Carnegie Mellon University)의 연구(2008)에 따르면 100% 비건 채식과 100% 로컬푸드만 소비하는 식단의 배출량을 비교하면, 비건채식이 로컬푸드 식단보다 온실가스 배출량을 7배 더 많이 감소시킨다고 밝혔다.

유엔환경계획(UNEP, United Nations Environment Program)에서도 기후변화로 인한 최악의 환경피해를 막기 위해 에너지와 음식 두 가지 주요 부문에서 큰 변화가 있어야 하며, 인구가 급속히 증가하는 현 상황에서는 육식을 멀리할 필요성이 있다고 말한다.[21] 네덜란드 환경평가국은 2009년 발표한 '식단의 변화가 주는 기후상의 이로움'이란 보고서에서 육식을 절반만 줄여도 섭씨 2도 상승 이하로 기후를 안정시키는 데 드는 비용의 절반을 줄일 수 있고, 완전채식을 할 경우 그 비용을 80%가량 줄일 수 있다고 하였다.[22]

지구온난화 연구 분야에서 최고 권위를 인정받는 영국의 니콜라스 스턴 경(Sir Nicholas Stern)은 기후변화를 막고 지구를 구하기 위해서는 채식주의자가 될 것을 고려할 필요가 있다고 강조하였다. 단기간에 기후변화를 막는 대처 방안으로 전문가들이 제시하는 해결책은 유기농 채소 농업이다. 유기농 채식 식단을 구성하는 것이 가장 빠르면서도 효과적으로 기후변화를 막을 수 있다는 것이다. 독일 푸드워치 연구소에 따르면 기존 식단에서 유기농으로 전

20 MBC 뉴스. 지구온난화 주범은 소 방귀, 2009.10.31.
21 UNEP, Assessing the Environmental Impacts of Consumption and Production, 2010.
22 브레이크뉴스, 기후와 건강의 적신호 육류소비 어떻게 줄일 것인가?, 2010.5.17.

환되면 온실가스 배출을 8% 감소시킬 수 있다. 모든 사람들이 비건으로 전환하면 87% 감소되며. 유기농 비건 식단은 94%나 온실가스를 감소시킬 것으로 추정한다. 이것이 유기농과 함께 채식이 기후변화의 해결책으로 언급되는 이유이다.[23]

2018년 국제기후환경센터는 작성한 녹색식생활에 관한 보고서이다. 이 보고서에 따르면, 시민들이 매일 섭취하는 식단을 생산, 수송, 조리단계로 구분해 조사한 결과, 일반적인 식단의 온실가스 배출량은 생산단계 0.919 Kg CO2 (76%), 수송단계 0.03 KgCO2(2%), 조리단계 0.262 KgCO2(22%)로서 총 1.211 KgCO2를 배출하는 것으로 나타났다. 보고서에서 다른 6가지 식단 중 온실가스 배출량이 가장 적은 식단은 비건채식(Vegan)이었다. 생산·수송·조리 단계의 비율이 각각 76%, 2%, 22%로 일반적인 식단보다 약 21% 감소한 0.959 KgCO2이 배출되었다. 한편, 온실가스 배출량이 가장 많은 식단은 육류섭취량이 많은 식단으로 나타났으며, 생산·수송·조리 단계의 비율이 각각 86%, 1%, 13%로 기본식단보다 약 364% 증가한 4.408kgCO2로 나타났다[24].

따라서 육류 중심의 식단을 채식 위주의 식단으로 변경하는 경우, 전 지구적 차원의 온실가스 감축에 중요한 계기가 마련될 수 있다. 사실 이러한 이유로 유럽 국가 중에서는 이미 학생들을 중심으로 주1일 채식 권장이나 채식 식단을 학교 식단에서 제공하는 등의 법안의 발의되는 등의 활동이 진행 중이다.

---

23 헤럴드 경제, 기후변화 막고 지구를 구하고 싶은가? 그럼 채식주의자가 돼라, 2017.5.27.
24 국제기후환경센터, 광주광역시 녹색식생활 기본계획 보고서, 2018.

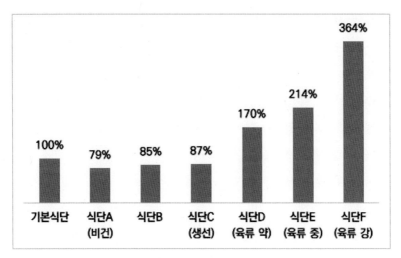

[그림 5] 각 식단의 온실가스 배출량 비교(%)
출처: 국제기후환경센터. 광주광역시 녹색식생활 기본계획 보고서. 2018.

주1일 채식 운동의 시작

전국적으로 기후위기와 채식을 연계해 고민하면서 우리 일상의 변화를 요구한 운동이 크게 일어난 지역은 광주였다. 2011년 하나의 작은 움직임이 시작되었다. 도시환경협약 광주정상회의가 광주에서 열렸다. '초록 도시, 더 나은 도시'를 주제로 열린 이 정상회의는 해외에서 78개 도시와 12개 국제기구, 국내 37개 도시 등이 참여하였다. 이 회의와 함께 기후변화, 에너지, 식량에 관한 NGO중심의 포럼이 광주에서 열렸다. 이때 처음으로 주요 논의의 주제로써 에너지 외에도 식량이 주요 의제로 다루어졌고, 그 결과 "기후변화, 에너지 그리고 식량을 위한 광주 선언"이 채택되었다.

처음부터 '주 1일 채식운동'이 바로 시작한 것은 아니다. 지역 내 NGO, 행정 및 유관기관이 함께 논의하면서 '녹색건강'을 주제로 다양한 논의가 시작되었고, 몇 차례 토론회를 거치면서 운동의 방향이 설정되었다. 이를 위해 크게 녹색식생활의 정책화, 시민 인지도 향상, 교육 및 캠페인의 시행이라는 3가지 분야로 논의가 진행되었다.

학교와 학부모 실천을 중심으로 출발하여, 기업체와 일반시민으로 확대했다. 이를 위한 실천 권장과 함께 교육도 병행한다. 식생활에 따른 온실가스 배출량을 계량화하는 작업은 기존의 연구결과를 참고하여 전문기관에 의뢰해서 한국형 데이터를 만들기로 했다. 이를 웹사이트에 올려 시민·학생들이 직접 활용할 수 있게 했다. 이 자료를 토대로 광주광역시 온실가스 감축 정책과 전략에 식생활 영역을 포함시키도록 했다.

또한 기후변화와 먹거리, 그리고 건강의 연관성에 대한 시민 인지도를 높이고, 좋은 먹거리 정보를 시민들에게 제공하기 위해 채식요리 축제를 개최한다. 먹거리 분야에서 온실가스 감축에 중요한 의미를 갖는, 제철 음식, 지역먹거리, 유기농산물 생산과 소비를 장려할 수 있는 지역먹거리 축제도 병행해서 추진한다. 한편, 식습관은 하루아침에 바뀌기 어렵기 때문에 꾸준한 교육과 캠페인을 진행한다. 전문가 및 전문기관과 함께 건강한 식생활에 대한 정보와 노하우를 익힐 수 있는 프로젝트를 운영했다.

비만탈출 가족건강 프로젝트

비만탈출 가족건강
프로젝트(채식요리배우기)

녹색건강 교육-송편만들기(정읍 내장사)　　　녹색건강 교육(해남 미황사)

[사진 9] 초록밥상 교육 및 클럽 운영사례
출처: 광주광역시 지속가능발전협의회. http://www.greengj21.or.kr

이를 위해 크게 몇 가지 분야에서 사업이 계획되었다. 첫째, 행정 기관, 학교, 기업을 비롯한 공공급식소에서의 '주 1일 채식 실천' 및 음식 선택권을 보장하기로 하였고, 광주광역시 차원에서 건강과 환경을 위해, 공공급식소에서의 '주 1일 채식' 실천 장려하기로 하였다. 둘째, 로컬푸드 및 채소 과일 중심의 식생활개선을 통한 시민건강증진 프로젝트를 진행하기로 하였다. 이를 위해 로컬푸드 마켓 구축과 중앙 관리센터를 설치를 요구하였다. 셋째, '채식하기 좋은 도시 광주(Veggie Friendly City Gwangju)를 추진을 제안하였다. 채식 메뉴를 제공하는 식당 지정 및 인센티브를 제공하고, 채식메뉴가 있는 업소를 선정하며, 메뉴판 및 업소 외부에 '채식메뉴가 있는 식당' 업소 표시를 논의하였다. 넷째, 시 홈페이지 및 운영 중인 어플 등을 활용하여 채식메뉴 제공 식당 정보 및 메뉴 제공하고, 지도의 형태로 채식메뉴 제공 식당 정보도 제공하기로 하였다.

몇 년간의 논의 끝에 2016년 "광주시 온실가스 감축을 위한 녹색식생활 실천 및 지원 조례"가 NGO와 광주광역시의회의 노력 끝에 제정되면서, 이 활동은 탄력을 받기 시작하였다. 이 조례는 한국지방자치학회가 주관하는 '제13회 우수조례' 선정되기도 하였다. 그리고 녹색식생활 기본계획을 2018년 수립하는 등 세부적인 활동이 계속 추진되었다.

초록밥상 로고송과 율동경연대회

시민들에게 더욱 친숙하게 다가가기 위해 음악이라는 친근한 매체를 활용하여 건강한 식생활과 채식의 중요성을 알릴 수 있는 캠페인용 로고송을 동요 형식으로 2013년 제작하였다. '초록밥상 로고송'은 따라 부르기 쉬운 가사와 중독성이 강한 멜로디로 제작되어 광주지역 200여 곳 초등학교와 각 기초자치단체 등 행정기관에 배포하고 홍보하였다. 이를 바탕으로 '초록밥상 로고송 UCC공모전', '초록밥상 율동경연대' 등이 시작되었다.

2014년에 처음으로 초록밥상 로고송을 이용한 UCC공모전을 개최하였다. 단체 20개 팀, 개인 10개 팀이 응모하였으며 최종 3개 팀의 영상을 선정하여 이 역시 광주지역 200여 곳의 초등학교와 기관에 배포 및 상영하게 하여 건강밥상의 중요성을 각인시키는 계기를 활용하였다. 2015년부터는 초록밥상 율동경연대회를 초등학생들을 대상으로 시행하였다. 지금까지 총 4회의 활동이 계속되었고, 여기에 참여한 수많은 학교와 학생들을 통해 '주1일 채식운동'의 중요성과 녹색식생활이 건강과 지구를 지킨다는 소중한 활동이 되었고, 지금은 전국대회로 매년 치루고 있다.

[사진 10] 초록밥상 로고송 전국 율동 경연대회(출처: 광주광역시 지속가능발전협의회)

기후변화와 채식의 의미

'주 1일 채식운동'을 광주가 처음부터 생각한 것은 아니었다. 처음에는 시민들의 건강을 생각하자는 작은 취지에서 녹색식생활 운동을 하였다. 과거 3차 의제(2007~2011)에서 처음으로 유기농 식품 등을 통한 친환경 먹거리에 대한 접근을 시작하였고, 4차 의제(2012~2016)에서 좀 더 적극적인 자세로 저탄소 녹색식생활을 통한 기후변화대응이라는 새로운 접근 방법으로 대시민운동을 전개하게 되었다. 나와 내 가족의 건강을 생각하던 운동에서 지구의 건강을 생각하는 시민운동으로 승화한 것이다.

주1일 채식활성화를 위한
정책세미나(2012년)

채식급식 활성화를 위한 정책워크숍(2013년)

채식하기 좋은 도시 광주를 위한
정책세미나(2014년)

녹색식생활 정책세미나(2018년)

[사진 11] 녹색식생활에 관한 정책세미나
출처: 광주광역시 지속가능발전협의회. http://www.greengj21.or.kr

또한 어찌 보면 단순한 실천활동에서 기후변화대응, 식품, 지역경제 등의
요소와 결합하면서 실질적인 녹색소비실천문화의 도입하게 되었다. 이를 통
해 환경적으로 건전하고 지속가능한 발전의 의제작성과 실천운동에 대한 지
역내외의 모델을 제시하게 되었다. 한편, 일반시민들도 가정에서부터 친숙하
게 식문화 활동에 접근하는 중요한 계기를 만들어, "전 지구적으로 생각하고
지역적으로 활동하라"는 시민실천운동을 가장 익숙한 삶의 현장에서부터 풀

어가는 방안을 제시한 것이다.

맞벌이 부부가 일반적인 우리의 현 상황에서 식단의 개혁은 쉽지 않은 문제이다. 게다가 아동·청소년의 상당수가 점심식사를 학교에서 하는 현실을 감안해야 한다. 교육당국과의 협조를 통해 주 1일 채식운동에 참여하는 학교를 확대하고, 학교 급식의 질을 유기농 채소와 선택적 채식이 가능하도록 유도하였다. 이를 위해서는 정책적 접근이 필요하고 공공이 제공하는 식사부터 채식의 선택이 가능한 식단이 필요하였다.

[그림 6] 광주기후위기비상행동의 11월 핵심의제 '기후미식도시'
(출처: 광주기후위기비상행동)

실제 사례에서 볼 수 있듯이, 무조건적인 채식 강요는 이미 육류 식단에 길들여진 아동·청소년들이 받아들이기 어려운 문제이다. 하지만 채식의 중요성을 건강과 기후변화적 측면에서 교육과 학습을 통해 공유하면서 학생들이 쉽게 이를 받아들이기 시작하였다. 결국 교육과 연계하는 정책적 접근을 통해 '주 1일 채식운동' 역시 원활하게 추진할 수 있었고, 실질적인 성과를 낼 수 있었다.

최근 녹색식생활 세미나에서 한 발제자가 한 말이 생각난다. "제가 처음부터 녹색식생활 운동을 시작한 것이 아닙니다. 의사로 일하다 보니, 건강검진을 해보면, 20대 젊은이들이 거의 대부분 성인병에 시달리고, 그 원인을 찾다 보니, 과도한 육식이 문제라는 사실을 알게 되었습니다." 일설에 의하면, 이미 우리의 밥상에서 육류는 서구 식단의 80%에 근접한다고 한다. 가족의 건강한 밥상을 생각하면 당연히 육류보다는 채식 위주의 식단을 고민할 수밖에 없다.

가족의 건강한 밥상은 어머니들의 중요한 고민이다. 필요한 먹거리 정보를 제공하고, 보다 쉽게 채식을 일상에 포함할 수 있는 교육과 홍보는 무엇보다 중요한 문제이다. 이를 위한 다각적인 홍보자료의 제작과 다양한 콘테스트, 기획 프로그램은 광주에서 아이들을 키우는 학부모들에게 중요한 생활의 전환을 알려주고 도울 수 있는 방안이 되었다. 가정의 밥상에서 기후변화에 대한 고민의 출발점이 시작한다는 점은 이전에 없었던 새로운 시민실천운동일 것이다.

4. 시민이 주도하는 기후위기 대응의 새로운 방향

시민운동은 새롭게 일어나고 있다. 예전에는 상상하지 못했던 새로운 영역이다. 우리는 이전에 전혀 예상하지 못했던 인류 공멸이란 기후위기에 직면해 있고, 이 문제를 해결하기 위한 해법으로 새로운 시민 주체가 일어나고 있다. 시민참여 기후운동을 기획하고 실천할 때마다 느끼는 점이 있다. 마치 '티끌 모아 태산'이 이런 것이 아닐까 싶다. 미미한 영향력을 가진 대다수의 시민이 함께 힘을 모아 변화를 만들어가기 때문이다.

에너지라는 과학기술이 집약된 어려운 영역에 시민이 참여하고, 마을운동도 에너지전환과 만나 새로운 변화를 시작하고 있다. 심지어 에너지전환의 어려움을 인지하는 전문가, 정치인, 공무원 등도 시민참여를 무엇보다 중요하게 보고 있다.

교통에서는 이동수단의 변화로 새로운 방안을 찾고 있다. 여기에는 단순히 환경문제뿐만 아니라 장애인, 어린이, 노인, 임산부 등 교통약자의 이동권 보장, 많은 보행자를 통한 거리 활성화와 같은 도시 활력의 증진 등과 같은 다양한 이로운 점이 함께 모색되고 있다.

채식은 새로운 트렌드를 만들고 있다. 지구환경과 나의 건강을 지키는 중요한 수단이 되어, 온실가스 감축의 새로운 대안으로 등장하고 있다. 게다가 최근에는 동물권 운동과 같은 인권운동과 함께 식량안보와 같은 재난으로의 대응까지 모색되고 있다.

탄소중립은 우리가 직면한 시대적 사명이다. 우리가 제대로 대응하고 이를 극복했을 때, 미래 세대는 우리를 역사적인 위기를 극복한 세대로 기록하고 기억할 것이다. 새로운 전환은 이제 시민들이 시작한다.

가끔 이런 말을 듣는다. 온실가스 배출의 상당수는 기업이 하고 있다. 개인이 하는 실천행위가 도대체 어떤 의미가 있고 실효성이 있는가? 국가로 따지면 중국, 미국과 같은 강대국들이 한다. 우리나라와 같은 작은 국토와 인구를 가진 나라가 온실가스를 줄이는 것보다, 그들이 하는 것이 더 낫지 않은가?

이런 질문에 대해 우리는 확신할 답을 말해야 한다. 개인의 실천이 없고, 생각의 전환이 없으면 지금의 위기를 우리는 극복할 수 없다. 시민의 정책 수용성이다. 아무리 좋은 혁신적인 정책이 있다고 해도, 시민들이 이 정책을 부정하고 지지하지 않으면 수행할 수 없다. 기후위기에 동의하지만 실행을 위한 정책에 시민들이 나 몰라라 한다면 그 정책은 전혀 실효성이 없게 될 것이다. 막대한 예산만 투입되고 끝날 것이다. 그동안 엄청난 예산을 투입하고 수많은 전문가들이 계획을 세웠지만, 결국 무엇을 바꾸었는가? 시민이 동의하고 참여하는 정책만이 현재 우리의 위기를 극복할 최선의 수단이다.

[사진 12] 광주기후위기비상행동의 금요행동(2023.1.6.)(출처: 광주기후위기비상행동)

또한 시민들이 결국 온실가스 배출의 잠재적 원인자라는 인식을 해야 한다. 왜 중국이 세계의 공장이 되었는가? 왜 기업들이 온실가스 배출을 해야 하는가? 대량 생산과 대량 소비를 감당하고, 풍요로운 지금의 사회를 유지하기 위함이다. 결국 소비자인 우리가 요구하기 때문에 나타난 현상이다. 우리가 지금의 지속불가능한 생산소비 행태를 바꾸지 않으면 절대로 이 문제는 해결될 수 없다.

갈 길은 멀다. 우리가 기후위기를 극복하는 것은 대단히 어렵다. 실제로 우리의 지금 행태를 바꾸지 않으면서, 기후위기 극복을 위한 방안을 논하고, 탄소중립 선언을 하는 것은 그저 말장난에 그칠 것이다. 정치인들은 정권을 잡으려는 욕심에 그럴 수 있다. 현명한 시민은 그들의 움직임을 활용해야 한다. 우리 미래세대에게 지구환경과 기회를 전달하려면 기후위기를 위기로 인식하고 새로운 시민운동으로 대응해야 한다.

이 글은 기후위기가 촉발한 새로운 시민운동을 에너지전환, 생태교통, 채식으로 구분해 살펴보았다. 여기에서 언급하지 못한 더 많은 활동과 변화가 있다. 모두가 각자의 생각과 방법으로 기후위기를 극복하기 위한 새로운 대안을 제시한다. 그들의 힘이 있기에 우리는 다음을 생각할 수 있다.

오늘도 여전히 매 시각 시민들이 모여 각 지역에서 기후행동을 하고 있다. 불과 몇 년 전만 해도 상상할 수 없는 변화다. 시민의 힘이 결집돼 목소리를 내면서 결국 국가는 탄소중립 2050선언을 했고, 여러 가지 정책을 펴고 있다. 매일 뉴스에서 기후위기의 상황을 알려준다. 지방자치단체들도 각자 탄소중립 목표를 발표하고 했다. 기업도 여기에 동참하고 있다. 적극적으로 참여해 변화하지 않으면 이제 기업활동 자체가 어렵다.

누가 이 변화를 주도했는가? 위기를 심각하다고 인식한 시민이 이 현상을 만들었다. 우리가 현재의 위기를 극복할 수 있을까? 만약 극복한다면 우리의 다음 세대는 우리를 인류 공멸의 위기에서 벗어난 역사적인 세대로 우리를 기록할 것이다.

광주광역시, 『광주광역시 녹색식생활 기본계획 보고서』, 2018.

정무권 외, 『우리 지역은 SDGs 이행을 어떻게 했는가: 새로운 협력적 거버넌스를 찾아서, 박영사』, 2019.

환경부, 『기후변화에 따른 전국민 의식조사 결과보고서』, 2007.

한국환경연구원, 『2050 탄소중립 일반 국민·전문가 인식조사』, 2021.

The Guardian, *Why the Guardian is changing the language it uses about the environment*, 2019.5.17.

UN SDSN, *Sustainable Develop,ment Report* 2022.

UN DRR, *Human cost of disasters*, 2020.

신문기사

동아닷컴, 「사상 최악의 더위 - 가뭄이 기후난민 만들었어요」, 2019.10.2.

사이언스타임즈, 「기후변화를 최초로 예언한 과학자」, 2019.2.27.

시사인, 「정부가 놓치고 있는 한전 적자의 진짜 이유」, 2022.11.29.

연합뉴스, 「유럽 난민사태 '뿌리'는 기후변화」, 2015.9.21.

연합뉴스, 「40도 폭염 대처에 허둥댄 런던…"온난화 준비 부족 노출"」, 2022.7.21.

인사이트, 「영국이 EU를 탈퇴한 결정적인 이유 4가지」, 2016.6.24.

중앙선데이, 「선제적인 기후변화대응이 곧 국가안보다」, 2017.02.12.

프레시안, 「UN조차 집계 포기한 21세기 참극 시리아 전쟁 7년」, 2018.3.13.

한겨레, 「가뭄 끝에 단비 아닌 폭우…유럽 이번엔 '물 난리'」, 2022. 8.19.

the bell, 「레고랜드·롯데건설·산은까지…이 모든건 한전 때문」, 2022.11.28.

웹사이트

광주에너지전환네트워크, http://www.gjepark.or.kr/

국제기후환경센터, https://icecgj.or.kr/

블랙록 홈페이지, https://www.blackrock.com/kr

수원지속가능발전협의회, http://www.suwonagenda21.or.kr/

에코바이크 홈페이지, http://ecobike.org.

지역에너지전환전국네트워크, https://localenergy.or.kr/

한국사회와 난민

- 지역공동체의 연대 활동 -

선봉규

(전남대 글로벌디아스포라연구소)

1. 문제제기

한국은 아시아지역 국가 중 유일하게 「난민법」을 제정한 나라이다. 2012년 2월 10일 제정하여 2013년 7월 1일부터 시행하고 있다. 법무부 출입국・외국인정책본부의 통계자료에 따르면, 2022년 10월 현재 난민 심사 완료자 45,427 명 중 난민으로 인정된 사람은 1,294명으로 2.8%의 인정률을 보이고 있다.[1] 경제협력개발기구(OECD)의 37개 회원국의 최근 18년간(2000~2017년) 평균 인정률은 24.8%인 것에 비해 매우 낮은 수준에 머물러있다. 난민인정율이 높은 국가는 독일, 미국, 프랑스, 영국, 캐나다, 말레이시아, 우간다, 터키, 수단 등의 순이다.[2]

2018년 제주 예멘 난민, 2021년 아프가니스탄 특별기여자, 2022년 우크라이나전쟁 피란민 고려인 등에 대한 한국사회의 반응은 사뭇 다르다. 내전을 피해 제주에 도착한 예멘인은 '가짜 난민', '범죄 우려', '테러', '이슬람' 등 혐오성 발언들이 등장하면서 부정적 여론이 높았다. 탈레반정권을 피해 국내에 도착한 아프가니스탄의 특별기여자(의사, 간호사 등)들은 정부의 적극적인 지

---

1 법무부 출입국・외국인정책본부, 『출입국・외국인정책 통계월보 2020년 10월호』, 2022, 42쪽.
2 SBS 마부작침, "최초공개 대한민국 난민보고서: 난민 문제, 이것부터 보고 보자", https://mabu.newscloud.sbs.co.kr/201807refugee/, 검색일: 2022.11.05.

원과 환대를 받으며 몇몇 지역에 정착하여 살아가고 있다.[3] 2022년 2월 24일 러시아의 우크라이나 침공으로 시작된 우크라이나전쟁으로 인해 고려인들이 국내의 고려인 공동체와 민간단체의 지원을 받아 광주, 안산, 인천, 아산, 청주, 경주 등 고려인들이 집중 거주하고 있는 지역에 정착하였다. 두 번째와 세 번째 사안은 한국사회의 난민 수용 문제와 관련하여 매우 특별한 사례라 할 수 있다.

고려인은 한국의 재외동포 중 가장 디아스포라적인 삶을 살고 있는 존재이다. 19세기 후반 모국의 정치·경제·사회적 혼란으로 러시아 극동지역으로, 1937년 스탈린의 강제이주정책으로 중앙아시아지역으로, 1991년 소련 해체 이후 러시아 연해주지역으로, 2007년 모국(한국)의 방문취업제 실시로 모국으로 귀환하는 삶을 살고 있다. 2022년 10월 현재 국내에 정착한 고려인은 총 99,710명이며, 우즈베키스탄 40,129명, 러시아 32,851명, 카자흐스탄 18,993명, 키르기스스탄 3,645명, 우크라이나 3,375명, 타지키스탄 414명, 투르크메니스탄 303명 등의 순이다.[4] 이들은 주로 안산, 인천, 천안/아산, 광주, 청주, 경주, 김해 등을 중심으로 집거지를 형성하여 살아가고 있다. 전쟁이라는 재난과 공포 속에서 우크라이나전쟁 피난 고려인들이 안정적으로 국내 사회에 입국, 정착하게 된 배경에는 무엇보다 고려인 공동체의 적극적인 지원과 후원 활동이 있었기에 가능했다.

이러한 맥락에서 이 글에서는 아프가니스탄 특별기여자와 우크라이나전쟁 피란민 고려인을 대상으로 지역공동체에서 전개하고 있는 지원 및 후원 활동

---

3 한겨레, 2022.10.31, "한국 난민은 전체 인구 0.007%…'가짜 난민'은 없다",
  https://www.hani.co.kr/arti/society/society_general/1064979.html, 검색일: 2022.11.05.
4 법무부 출입국·외국인정책본부, 2022, 44쪽.

을 살펴보고, 그 활동의 가치를 찾아보고자 한다. 이러한 작업은 난민 수용에 대해 부정적이면서 편견을 가지고 있는 한국사회의 난민 인식 수준을 조금이나마 개선하는데 기여할 것이다. 글의 구성은 2장에서 현재 한국사회의 난민 정책과 그 실태를 파악한 뒤, 3장에서 아프가니스탄 특별기여자의 입국과 정착지원 활동, 4장에서 우크라이나전쟁 피란민 고려인에 대한 지역공동체의 지원 및 후원 활동, 5장에서 포용과 공존의 공동체를 위한 제언을 하고자 한다.

2. 한국의 난민 정책과 실태

2.1 국제인권규범과 난민

국제사회에서 난민 문제는 1920년대로 거슬러 올라간다. 1919년 러시아혁명 이후 발생한 난민과 독일의 히틀러치하에서 발생한 난민, 그리고 제2차 세계대전 이후 발생한 난민 등의 문제를 해결하기 국제연맹이 고등판무관을 임명하면서부터 국제적으로 문제를 다루기 시작했다. 1945년 10월 24일 창립된 국제연합(UN)은 1947년에 국제난민기구를 설치하여 난민문제를 해결하려고 했으며, 1949년 12월 유엔총회에서 유엔 난민 고등판무관 사무소(UNHCR)가 설립되었다. UNHCR의 임무는 비정치적, 인도적인 차원에서 난민들에게 국제적 보호를 제공하고, 이들을 위한 영구적 해결책을 모색하는 것이며, 2003년에 난민 문제가 완전히 해결될 때까지 업무를 수행하도록 승인받았다.[5]

오늘날 난민과 관련한 가장 중요한 국제적인 인권규범은 '1951년 난민의

---

5 UNHCR 홈페이지, https://www.unhcr.or.kr/unhcr/html/001/001005003001.html, 검색일: 2022.12.30.

지위에 관한 협약(난민협약, The 1951 Convention relating to the Status of Refugees)'과 '1967년 난민의 지위에 관한 의정서(난민의정서, The 1967 Protocol relating to the Status of Refugees)'이다.[6] 난민협약은 국제법상 최초로 난민에 대한 일반적인 정의를 내렸다는데 의의가 있다. 난민협약 제1조에서 정의한 난민의 개념은 아래와 같다.[7]

> 제1조 "난민"용어 정의
> 1951년 1월 1일 이전에 발생한 사건의 결과로서, 또한 인종, 종교, 국적, 특정사회집단의 구성원 신분 또는 정치적 의견을 이유로 박해를 받을 우려가 있다는 충분한 근거가 있는 공포로 인하여, 자신의 국적국 밖에 있는 자로서, 국적국의 보호를 받을 수 없거나, 또는 그러한 공포로 인하여 국적국의 보호를 받는 것을 원하지 아니하는 자. 또는 그러한 사건의 결과로 인하여 종전의 상주국 밖에 있는 무국적자로서, 상주국에 돌아갈 수 없거나, 또는 그러한 공포로 인하여 상주국으로 돌아가는 것을 원하지 아니하는 자.

난민협약에서 규정하고 있는 난민은 1951년 1월 1일 이전이라는 시간적 제약이 있으며, 인종, 종교, 국적, 특정사회집단, 정치적 의견 등 5가지 이외는 난민으로 인정되지 않는다는 제약이 따른다.[8] 이러한 정의는 최근의 국제사회에서 발생하고 있는 전쟁난민, 환경난민, 경제난민 등에 대해서 취약한 구조를 갖고 있어 이를 보완하기 위해 난민의정서를 제정하게 되었다. 이와 같이

---

6 이외에도 세계인권선언(제14조 제1항), 고문방지협약(제3조), 아동권리협약(제22조) 등에서도 난민관련 내용을 명시하고 있다.
7 유엔난민기구(UNHCR) 홈페이지 "1951년 난민협약의 전문",
  https://www.unhcr.or.kr/unhcr/html/001/001001003003.html, 검색일: 2022.11.05
8 최유 · 권채리, 『「난민법」에 대한 사후적 입법평가』, 2017, 68쪽.

1967년 제정된 난민의정서의 목적은 난민협약이 안고 있는 제약을 극복하고 현재 일어나고 있는 난민 양상에 적용하는 것에 있다.

한편, 난민 문제를 해결하기 위해 지역적 차원에서 협약을 만들어 시행하고 있다. '아프리카 난민 문제의 특수한 측면들에 관한 협약(OAU 협약)'은 1969년에 아프리카에서 여러 차례의 전쟁과 내전으로 인하여 발행한 대규모의 난민 사태를 해결하기 위해 채택되었다. OAU 협약의 특징은 1951년 난민협약에서 정의된 난민의 개념을 확대했다는 점이다. 즉, 이 협약에서 난민은 "개인의 출신국 또는 국적국의 일부 또는 전부에 대한 외부적 침략, 점령, 외국의 지배나 공공질서를 심각하게 해치는 사건으로 인해 자신의 나라를 떠나야 했던 모든 사람"이라고 선언했다.[9] 또한 '난민에 대한 카타헤나 선언'은 1980년대 중앙아메리카에서 발생한 내전으로 인한 난민 문제를 해결하기 위해 1984년에 채택되었다. 이 선언에서 난민은 "보편화된 폭력, 외부침략, 국내소요, 대량의 인권침해 또는 공공질서를 심각하게 해치는 기타 상황으로 인하여 자신의 생명, 안전, 자유가 위협받음으로 인하여 자국을 탈출한 사람"이라고 정의했다.[10]

이와 같이, 국제사회에서 난민 문제는 국가 간의 이해관계나 경제, 안보 등에 심각한 영향을 미치고 있어 특정 국가만의 해결 사안이 아니라 지역적 협력에 기반에 대응 체계를 마련하는 것이 중요해졌다.[11]

---

9 UNHCR 홈페이지, https://www.unhcr.or.kr/unhcr/html/001/001001003005.html, 검색일: 2022.12.30.
10 인권운동사랑방 홈페이지, https://www.sarangbang.or.kr/oreum/69845, 검색일: 2022.12.30.
11 한준성, 「난민 위기와 지역 협력: 아프리카의 1969년 OAU 협약」, 『세계지역연구논총』 제37집 2호, 세계지역학회, 2019, 84쪽.

2.2 한국 난민 정책의 제도화 과정

한국은 1992년에 국제사회에서 널리 적용되고 있는 난민에 대한 다자조약인 난민협약과 난민의정서에 가입했다. 1993년 「출입국관리법」 및 1994년 「출입국관리법 시행령」에 난민 인정 조항을 신설하여 국내법상 최초로 난민 인정 제도를 도입했다. 이후 1994년 7월부터 난민 심사 제도를 운영하고 있다. 그러나 「출입국관리법」에 의한 난민 인정절차와 처우를 규정하는데 충분하지 못하다는 이유로 난민법 제정을 추진하였다.[12]

2009년 5월 25일 황우여의원의 대표발의(의원 24인)로 국회에 난민법 제정 법률안이 접수되었다. 제안 이유를 살펴보면, 우리나라가 1992년 12월 난민의 지위에 관한 협약 및 동 협약 의정서에 가입한 이래 「출입국관리법」에서 난민에 관한 인정절차를 규율하고 있으나, 약 15년간 그 신청자가 2,000여 명에 불과하고 난민인정을 받은 자도 100명이 채 안 되는 등 다른 선진국에 비해 난민을 충분히 받아들이고 있지 아니하여 국제사회에서 그 책임을 다하고 있지 못함; 또한 아직 1차 결정조차 내려지지 않은 난민신청자가 1,000여 명에 이르고 있고 그 절차의 신속성, 투명성, 공정성에 대하여 국내외적으로 지속적인 문제제기가 있어 왔으며 뿐만 아니라 난민신청자가 최소한의 생계를 유지할 수 있는 수단이 봉쇄되어 있고, 난민인정을 받은 자의 경우에도 난민의 지위에 관한 협약이 보장하는 권리조차도 누리지 못하는 등 난민 등의 처우에 있어서도 많은 문제점이 노정되고 있다. 따라서 「난민 등의 지위 및 처우에 관한 법률」을 제정하여 난민의 지위에 관한 협약 등 국제법과 국내법의 조화를 꾀하고, 난민인정절차 및 난민 등의 처우를 구체적으로 규정함으로써 인

---

12 최유 · 권채리, 앞의 책, 70쪽.

권선진국으로 나아가는 초석을 다지려는 것에 있다.

제안 당시 법률의 제명은 「난민 등의 지위 및 처우에 관한 법률」이었으나 법제사법위원회 심의과정에서 「난민법」으로 수정되었다. 같은 해 제284회 국회 정기회 제10차 전체회의에서 논의되고, 2010년 4월 제289회 임시회 제1차 법안심사 제1소위 및 2011년 6월 제301회 임시회 제1차 법안심사제1소위에서 재논의되어 2011년 12월 제304회 임시회와 법안심사 제1소위에서 법률안이 의결되기에 이르렀다.[13] 결국 2012년 2월 10일 제정되었으며, 2013년 7월 1일부터 시행되었다. 이후 2014년 6월 19일 타법 개정, 2016년 12월 20일 일부개정되면서 오늘에 이르고 있다.

난민법은 총 6장 47개조로 구성되어 있다. 제1장은 총칙으로 목적, 정의, 강제송환의 금지 등에 관한 내용을 규정하고 있으며, 제2장은 난민인정 신청과 심사 등에 관한 사항, 제3장은 난민위원회 설치 및 운영에 관한 사항, 제4장은 난민인정자 등의 처우에 관한 사항, 제5장 보칙 및 제6장 벌칙 등이다.

난민법 제1장 제2조(정의)에 따르면, 난민은 다음과 같이 규정하고 있다.

제2조 (정의)

"난민"이란 인종, 종교, 국적, 특정 사회집단의 구성원인 신분 또는 정치적 견해를 이유로 박해를 받을 수 있다고 인정할 충분한 근거가 있는 공포로 인하여 국적국의 보호를 받을 수 없거나 보호받기를 원하지 아니하는 외국인 또는 그러한 공포로 인하여 대한민국에 입국하기 전에 거주한 국가(이하 "상주국"이라 한다)로 돌아갈 수 없거나 돌아가기를 원하지 아니하는 무국적자인 외국인을 말한다.

---

13 최유·권채리, 앞의 책, 72쪽.

난민법 제정과 함께 담당 조직 및 지원센터를 설치, 운영하게 되었다. 담당 조직은 법무부의 국적 · 난민과에서 난민과를 분리하여 업무를 담당했다.[14] 난민지원시설인 출입국 · 외국인지원센터는 2013년 11월 1일 인천광역시 영종도에 신축하여 지원업무를 수행하고 있다. 구체적으로 출입국 · 외국인지원센터는 난민법 제45조에 따라 난민신청자 등에 대하여 숙식 제공과 의료 지원 등 기초생계를 지원하고 있으며, 난민신청자 등을 대상으로 한국어, 한국사회 이해, 법질서 교육 등 한국사회 적응을 위한 각종 프로그램 운영을 담당하고 있다.

이와 같이 난민법은 난민협약에 가입한 아시아 국가 중 한국이 유일하게 난민 인정과 처우에 관한 사항을 별도로 제정해 시행하고 있다는데 의의가 있다. 특히 한국은 2013년에 UNHCR 집행이사회 의장국으로 선출되어 국제적으로 난민정책을 컨트롤 할 수 있는 지위에 오르기도 했다.

2.3 난민인정 절차와 실태

1) 난민인정 절차

난민법 제정 이후 출입국항에서 난민인정 신청이 가능하게 되었고, 난민인정 신청에 대한 심사를 받을 때에는 변호사의 도움을 받을 수 있고, 신뢰관계에 있는 사람과 함께 있을 수 있으며 일정한 자격을 갖춘 통역사의 통역지원을 받을 수 있다. 난민인정절차는 출입국항 난민인정 신청과 체류 중 난민인정 신청 등 두 가지 방법이 있다. 각각의 난민인정 신청 및 처리 절차는 다음과 같다.

---

14 2022년 12월 현재 법무부의 난민 관련 조직은 출입국외국인정책본부 산하에 난민정책과와 난민심의과가 있다.

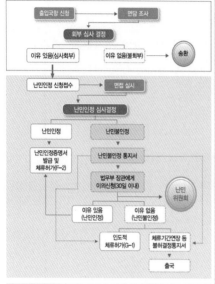

[그림 1] 출입국항 난민인정 신청 및
처리 절차[15]

[그림 2] 체류중 난민인정 신청 및
처리 절차[16]

난민법 제정 이후 난민 신청 건수를 꾸준히 증가하고 있으며, 예멘 난민이
입국한 2018년에는 난민 신청 건수가 1만 명을 넘어서기도 했다. 그러나 난민
심사 업무를 담당하는 공무원의 절대적인 부족, 전문통역인의 부족, 난민 심
사 기준의 모호성, 난민심사 지연 등 여러 난관에 봉착해 있는 실정이다. 한
가지 희망적인 것은 지난 2022년 10월에 대법원에서 난민 심사의 기준이 되
는 법무부의 난민인정 심사·처우·체류지침 전반을 공개하도록 판결을 내렸다.[17]

---

15 법무부 출입국·외국인정책본부, 「난미인정자, 인도적 체류자, 난민신청자를 위한 난민인
   정절차 가이드북」, 2015, 14쪽.
16 법무부 출입국·외국인정책본부, 2015, 18쪽.
17 조선일보, 2022.10.17., "대법 '법무부, 난민 심사 기준 공개하라'",
   https://www.chosun.com/national/court_law/2022/10/17/AE25PI4Y35HQBPFD7CV5XL

2) 난민 신청 및 인정 실태[18]

한국은 1994년 7월부터 난민 지위 인정 신청을 받기 시작하여 현재에 이르고 있다. 구체적인 현황을 살펴보면 아래와 같다.

(1) 난민 신청 처리 현황

1994년부터 2022년 8월까지 난민 신청 처리 현황을 보면, 신청은 총 80,046 건이며, 심사결정은 49,087건이다. 이의 신청은 총 36,567건이며, 심사결정은 30,670건으로 나타났다.

〈표 1〉 난민 신청 처리 현황(1994~2022.8)

(단위: 건)

구분 연도	1차 신청					이의 신청			
	신청	심사종결				신청	심사종결		
		소계	심사 결정	직권 종료	자진 철회		소계	심사 결정	자진 철회
총계	80,046	70,796	49,087	14,674	7,035	36,567	32,012	30,670	1,342
'1994년~ '2014년	9,539	7,416	5,887	906	623	4,310	3,356	3,232	124
2015년	5,711	4,522	4,244	175	103	3,257	2,067	1,994	73
2016년	7,541	7,061	6,326	572	163	5,277	4,356	4,276	80
2017년	9,942	6,416	5,219	1,017	180	3,723	4,463	4,415	48
2018년	16,173	6,601	4,296	1,735	570	3,111	2,691	2,584	107
2019년	15,452	10,013	5,875	2,620	1,518	4,067	3,558	3,432	126
2020년	6,684	14,032	8,103	4,013	1,916	5,955	4,093	3,792	301
2021년	2,341	9,676	5,982	2,168	1,526	4,718	5,307	4,995	312
2022년 1월~8월	6,663	5,059	3,155	1,468	436	2,149	2,121	1,950	171

ZHGU/, 검색일: 2023.02.07.
18 법무부 출입국·외국인정책본부, 「출입국외국인정책 통계월보 2022년 8월호」, 2022.

(2) 난민 신청 심사결과

난민 심사완료는 2022년 8월까지 총 44,532건으로, 이중 난민으로 인정된 사례는 1,272건으로 인정률 2.9%를 차지했다. 인도적 체류자로 인정된 경우는 5.5%를 차지해 전체적으로 난민인정 보호율은 8.4%를 보이고 있다. 반면, 난민 불인정 사례는 40,797명으로 전체의 91.6%를 차지했다.

〈표 2〉 난민 신청 심사결과(1994~2022.8)

(단위: 건)

구분 연도	심사완료	난민인정(보호)					불인정
		소계	인정	인도적체류	인정률	보호율	
총계	44,532	3,735	1,272	2,463	2.9%	8.4%	40,797
1994년~2014년	4,743	1,185	475	710	10.0%	25.0%	3,558
2015년	2,755	303	105	198	3.8%	11.0%	2,452
2016년	5,665	350	98	252	1.7%	6.2%	5,315
2017년	5,873	437	121	316	2.1%	7.4%	5,436
2018년	3,954	651	144	507	3.6%	16.5%	3,303
2019년	5,062	309	79	230	1.6%	6.1%	4,753
2020년	6,242	223	69	154	1.1%	3.6%	6,019
2021년	6,855	124	72	52	1.1%	1.8%	6,731
2022년 1월~8월	3,383	153	109	44	3.2%	4.5%	3,230

(3) 국적별 난민 신청자 현황

국적별 난민 신청 현황을 보면, 2018년까지는 파키스탄, 중국, 카자흐스탄, 이집트, 러시아, 인도, 나이지리아, 방글라데시, 말레이시아, 네팔 등의 순이었다. 2019년 이후 2022년 8월까지는 카자흐스탄, 러시아, 중국 등이 다수를 차지하고 있다.

<표 3> 국적별 난민 신청자 현황(1994~2022.8)

(단위: 건)

1994년~ 2018년		2019년		2020년		2021년		2022년 1월~8월	
총계	48,906	총계	15,452	총계	6,684	총계	2,341	총계	6,663
파키스탄	5,389	러시아	2,830	러시아	1,064	중국	301	카자흐스탄	1,689
중국	4,840	카자흐스탄	2,236	이집트	718	방글라데시	233	튀르키예	946
카자흐스탄	4,306	중국	2,000	카자흐스탄	603	나이지리아	164	인도	540
이집트	4,114	말레이시아	1,438	말레이시아	452	인도	148	러시아	432
러시아	2,984	인도	959	방글라데시	435	파키스탄	131	중국	361
인도	2,398	파키스탄	790	인도	420	이집트	117	미얀마	312
나이지리아	2,221	방글라데시	491	중국	311	네팔	108	방글라데시	200
방글라데시	2,063	베트남	381	파키스탄	303	필리핀	105	이집트	200
말레이시아	1,693	모로코	365	네팔	260	미얀마	73	파키스탄	191
네팔	1,389	터키	320	모로코	173	우즈베키스탄	64	우즈베키스탄	184
기타	17,509	기타	3,642	기타	1,945	기타	897	기타	1,608

(4) 사유별 난민 신청 현황

사유별 난민 신청 현황을 보면, 종교 사유가 18,466건으로 전체의 23.1%를 차지하고 있으며, 정치적 의견이 14,713건(18.4%), 특정 사회구성원 7,700건 (9.6%), 인종 사유 4,214건(5.3%), 국적 사유 450건(0.6%) 등이다.

<표 4> 사유별 난민 신청 현황

(단위: 건)

구분	총계	종교	정치적 의견	특정 사회구성원	인종	국적	기타
총누계	80,046	18,466	14,713	7,700	4,214	450	34,503

2.4 난민의 권리와 처우

난민법에 따라 난민인정자, 인도적 체류자, 난민신청자 등은 아래와 같이 권리와 처우를 받을 수 있다. 구체적인 내용을 살펴보면 <표 5>와 같다.

<표 5> 난민의 주요 권리와 처우 내용

구분	주요 권리와 처우 내용
난민 인정자	•거주(F-2) 체류자격을 부여받아 국내에서 안정적으로 체류하고 별도의 허가절차 없이 자유로운 취업활동 가능 •해외 여행을 할 경우 난민여행증명서를 발급받을 수 있으며, 유효기간 내 자유로운 출입국 가능 •난민인정자의 배우자와 그 미성년자녀에 대해 가족결합 허용 •사회보장기본법에 따라 대한민국 국민과 같은 수준의 사회보장 혜택 •국민기초생활보장법에 따른 급여 혜택 •국민건강보험법에 따른 건강보험 혜택 •외국인근로자 등 소외계층 의료서비스 지원사업에 따라 의료서비스 보장 •난민인정자와 그의 자녀가 19세 미만인 경우 초중등교육 혜택 •한국어교육 등 사회적응교육을 받을 수 있으며, 단계별 사회통합프로그램 이수에 따라 국적취득시 면접시험면제 혜택 •근로자직업능력개발법에 따라 직업훈련 혜택 •외국에서 이수한 학력과 취득 자격 인정 가능
인도적 체류자	•인도적 체류허가 사유 소멸시까지 국내 체류 가능 •본인의 의사에 반하여 강제송환 금지 •포괄적 취업활동 허가 •난민지원시설의 주거, 의료, 교육, 운동시설, 상담실 등 이용 가능 •외국인근로자 등 소외계층 의료서비스지원사업에 따라 의료서비스 혜택 •난민신청자와 동일한 처우 보장
난민 신청자	•절차적 권리: 변호사 조력, 신뢰관계 있는 사람의 동석 허용, 난민전문통역인의 통역지원, 이해가능한 언어로 난민면접조서의 내용 확인, 제출 자료와 난민면접조서의 열람 및 복사 요청 •체류 중 처우: 난민심사 종료시까지 국내 체류 허가, 생계비 등 지원, 사전 취업활동 허가시 취업 가능, 주거시설 지원, 건강검진 비용 지원, 의료서비스 지원, 초중등교육 지원 등

자료: 법무부 출입국·외국인정책본부, 2015, 6-11쪽.

난민법 제30조에 따라 난민은 다른 법률에도 불구하고 난민협약에 따른 처우를 받는 것으로 되어있지만, 난민 지위를 인정받은 이후의 삶은 또 다른 장벽에 놓여 있다. 즉, 난민은 난민법에 따라 1차적 관문을 통과했지만, 사회의 구성원으로서의 온전한 지위를 갖고 일상생활 속에서 기본적 권리를 누리는 데 많은 어려움을 안고 있다.[19]

3. '특별한 난민' 아프가니스탄 특별기여자의 국내 정착과 지원

3.1 국내 입국과 환대

2021년 8월 26일, 한국의 대 아프가니스탄 협력 사업에 함께했던 현지인 직원과 가족, 이른바 '특별기여자' 378명이 국내에 입국했으며, 추후 13명이 입국하여 총 391명의 아프가니스탄 특별기여자들이 국내에 정착하게 되었다. 이들은 주로 아프가니스탄 현지의 한국대사관, KOICA, 바르람 한국병원, 차리카 한국 지방재건팀 등에서 의사, 간호사, 통역가 등으로 근무하였다.

아프가니스탄 특별기여자들은 코로나19 팬데믹 속에서 입국하였기에 코로나19 검사 등 방역 절차를 거친 다음 충북 진천군의 국가공무원 인재개발원으로 이동하여 6주에서 8주 동안 머무르면서 한국생활 적응에 필요한 기본 지식을 배웠다. 이들이 도착한 진천군 국가공무원 인재개발원 입구에는 기업체 협의회에서 아프가니스탄어와 한국어를 병기한 환영 현수막이 걸리는 등 지역사회의 따뜻함은 특별한 것이었다. 특히 온라인에서는 아프가니스탄 난

---

19 참여연대 홈페이지, "한국의 난민은 '박제된 투명인간', https://www.peoplepower21.org/International/1715844, 검색일: 2022.12.30.

민을 수용한 진천을 응원하기 위해 진천군의 특산물 구매운동을 펼치기도 했다. 그 결과 진천군의 온라인 쇼핑몰 '진천몰' 운영이 주문 폭주로 일시 중단되기에 이르렀다.[20] 아울러 진천몰의 입점업체 3곳에서는 성금 3백만 원을 기탁하고 향토기업에서는 마스크 2만매를 지원하는 등 지역사회의 환대가 이어졌다.[21]

이러한 사례는 종교단체에서도 확인된다. 한국기독교교회협의회(NCCK) 정의·평화위원회에서는 2021년 8월 27일에 "아프가니스탄 난민(특별기여자)의 입국을 환영합니다"라는 성명서를 발표하였다. 성명서의 일부를 발췌하여 살펴보면 다음과 같다.[22]

> 3년 전. 우리 사회는 불과 500여 명의 예멘 난민에 대한 심각한 견해 차이로 인해 혼란을 겪었다. 그 후로도 난민에 관한 국가 정책은 달라지지 않았다. 우리나라는 1951년 유엔난민협약에 가입하고 독자적인 난민법을 가진 유일한 아시아 국가이지만, 지난해 기준으로 한국의 난민 인정률은 1.1%에 불과하다. 어렵게 난민 지위를 인정받아도 제대로 된 정착금은 주어지지 않는다. 난민 재정착제도를 통해 입국한 난민에게 주택 임차보증금을 지원하는 제도가 있긴 하지만 이 역시 보증금이 2년 뒤 국고로 회수된다. 난민으로 인정받지 못한 인도적 체류자들의 현실은 더 열악하다. 당장 경제적 활동에 어려움이 많다. 사업장에서 인도적 체류자라는 이유로 채용을 거부당하고, 채용이 되어도 짧은 체류 허가 기간으로 고용불안이 크다. 적정 노

---

20 한겨레, 2021.08.29, ""돈쭐 나세요, 계속"...주문 감당 못한 진천몰, 결국 홈피 다운, https://www.hani.co.kr/arti/area/chungcheong/1009561.html, 검색일: 2023.01.02.
21 연합뉴스, 2021.09.29., "'돈쭐' 진천몰 입점업체 3곳 아프간인 돕기 300만 원 기탁", https://www.yna.co.kr/view/AKR20210929075300064, 검색일: 2023.01.02.
22 한국기독교교회협의회 홈페이지, http://www.kncc.or.kr/newsView/knc202108270001, 검색일: 2022.11.10.

동시간이나 최저임금이 보장되지 않는 경우가 허다하다.

외교부 대변인의 브리핑대로 이번에 "우리나라는 친구를 잊지 않고 이웃의 어려움을 외면하지 않는 책임 있는 국가로서의 도의적 책무를 이행"함으로, "어려움 속에서도 마땅한 책무를 완수할 수 있는 외교적 역량을 갖춘 나라"라는 점을 분명히 보여주었다. 난민들은 선택의 여지가 없어 자기 땅을 떠나온 이들로, 정부 기관과 시민사회의 특별한 배려가 필요하다. 이제 선진국의 격에 맞는 난민법을 제정함으로 우리 스스로 품격을 높이는 계기로 삼아야 할 것이다.

난민은 우리의 이웃이며, 교회는 성서의 가르침과 에큐메니칼 운동의 전통을 따라 박해를 피해 온 나그네를 환대해야 할 책임이 있다. 한국교회와 사회는 우리 안에 그어진 경계를 풀고 약자의 아픔에 동참하며 이들과 함께 상생하는 사회로 나아가야 할 것이다. 한국기독교교회협의회는 한국교회와 더불어 강도 만난 형편에 처한 난민들의 선한 이웃이 되기 위하여 함께 노력하는 한편, 보다 근본적으로 아프간 난민이 발생하게 된 원인을 다양한 차원에서 비판적으로 성찰하며 전쟁 없는 세상, 난민이 생기지 않는 세상을 만들기 위한 평화운동을 계속할 것이다.

3.2 정부 주도의 지원 정책

아프가니스탄 특별기여자 391명은 2001년 9.11테러 이후 미국의 침공으로 시작된 아프가니스탄전쟁에서 탈레반정권의 탄압, 고문, 살해 등 잔혹한 처우가 예상되는 사람이라는 점에서 난민이라 할 수 있다. 한국의 정부는 최초에 '아프가니스탄 난민'이라고 언급했다가 외교부 2차관 브리핑에서는 '난민이 아닌 특별공로자'라고 불렀다. 이후에는 '특별기여자'라는 체류자격을 만들어 지원하기에 이르렀다.[23]

정부와 국회는 아프간 특별기여자들이 우리 사회에 보다 신속하게 정착할 수 있도록 지원할 수 있는 법적 근거를 마련하였다. 먼저, 2021년 10월 26일, 「출입국관리법시행령」 개정 시행으로 취업 등 활동이 자유로운 F-2(거주) 자격을 부여하였다. 그리고 2022년 1월 25일, 「재한외국인처우기본법」을 개정하여 '아프가니스탄 특별기여자' 처우 관련 조항을 신설하였다. 이를 통해 국가와 지자체가 초기 생활 및 취업 알선 등을 지원할 수 있도록 했다. 구체적인 내용은 아래와 같다.

> 제14조의2(특별기여자의 처우)
> ① 대한민국에 특별히 기여하였거나 공익의 증진에 이바지하였다고 인정되어 대한민국에 거주하고 있는 외국인 및 그 동반가족으로서 국내 정착을 지원할 필요가 있다고 법무부장관이 인정하는 사람(이하 "특별기여자등"이라고한다)의 처우에 관하여는 제14조, 「난민법」 제31조부터 제36조까지 및 제38조의 규정을 준용한다.
> ② 국가 및 지방자치단체는 특별기여자등에게 다음 각 호의 지원을 할 수 있다.
> 1. 초기생활정착자금 및 필요한 기타 생활지원
> 2. 고용 정보의 제공, 취업알선 등 취업에 필요한 지원

또한 국무총리 훈령 제794호인 '아프가니스탄 특별기여자 국내정착 지원을 위한 정부합동지원단 구성 및 운영에 관한 규정'을 제정하였다. 정부합동지원단은 단장(법무부차관), 부단장(출입국외국인정책본부장), 법무부 12명, 교육부 1명, 고용노동부 1명, 보건복지부 1명 등으로 구성되었으며, 운영기간은

---

23 공익법센터 어필 홈페이지, "'390명의 특별기여자' 그 기이한 용어의 비밀과 파장", https://apil.or.kr/news/22211, 검색일: 2022.11.13.

2021년 11월 1일부터 2022년 10월 31일이다. 정부합동지원단 지원 내용은 한국사회 이해교육, 기초법질서교육, 국내 생활 안내 등 사회적응 지원, 국내 교육기관 진학, 학력인정, 취업, 의료 등 그 밖의 국내 정착에 필요한 사항 등이다.

3.3 국내 정착 현황

아프가니스탄 특별기여자들은 충북 진천군과 전남 여수시에 마련된 임시생활 시설에 입소하여 국내 정착과 자립을 위한 다양한 프로그램(기초법질서, 금융시장경제의 이해, 소비자 교육, 양성평등 교육, 심리치료 등)에 참여하였다. 이러한 교육을 통해 취업과 정착지가 결정된 가구부터 순차적으로 우리 사회 곳곳에 정착하게 되었다. 2022년 1월 7일 첫 퇴소를 시작으로 인천, 울산, 김포 등의 지역으로 정착하였다. 구체적인 지역별 정착 현황을 살펴보면 아래와 같다.

〈표 6〉 지역별 거주 현황

(2022.10.24. 현재, 단위: 명)

구분	울산	경기	인천	충북	경북	합계
가구수	29	26	19	3	1	78
인원수	159	135	81	16	5	396

자료: 법무부(2022)

〈표 7〉 취업 현황

(2022.10.24. 현재)

구분	조선업	제조업	사무직	의료분야	진학	구직중	합계
가구수	29	26	7	2	2	10	76

* 1인 가구 2명은 출국
자료: 법무부(2022)

<표 6>에서 보는 바와 같이, 아프가니스탄 특별기여자들이 가장 많이 거주하고 있는 울산은 무엇보다 현대중공업 및 그 협력사의 지원이 있어 가능했다. 현대중공업, 노동조합, 시민단체, 정당, 종교단체 등 울산지역사회는 아프가니스탄 난민들을 환영하는 기자회견을 열고 공장 입구에는 환영 현수막을 내걸기도 했다. 반면, 일부 지역주민들의 경우 외국인의 집단 거주와 같은 문제를 주민과 협의하지 않고 일방적으로 진행하는 것에 대한 문제제기도 존재한다.[24] 대표적으로 청와대 국민청원 게시판에 "이슬람 난민 집단 거주 형성을 반대합니다"라는 제목의 청원이 게시되었다.

---

24 아시아경제, 2022.02.08, "'아프간인 특별기여자' 157명 울산 정착... 가장 29명 현대중공업 협력업체 취업, https://cm.asiae.co.kr/article/2022020806054964516, 검색일: 2023.01.02.

[사진 1] 아프가니스탄 특별기여자의 퇴소 장면25

4. 우크라이나전쟁 피란민 고려인과 지역공동체의 연대

4.1 고려인의 정착과 집거지 형성

1) 고려인의 국내 이주 배경

1991년 소련 해체 이후 연방공화국에 속해 있던 국가들은 각각 독립을 선포하면서 강력한 민족주의 정책을 추진했다. 특히 중앙아시아의 국가들은 토착민족 언어(우즈벡어, 카자흐어 등)를 국가 공용어로 선포하였으며, 정부기관 등에서는 토착민족 언어를 잘 구사하는 토착민족들을 우선 채용하였다. 아울러 이들 국가들은 체제 전환이라는 이행기적 상황에서 경제위기를 겪게 되었다. 이러한 이유로 중앙아시아에 오랫동안 정착해왔던 고려인들은 정치·

---

25 법무부, '법무부장관, 아프간 특별기여자 퇴소 현장 방문' 보도자료, 2022.2.7.

경제·사회적 위기를 극복하기 위해 한국으로의 이주를 감행했다.

　한국 정부는 1999년 재외동포법 제정 이후, 국내 출입국 및 취업 등 혜택에서 그동안 상대적으로 소외받아 온 외국국적동포(특히 중국, 구소련지역 동포)에 대해 자유로운 왕래 및 취업 기회를 확대하기 위해 "방문취업제"를 2007년 3월 4일부터 본격 시행하였다. 방문취업제는 중국 및 구소련지역 거주 동포 등에 대해 5년 유효한 복수비자를 발급, 1회 입국하여 3년간 계속하여 체류·취업할 수 있도록 하여 이들이 모국에서 선진기술 습득 및 경제적 능력을 함양함으로써 거주국 귀환 후의 안정적인 정착을 지원하기 위한 것이다.

　광주광역시는 전국 지자체 중 최초로 「고려인 주민 지원 조례」를 2013년 10월에 제정하였다. 이 조례의 목적은 "광주광역시에 거주하는 고려인 주민들의 지역사회 적응과 권익증진 및 생활안정을 도모하여 자립생활에 필요한 행정적 지원방안을 마련함으로써 이들이 지역사회에 정착할 수 있도록 하는 것"이다.26 조례에 근거한 지원 사업으로는 고려인 주민의 법적 지위 및 처우 개선을 위한 제도와 시책 등; 한국어 및 기초생활 적응 교육; 고려인 주민에 대한 불합리한 차별 방지 및 인권옹호를 위한 교육·홍보 등; 외국어 통역·번역 서비스 제공 등 고려인 주민이 생활하는데 필요한 기본적 생활편의 제공, 고려인 주민의 건강한 생활을 위한 응급구호 등 보건의료; 고려인 주민을 위한 문화·체육행사; 고려인 주민의 자녀 돌봄 지원; 고려인 주민 지원단체 등에 대한 지원; 고려인 주민의 취업 및 창업 지원; 고려인 관련 역사 교육 및 홍보를 위한 사업; 고려인 주민 거주지역 환경개선사업 등이다.

　광주광역시의 고려인 지원 조례가 제정된 이후, 여러 지자체에서도 지원

---

26 국가법령정보센터 홈페이지, https://www.law.go.kr/LSW/main.html, 검색일: 2022.12.30.

조례를 제정하게 되었다. 현재까지의 고려인 주민 지원 조례 제정 현황을 정리하면 아래와 같다.

〈표 8〉 고려인 주민 지원 조례 현황

조례명	제정일
광주광역시 고려인 주민 지원 조례	2013.10.01
경기도 고려인 주민 지원 조례	2016.02.24
경상남도 고려인 주민 지원 조례	2020.50.14
경상북도 고려인 주민 지원 조례	2019.04.15
김포시 고려인 주민 지원 조례	2015.06.10
안산시 고려인 주민 지원 조례	2018.01.08
인천광역시 고려인 주민 지원 조례	2018.11.05
전라북도 고려인 주민 지원 조례	2021.04.09
충청남도 고려인 주민 지원 조례	2021.08.17

이와 같이 지자체에서의 고려인 주민을 위한 조례 제정은 고려인들이 지역사회에 안정적으로 적응, 정착하는데 필요한 기초생활 인프라를 제공하면서 특정 지역을 중심으로 집거지를 형성하기에 이르렀다.

2) 고려인의 지역 정착

2022년 10월 현재 국내에 정착한 고려인은 총 99,710명이며, 국가별로 보면 우즈베키스탄 40,129명, 러시아 32,851명, 카자흐스탄 18,993명, 키르기스스탄 3,645명, 우크라이나 3,375명, 타지키스탄 414명, 투르크메니스탄 303명이다. 우즈베키스탄 출신 고려인이 전체의 40%를 차지하고 있음을 알 수 있다. 체류 자격에 따른 국적별 현황을 보면 아래와 같다.

〈표 9〉 국내 고려인의 체류자격에 따른 국적별 현황

(단위: 명)

체류 자격 ＼ 국가	우즈베 키스탄	러시아	카자흐 스탄	키르기 스스탄	우크라 이나	타지키 스탄	투르크메 니스탄
방문취업 (H-2)	9,993	-	4,706	843	969	79	41
재외동포 (F-4)	24,108	28,393	10,852	2,121	1,640	274	234
영주 (F-5)	914	926	149	51	26	3	1

자료: 법무부 출입국·외국인정책본부(2022), 45쪽.

국내 고려인의 지역별 등록 현황을 살펴보면 아래와 같다. 행정안전부의 2021년 지방자치단체 외국인주민 현황에 따르면, 경기도 안산시 7,922명, 인천광역시에 4,630명, 충남 아산시에 4,172명, 광주광역시에 2,352명, 충청북도 청주시에 2,266명, 경상북도 경주시에 2,205명, 경상남도 김해시에 1,886명 등이다.

대표적인 고려인의 집중 거주지를 살펴보면 경기도 안산시 단원구 선부2동의 땟골마을, 인천광역시 연수구의 함박마을, 광주광역시 광산구 월곡2동 등이다.

3) 고려인 지원 단체의 활동

이주민사회에서 이주민의 자생적 단체나 지원 단체는 매우 중요한 역할을 수행한다. 한편으로는 이주민들의 내적 결속력 강화와 권익옹호 활동을 전개하며, 다른 한편으로 지역사회 구성원과의 교류 및 연대를 시도하는 중요한 플랫폼이 된다. 현재 국내 고려인사회에는 고려인주민의 사회적응 지원, 고려인 이미지 개선 및 주민과의 소통, 고려인 아동 청소년들의 보육 및 교육 지원 등 다양한 형태의 지원단체들이 결성되어 활동하고 있다.[27]

전국적 단위로는 2018년 12월에 '대한고려인협회'가 결성되어 활동하고 있다. 당시 고려인 4세대의 재외동포 자격을 요구하는 활동을 진행하고 국내 고려인의 권익을 대변하기 위해 설립되었다. 협회 산하에 안산시, 인천광역시, 청주시, 아산시, 경주시 등 지부를 결성하여 고려인 권익옹호 관련 법률 제·개정 및 정책제안, 생활·의료·행정·법률상담, 고려인 후손의 모국 기여, 공동체 활성화, 시민단체 등과의 교류 및 협력 활동 등을 추진하고 있다.

지역적 단위로는 지자체의 고려인 주민지원센터, 국내 시민단체, 고려인 단체 등이 활동하고 있다. 안산시 고려인문화센터는 안산시 고려인 주민 지원 조례에 근거하여 설립되었다. 현재 고려인 지원 단체인 너머에서 위탁 운영하고 있다. 고려인문화센터는 고려인역사전시관과 사무실, 상담실, 강의실, 반딧불이공부방 등으로 구성되어 있다. 센터의 주요 활동은 고려인 주민을 위한 한국어 교육·상담, 문화·체육행사; 고려인 주민 자녀 교육·보육 지원 사업; 고려인 주민 지원을 위한 정보 제공 및 관련 기관·단체와의 서비스 연계; 시민의 고려인 이해, 내·외국인 상호 소통 및 교류를 위한 사업 등이다.[28]

사단법인 너머는 2011년 안산시 단원구 선부동(뗏골)에서 고려인 한글야학을 시작으로 2012년 비영리단체 너머를 설립하여 한국어교육, 상담 등 국내 체류 고려인 동포의 모국생활을 지원하고 있으며, 2016년 11월 사단법인으로 전환되었다. 주요 사업을 보면, 성인한국어 수업, 미래세대 사업을 초등학교

---

27 광주광역시립민속박물관(2019), 『광주고려인마을 사람들』, 40쪽.
28 안산시 고려인문화센터 홈페이지, http://www.koreansan.org/, 검색일: 2022.11.20.

돌봄과 방과후교실, 청소년 역량강화사업의 통역자원봉사단, 유라시아학교, 역사교실 등이 있다. 또한 전국고려인네트워크 및 커뮤니티 지원사업(강제이주기념행사, 한식명절, 문화체육활동, 동아리 지원), 상담소 운영(통번역 행정 및 체불, 산재 등 노동상담), 제도 개선 및 동포법 개정 등의 활동을 전개하고 있다.[29]

광주광역시에는 사단법인 고려인마을이 설립되어 고려인의 지역사회 적응 및 정착을 위한 다양한 활동을 진행하고 있다. 사단법인 고려인마을 산하에 사업의 특성이나 유형에 따라 여러 개의 운영기관을 두어 지원활동을 벌이고 있다. 대표적으로 고려인마을종합지원센터, 고려인동행위원회, 어린이집, 지역아동센터, 고려인청소년 오케스트라단 '아리랑', 월곡고려인문화관, GBS 고려방송 등이 있다.[30] 이와 함께 사단법인 세움과 나눔의 이주민종합지원센터에서도 고려인을 포함하여 북한이탈주민, 외국인노동자, 결혼이주민 대상의 한국어교육, 청소년상담, 방과후학교 프로그램, 무료진료 등의 지원 활동을 펼치고 있다.

인천광역시 연수구 함박마을에는 너머인천고려인문화원이 주도적인 활동을 전개하고 있다. 너머인천고려인문화원은 2018년에 사단법인 너머, 디아스포라연구소, 대한고려인협회 등 인천지역 고려인동포들을 돕기 위해 여러 주체들이 모여, 너머의 지부로서 탄생했다. 한국어교실, 상담, 청소년지원프로그램 등 고려인에게 필요한 도움을 주기 위해 노력했고 또한 함박마을에서 고려인들이 마을 주민들 속에서 함께 어울릴 수 있도록 공동체를 지원하는 활동도 열심히 하고 있다. 이런 결과로 함박마을에 2021년 4월 고려인주민회

---

29 사단법인 너머 홈페이지, http://www.jamir.or.kr/main/main.php, 검색일: 2022.11.20.
30 사단법인 고려인마을 홈페이지, https://www.koreancoop.com/, 검색일: 2022.11.20.

라는 자치조직이 생겼다. 주민들도 차츰 고려인과 함께 사는 법에 익숙해져 간다. 고려인과 함께 만드는 마을재생사업도 추진 중이다.[31]

경상북도 경주시에는 2018년 2월에 경주고려인통합지원센터가 설립되어 지원 활동을 전개하고 있다. 한국어말하기대회, 동포 및 가족 노래자랑 경연대회, 문화교실, 한국어교육, 영어 및 러시아어 교육 등 다양한 프로그램을 운영하고 있다.[32]

4.2 우크라이나전쟁 피란민 고려인의 국내 입국과 정착

1) 국내 입국 과정

2022년 2월 24일, 러시아의 침공으로 시작된 우크라이나전쟁이 현재까지 진행되고 있다. 이 전쟁으로 인해 수많은 난민이 발생했다. 한 자료에 따르면, 2022년 12월 5일 현재, 우크라이나 난민은 783만 명 이상으로 내다보고 있다. 이중 어린이와 여성이 전체의 90%를 차지하고 있다.[33] 이러한 우크라이나 난민은 고려인도 포함되어 있다. 우크라이나에 거주하고 있는 고려인들은 전쟁 발발 이후 우크라이나 인접 국가로 탈출하였다. 주로 폴란드, 헝가리, 슬로베니아, 벨라루스, 러시아, 독일, 몰도바 등이다. 특히 몰도바의 경우 난민 시설이 열악하고 지원도 미미한 편이어서 적극적인 지원이 필요한 것으로 나타났다.[34]

---

31 너머인천고려인문화원, https://box.donus.org/box/jamir/jamirin, 검색일: 2022.11.20.
32 경주고려인통합지원센터, https://gkc365.modoo.at/, 검색일: 2022.11.20
33 UNICEF 홈페이지, https://www.unicef.or.kr/what-we-do/news/154840, 검색일: 2022.12.26.
34 국민일보, 2022.03.14., "우크라이나에 남은 성도들 생각하면 눈물이…",
  https://m.kmib.co.kr/view.asp?arcid=0016865640, 검색일: 2022.12.26

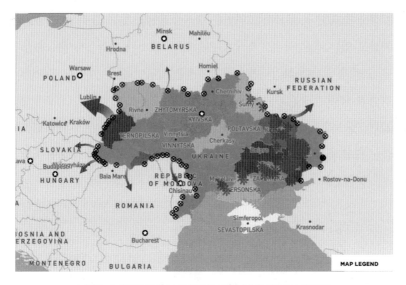

[사진 2] 우크라이나 고려인의 주요 탈출 경로와 쉘터[35]

우크라이나 고려인의 국내 입국은 이러한 인접 국가의 쉘터에서 잠시 보호
를 받다가 한국의 정부와 시민단체, 유관기관 등의 항공료 지원을 받아 이루
어졌다. 우크라이나 남부의 항구도시인 오데샤지역에서 오랫동안 선교활동을
펼쳐 온 김종홍선교사[36]에 따르면, 한국 비자 발급기간은 우크라이나 1주, 폴
란드와 루마니아 2주 정도 소요되며, 항공권 예약 및 출발 준비 기간 또한 약

---

35 김종홍(2022), "우크라이나 고려인의 전쟁 경험과 국내 입국과정", 「국내 고려인사회의 현
  안과 과제」학술회의 자료집, 8쪽.
36 김종홍선교사는 2005년에 우즈베키스탄 선교사로 파송되어 고려인을 만나 선교를 하게
  되면서 고려인과의 인연을 갖게 되었다. 8년간 우즈베키스탄에서 사역을 하였고 종교적
  인 이유로 추방을 당해 2013년에는 우크라이나의 오데사로 와서 고려인 교회를 개척하면
  서 한글교육과 고려인 한복입기 운동, 한국 명절 함께 지키기, 침 및 뜸 봉사, 장례식 집
  례 등 그들의 삶에 깊숙이 관여하면서 고려인들의 삶을 이해하게 되었다. 2022년 2월 24
  일 우크라이나전쟁이 시작되자 고려인의 한국으로의 입국을 위해 항공 티켓, 여권 발급
  등에 관한 업무를 지원하였다.

2주 정도 소요된다. 무국적 고려인은 출생증명서만 있는 경우나 UA영주권을 소지하고 있는 경우 국내로 입국이 가능하다. 구소련 여권소지자는 출생증명서로 고려인 신분이 확인되면 여행증명서를 발급받을 수 있다.[37] 우크라이나 고려인의 국내 입국은 2~4개의 인접 국가를 경유하여 들어온 경우가 많다. 2022년 7월 9일에 입국한 김나탈리아의 입국 경로를 보면, 우크라이나(카흐브카) → 크름 → 라트비아 → 리투아니아 → 폴란드 → 한국 입국이다.[38]

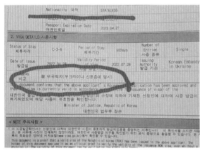
[사진 3] 무국적 고려인

[사진 4] 구소련 여권소지자

2) 국내 정착 생활 실태

우크라이나전쟁 피난 고려인의 국내 정착은 연고자가 있는 지역에 터전을 잡는 경우가 대부분이다. 일부의 경우 특정 지역에 정착하는 사람에게 항공권을 지원한다는 정보 때문에 연고가 없지만 그 지역에 정착하는 사례도 있다. 광주지역에 정착한 피난 고려인의 생활 실태를 간략히 살펴보면 다음과 같

---

37 김종홍(2022), 9-10쪽.
38 전득안(2022), "우크라이나 전쟁 고려인 피난민 현황과 과제: 광주광역시 월곡동에 정착한 피난민을 중심으로", 「국내 고려인사회의 현안과 과제」 학술회의 자료집, 24쪽.

다.[39]

피난 고려인의 주거환경은 국내 입국 초기 시 연고자가 살고 있는 집(원룸, 투룸 등)에 더부살이하는 경우가 많다. 고려인들이 많이 살고 있는 광산구 월곡2동은 원룸촌이 형성되어 있어 비교적 깨끗한 편이나 주거비[40]가 비싸고 외국인에게 방을 내주지 않으려는 사례도 있어 혈혈단신으로 들어온 피난 고려인들이 집을 구하기가 어려운 편이다.

피난 고려인들의 경제적인 상황을 보면 대부분 전쟁으로 자신들의 집과 터전을 고스란히 놓고 나왔거나 폭격의 피해로 충분한 자금을 가지고 나오기 어려운 상황이었다. 인접 국가로의 피난 기간이 한 달에서 수개월 동안 이어졌기 때문에 생활비나 국경통행료 등 급전이 필요한 상황이 지속되었다. 천신만고 끝에 국내로 입국하여 새로운 지역에서 삶의 터전을 잡기에는 보증금과 월세, 기초 생활필수품이 절대 부족한 상황이라 모든 부문에서의 지원과 후원이 필요한 수준이다. 특히 남자들은 전쟁에 징집되어 출국할 수 없어 여성과 아이들, 노인 등 경제활동을 할 수 없는 분들이 많아 적극적인 지원과 후원이 필요하다.

4.3 국내 고려인 공동체의 연대와 환대

1) 광주광역시 고려인공동체의 지원 활동

사단법인 고려인마을은 러시아의 우크라이나 침공으로 피해가 속출하자 피

---

39 전득안(2022), 김영숙(2022), "국내 입국 우크라이나 피난민(동포) 현황", 「국내 고려인사회의 현안과 과제」 학술회의 자료집의 자료를 부분적으로 발췌하여 정리함.
40 이 지역의 원룸 시세는 보증금 300만 원, 월세 35만 원~45만 원 수준이다.

란 고려인들을 돕기 위한 운동을 추진했다. 그 대표적인 것이 2022년 3월부터 시작한 항공권 지원 모금운동이었다. 사단법인 고려인마을은 광주사회복지공동모금회, 대한적십자사 광주전남지사, 시민사회 및 유관기관 등과 협력하여 우크라이나 전쟁난민 고려인 돕기 후원금을 모금하여 항공권을 구입하여 국내 입국을 지원하였다. 모금운동은 1만 원에서 5000만 원까지 교육계와 지방자치단체, 공무원, 교회, 변호사, 의료인 등을 비롯한 광주 시민들의 후원이 이루어졌다. 김종홍선교사에 따르면, 2022년 2월 24일부터 현재까지 약 880여 명[41]의 고려인들이 항공료[42]를 지원받은 것으로 나타났다.

사단법인 고려인마을과 광주지역사회의 지원으로 광주에 도착한 우크라이나 고려인의 특성을 살펴보면 다음과 같다. 전쟁의 화마를 피해 한국에 온 우크라이나 고려인 피란민 10명 중 3명은 고국에서 꿈을 키우는 아동·청소년인 것으로 나타났다. 사단법인 고려인마을에 따르면, 자신의 나이를 밝힌 843명 중 10세 이하 아동은 118명(14%), 청소년은 174명(20.6%)으로 조사됐다. 이어 20·30대 청년 251명(29.8%), 40·50대 중년 194명(23%), 60~90대 노인 106명(12.6%) 순이었다. 특히 응답자 가운데 292명(35%)은 아동·청소년, 531명(63%)은 여성으로 사회적 약자가 주로 고국행을 선택한 것으로 나타났다.[43]

전반적으로 우크라이나 피난 고려인들은 전쟁의 급박함속에서 가방 하나

---

41 사단법인 고려인마을 홈페이지에 따르면 현재까지 항공권 지원을 받은 고려인은 총 865명인 것으로 공지하고 있다.
　https://www.koreancoop.com/sub.php?PID=0401&action=Read&idx=547, 검색일: 2022.12.05.
42 항공료는 경유일 경우 100만 원, 직항일 경우 130만 원 정도 소요된다.
43 동아일보, 2022.12.27., "우크라이나 고려인 피란민 10명 중 3명은 아동청소년",
　https://www.donga.com/news/Society/article/all/20221226/117168762/1, 검색일: 2022.12.27.

들고 입국한 경우가 대부분이어서 숙소 마련을 위한 임대보증금과 월세, 생활비 등 지원해야 한다. 또한 한국어 구사력이 전무한 이들에게 학교 편입학, 한국어교육, 기초법교육, 외국인등록을 위한 출입국 안내, 취업 지원 등을 위한 인력이 추가적으로 필요한 상황이다. 뿐만 아니라 홀로 입국한 노동력이 없는 노년세대도 보호할 숙소도 마련해 지원해야 한다.

광주의 지역사회는 항공권 지원에 이어 광주에 도착한 고려인들의 안정적인 정착을 위해 생활비와 침구류, 쌀, 주방용품 등 생활필수품을 지원하고 각 가정에 원룸 임대 보증금 200만 원과 두 달 치 방값을 지원했다. 사단법인 고려인마을은 고려인 아동 청소년들을 대상으로 한국어 교육, 사회문화 교육 등 긴급 돌봄 프로그램을 운영했다.

[사진 5] 대한적십자사 희망풍차꾸러미 전달
출처: 사단법인 고려인마을 홈페이지, https://www.koreancoop.com/

[사진 6] 우크라이나 전쟁난민 고려인돕기 대시민 긴급구호 기자회견
출처: 사단법인 고려인마을 홈페이지, https://www.koreancoop.com/

사단법인 고려인마을과 광주사회복지공동모금회는 오는 12월 31일까지를 집중모금 기간으로 우크라이나 전쟁 난민에게 희망을 전하기 위한 캠페인을 전개한다. 모금 목표 금액은 5억 원이며, 고려인 난민 항공권 및 출입국 행정 서비스 지원; 긴급의료비, 월세 등 정착에 필요한 기초 생계 지원; 맞벌이 가정 자녀 및 독거노인 방임 문제 해소를 위한 무료 급식 등을 중점적으로 지원할 계획이다.44

한편, 사단법인 고려인마을과 함께 광주지역사회에서 고려인 지원 활동을 펼치고 있는 사단법인 세움과 나눔의 이주민종합지원센터에서도 국내의 다른 지역에서 고려인 지원 활동을 하고 있는 기관 및 단체들과 연대하여 후원 및

---

44 광주드림, 2022.11.15., "고려인 난민 동포 국내 귀환 관심 더 필요",
  https://www.gjdream.com/news/articleView.html?idxno=620223,검색일: 2022.12.27.

지원 활동을 전개하고 있다. 이주민종합지원센터는 전국의 14개 단체와 연대하여 우크라이나 고려인의 조속한 입국과 안정적인 정착을 위한 지원 활동을 펼쳤다. 항공권 지원과 함께 주거보증금 및 월세 지원, 긴급생활자금 및 생활필수품 지원, 지역 병원과 함께 긴급의료 지원, 트라우마 치료를 위한 프로그램 운영, 아동·청소년 한국어 학습 지원 등이 대표적이다.

[사진 7] 이주민종합지원센터의 생활필수품 지원 (전득안 목사 제공)

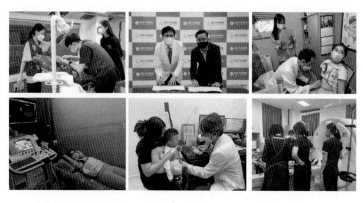

[사진 8] 이주민종합지원센터의 의료지원 활동 (전득안 목사 제공)

이주민종합지원센터에서는 지난 12월 30일에 광주로 피난 온 우크라이나 전쟁 피난민을 위한 송년 행사를 개최하여 전쟁에서 겪은 트라우마를 함께 위로하고 새로운 희망을 심어주는 계기를 마련했다.[45]

2) 우크라이나전쟁 피해 동포 지원 지역연대의 활동

2022년 2월 24일 전쟁 발발 이후, 국내에 입국한 우크라이나 고려인 대부분은 주고 연고자가 거주하고 있는 안산, 인천, 광주, 청주, 경주 등 고려인 집중 거주지에 체류하고 있다. 이들 지역에서 고려인 지원 활동을 벌이고 있는 단체들이 중심이 되어 '우크라이나전쟁 피해 동포 지원 지역연대(이하 지역연대)'를 구축하여 긴급생계비, 생필품, 긴급의료 등을 지원하였다. 현재 우크라이나 전쟁 피해동포 지원 네트워크에 참가하고 있는 단체는 충북 청주시 이주민노동인권센터, 경주고려인통합지원센터, 광주광역시 이주민종합지원센터, 더 큰 이웃 아시아, 안산시 고려인문화센터, 사단법인 너머, 평택시 포승 고려인마을협동조합(준), 한선협 전쟁대책위, 대한고려인협회, 선문대학교 사회봉사센터 등이다.

지역연대의 주요 활동은 우크라이나 고려인들이 국내에 안정적으로 정착하는데 필요한 사항에 역점을 두고 있다. 대한적십자사, 희망브릿지, 사회복지공동모금회 등의 지원 및 후원을 받아 긴급생계비, 생활필수품, 긴급의료 등 지원 활동을 전개하고 있다. 2022년 3월 4일부터 12월 6일까지의 지원 현황을 살펴보면 아래와 같다.

---

45 광주드림, 2023.01.03., "우크라 전쟁 난민 위한 송년행사",
    https://www.gjdream.com/news/articleView.html?idxno=622004, 검색일: 2023.01.05.

<表 10> 우크라이나전쟁 피난 고려인 지원 현황

(단위: 명, 천원)

지역	대한적십자사		희망브릿지		사회복지 공동모금회		합계	
	지원수	지원금	지원수	지원금	지원수	지원금	지원수	지원금
안산	231	145,650	130	64,000	186	67,000	547	276,650
인천	120	82,500	56	27,500	72	25,000	248	135,000
안성	59	41,400	36	18,000	30	10,750	125	70,150
평택	42	30,600	17	9,000	20	9,500	79	49,100
화성	40	29,100	20	8,000	23	8,500	83	45,600
서울/경기 기타	31	21,000	21	10,000	33	11,500	85	42,500
충남 (아산, 천안)	58	39,300	35	18,000	53	22,500	146	79,800
충북 (청주, 진천	86	63,000	52	25,500	54	17,500	192	106,000
경북 (경주, 대구)	62	48,600	18	10,500	26	12,000	106	71,100
경남, 부산, 울산, 강릉 등	52	33,450	19	9,500	32	13,500	103	56,450
광주[46]	-	-	-	-	52	16,500	52	16,500
합계	781	534,600	404	200,000	581	214,250	1,766	948,850

출처: 우크라이나전쟁 피해 동포 지원 지역연대 전국회의(2022.12.07.) 내부 자료

---

46 광주광역시지역의 지원 현황은 이주민종합지원센터에서 신청서를 받아 사회복지공동모금회로부터 지원받은 자료이다. 사단법인 고려인마을에서 진행한 지원 활동은 우크라이나전쟁 동포 지원 네트워크에 참여하지 않은 관계로 제외했다.

3) 대한적십자사의 우크라이나 피난민을 위한 인도적 지원

[사진 9] 업무협약 체결 (김영숙 센터장 제공)

대한적십자사는 국제적십자위원회(ICRC), 국제적십자사연맹(IFRC), 전 세계 192개국 적십자사 등과 함께 연대하고 협력하여 우크라이나 현지 주민과 피란민을 위한 긴급구호 활동을 펼치고 있다. 우크라이나의 상황에 맞는 효과적이고 효율적인 구호를 위해 현지조사단을 파견해 인도적 수요와 피해 상황을 조사하고 결과에 따라 구호물품, 의료품 등을 지원하고 있다. 지난 7월 대한적십자사는 루마니아적십자사와 협력하여, 루마니아에 체류하고 있는 우크라이나 어린이와 청소년을 위한 인도적지원센터를 개소했다. 인도적지원센터에서는 다양한 문화활동과 함께 식사지원, 의료지원, 심리사회적지지 등 통합적인 지원을 제공하고 있다. 이는 아이들이 필수적인 교육을 받고 지역사회와 어울려 자랄 수 있도록 하기 위한 핵심적인 지원이다. 대한적십자사는 정부, 유관기관과 협력하여 국내에 입국한 고려인을 포함한 우크라이나 피란민을 위해 10억 원의 성금을 배정하여 긴급생계비 및 의료비 지원도 펼치고 있다. 구체적인 지원 활동을 살펴보면 다음과 같다.[47]

우크라이나 위기상황 긴급지원 성금 모금은 2022년 11월 30일 기준 모금액은 6,515,036천원이며, 집행액은 5,420,927천원이다. 우크라이나 피란민의 긴급지원, 의료지원, 심리치료 등 인도적 차원의 지원 활동을 전개하고 있다. 주요 활동 사항을 보면, 1차 지원(2.28.)은 피란민 구호활동 1.3억원 지원, 2차 지원(3.17)은 구호물자 구입비 13억 원 지원, 3차 지원(4.5)은 담요 및 위생 키트 등 구호물품(3.2억 원 상당) 지원, 4차 지원(4.20~21)은 우크라이나 영유아 대상 분유 1만팩(2.5억 원 상당) 지원, 5차 지원은 루마니아 인도적 지원센터 4개소(2.6억 원), 긴급구호 차량 19대(13.5억 원) 지원 등이다. 또한 대한적십자사는 국제구호요원을 파견하여 피란민 긴급구호, 중장기적인 재건복구 활동을 진행하고 있다. 1차 파견(3.20~29)은 폴란드, 루마니아에 현지조사단을 파견했고, 2차 파견(4.6~29)은 우크라이나 피해민 및 피란민 지원을 위한 긴급대응단 파견, 3차 파견(7.25~8.4)은 루마니아에 긴급지원단을 파견했다.

사단법인 너머, 대한고려인협회, 대한적십자는 2022년 5월 4일에 국내에 입국한 우크라이나 고려인 피란민 지원을 위한 업무협약(MOU)을 체결하여 신속하고 효율적인 지원을 위한 토대를 마련하였다. 주요 지원 사항은 ① 현장 조사를 통한 지원 항목 분석, ② 생계·의료 지원과 심리상담, ③ 기부금 관련 행정 업무 수행과 전달 등이다.

---

47 대한적십자사 홈페이지, https://www.redcross.or.kr/voluntary/story.do?action=GetDetail&storyno=905&pagenum=1&search_option=, 검색일: 2022.12.10.

4) 고려인 지원 단체 (사)너머의 지원 활동

경기도 안산시에서 2011년부터 고려인 한글야학 지원 활동을 벌여온 고려인 지원 단체 사단법인 너머에서는 대한적십자사, 희망브릿지, 사회복지공동모금회, 천태종 등 종교단체 등과 연대하여 긴급생계비와 지원 물품, 의료비 지원, 아동·청소년가정과 60세 이상 경제활동이 불가능한 세대에게 긴급 생계비 지원 등의 지원 활동을 해오고 있다. 또한 국내 기관 및 단체, 일반 시민 대상의 후원금 모금 및 물품 기증 활동을 펼치고 있다.[48]

[사진 10] 너머의 우크라이나 피난 고려인동포 지원 활동

5) 지역연대의 우크라이나 평화기원 - 환대와 송영의 밤

(사)너머, 대한고려인협회, 너머인천고려인문화원, 이주민종합지원센터 등 각 지역의 고려인동포 지원 및 이주민지원단체로 구성된 '우크라이나전쟁피해동포지원지역연대(이하 지역연대)' 지난 12월 7일 경기도 안산시에서 우크라이나 평화 기원 환대와 송영의 밤 행사를 개최했다. 이 행사는 각 지역에서

---

48 사단법인 너머 홈페이지, http://jamir.or.kr/main/main.php, 검색일: 2022.12.29.

전개되고 있는 지원 및 후원 활동 현황 및 우크라이나 피난 고려인의 현재 상황을 공유했다. 지역연대의 구성원들은 전쟁의 장기화로 지속적으로 고려인들이 입국하고 있으나 지자체 외 정부 차원에서의 관심과 지원은 매우 부족한 상황으로 주거·생활·의료·교육 차원에서 법제도적인 개선과 촘촘하면서도 지속적인 지원 및 후원이 필요하다고 밝혔다.[49]

[사진 11] 우크라이나 평화기원 - 환대와 송영의 밤 행사 (필자 촬영)

49 다문화TV뉴스, 2022.12.10., http://www.damunhwanews.com/news/articleView.html?idxno=3419, 검색일: 2023.01.06.

[사진 12] 우크라이나 평화기원 – 환대와 송영의 밤 행사 (필자 촬영)

5. 포용과 공존의 공동체를 위한 제언

　최근 우크라이나전쟁, 미얀마 군사쿠데타, 아프가니스탄 특별기여자 입국, 예멘 난민 등으로 한국 사회에서 내전과 전쟁으로 고통받고 있는 난민에 대한 관심이 높아지고 있다. 한국은 '아시아 최초'로 난민법(2012년)을 제정한 국가이다. 2022년은 난민법 제정 10주년이 되는 해이면서 난민협약을 체결한 30년이 되는 해이기도 하다.

　한국의 난민 정책의 현실을 들여다보면 여전히 후진적 행태를 보이는 것이 사실이다. 한국의 난민 신청 심사결과를 보면, 1994년부터 2022년 8월까지 총 4만4천532건의 심사가 이루어졌고, 이중 난민으로 인정받은 건은 1천272건으로 2.9%에 불과하다. 이러한 결과는 G20 국가 중 18위에 해당된다. 난민 관련 시민단체의 주장을 보면, 선진국에 비해 우리나라의 난민심사 절차가 까다롭고 난민심사 전문 인력이 턱없이 부족한 상황이다. 또 난민 신청자의 난민 심사 기간이 길어지면서 체류자격을 획득하지 못해 정상적인 일상생활을 할 수 없을 정도의 생존 위협을 안고 있다. 설령, 난민 지위를 인정받았다 하더라도 사회구성원으로서의 온전한 권리를 행사하는데 많은 장벽이 존재한다. 여기에 우리 사회의 난민 혐오, 무슬림 공포와 같은 반난민 정서가 확산하고 있다는 점도 큰 문제이다.

윤석열정부 출범 이후 난민 정책의 주무 부처인 법무부에서는 '이민청'의 설립을 추진하고 있다. 일단 법무부에서 이민정책의 총괄 기구라 할 수 있는 이민청의 설립을 추진한다는 것은 매우 바람직스러운 일이다. 한국은 2021년 7월 2일 유엔무역개발회의(UNCTAD) 제68차 무역개발이사회에서 선진국으로의 지위 변경이 이루어졌다. 1964년 설립 이후 회원국이 선진국으로 지위가 바뀐 사례는 한국이 최초의 일이다. 한국의 선진국 그룹 진출은 국제사회의 현안에 대해 적극적인 참여와 책임이 있어야 한다. 여러 현안 중의 하나가 바로 난민 수용의 문제이다. 이제 난민 문제는 단순히 거부할 수 없는 사안이 되었다.

아프가니스탄 특별기여자와 우크라이나전쟁 피란민 고려인에게 보여준 한국사회의 특별한 환대는 단지 특별함에 멈춰서는 안 될 것이다. 첫째, 난민 신청 심사에 대한 제도적 개선이 필요하다. 난민법 제정 이후 현재까지 2014년과 2016년 두 차례 개정하는데 머물러 있다. 난민심사제도의 후진성, 심사 대기 기간의 장기화, 밀실적이면서 자의적인 행정 운영 등을 개선하는 작업이 이루어져야 한다. 둘째, 난민으로서의 권리와 처우에 관한 개선이 필요하다. 특히 난민인정자 처우에 관한 각종 행정 절차에서 요구하는 조건들을 충족시키기 어려워 난민으로서 부여받은 권리를 제대로 누리지 못한 경우가 발생하고 있다. 여기에 한국어가 서툰 경우 법률 및 행정적 서비스 관련 통·번역 지원이 절대적으로 부족한 상황이다. 난민으로서 인정받았지만 전혀 도움이 안되는 도움에 머물러 있다.[50] 셋째, 난민에 대한 사회적 인식 개선이 이루어져야 한다. 난민 문제를 인도주의적인 차원보다는 인간으로서 갖는 기본적인 권리의 문제로 접근해야 한다. 2018년 봄, 제주 예멘 난민사태에서 확인되듯 '가짜 난민', '무슬림 혐오', '테러리스트' 등으로 대표되는 난민 혐오 프레임이 지배하고 있다. 난민 문제는 법제도적인 인정뿐 아니라 사회문화적인 포용과 인정이 함께 이루어져야 한다.

지금 광주를 비롯하여 안산, 인천, 청주, 아산, 경주, 김해 등 전국 각지에서 진행되고 있는 우크라이나전쟁 피란민 고려인에 대한 지원과 환대는 한국 사회의 난민 문제 해결의 마중물이 되리라 기대해 본다.

---

50 박순용, 서정기, 「이주난민으로 살아가기에 대한 경험의 탐색: 콜라지의 분석방법에 기초한 현상학적 연구」, 『교육인류학연구』 제17권 3호, 한국교육인류학회, 2014, 117-118쪽.

광주광역시립민속박물관, 『광주고려인마을 사람들』, 2019.

김영숙, 「국내 입국 우크라이나 피난민(동포) 현황」, 『국내 고려인사회의 현안과 과제 학술회의 자료집』, 2022.

김종홍, 「우크라이나 고려인의 전쟁 경험과 국내 입국과정」, 『국내 고려인사회의 현안과 과제 학술회의 자료집』, 2022.

박순용, 서정기, 「이주난민으로 살아가기에 대한 경험의 탐색: 콜라지의 분석방법에 기초한 현상학적 연구」, 『교육인류학연구』 제17권 3호, 한국교육인류학회, 2014.

법무부, 「아프가니스탄 정부합동지원단 10.31.부로 운영 종료 예정」, 2022.

법무부 출입국·외국인정책본부, 『난민인정자, 인도적 체류자, 난민신청자를 위한 난민인정절차 가이드북』, 2015.

법무부 출입국·외국인정책본부, 『출입국·외국인정책 통계월보 2020년 10월호』, 2022.

법무부 출입국·외국인정책본부, 『출입국외국인정책 통계월보 2022년 8월호』, 2022.

전득안, 「우크라이나 전쟁 고려인 피난민 현황과 과제: 광주광역시 월곡동에 정착한 피난민을 중심으로」, 『국내 고려인사회의 현안과 과제 학술회의 자료집』, 2022.

최유·권채리, 『난민법에 대한 사후적 입법평가』, 2017.

한준성, 「난민 위기와 지역 협력: 아프리카의 1969년 OAU 협약」, 『세계지역연구논총』 제37집 2호, 세계지역학회, 2019.

신문기사

http://www.damunhwanews.com/news/articleView.html?idxno=3419

https://cm.asiae.co.kr/article/2022020806054964516

https://www.chosun.com/national/court_law/2022/10/17/AE25PI4Y35HQBPFD7
CV5XLZHGU/

https://m.kmib.co.kr/view.asp?arcid=0016865640

https://mabu.newscloud.sbs.co.kr/201807refugee/

https://www.donga.com/news/Society/article/all/20221226/117168762/1

https://www.gjdream.com/news/articleView.html?idxno=620223

https://www.gjdream.com/news/articleView.html?idxno=622004

https://www.hani.co.kr/arti/area/chungcheong/1009561.html

https://www.hani.co.kr/arti/society/society_general/1064979.html

https://www.sarangbang.or.kr/oreum/69845

https://www.yna.co.kr/view/AKR20210929075300064

https://www.yna.co.kr/view/AKR20220509100200371

웹사이트

https://www.law.go.kr/LSW/main.html,

http://www.kncc.or.kr/newsView/knc202108270001

https://apil.or.kr/news/22211

http://www.jamir.or.kr/main/main.php

http://www.koreansan.org/

https://box.donus.org/box/jamir/jamirin

https://gkc365.modoo.at/

https://www.koreancoop.com/

https://www.peoplepower21.org/International/1715844

https://www.redcross.or.kr/voluntary/story.do?action=GetDetail&story-
no=905&pagenum=1&search_option=

https://www.unhcr.or.kr/unhcr/html/001/001001003003.html

https://www.unhcr.or.kr/unhcr/html/001/001001003005.html
https://www.unhcr.or.kr/unhcr/html/001/001005003001.html
https://www.unicef.or.kr/what-we-do/news/154840

재난과 사회적 연대의 측면에서 바라본
김용균법과 중대재해처벌법

하종강

(성공회대)

1. 김용균법·중대재해법 제정의 배경

가. 김용균 사건을 계기로 드러난 산업재해 실태

한국서부발전이 운영하는 태안화력발전소에서 2018년 12월 10일 밤늦은 시간 한국발전기술 소속의 24세 비정규직 노동자 김용균 씨(1994년 12월 6일 ~2018년 12월 10일)가 사망하는 사고가 발생했다. 김용균 씨는 11일 오전 3시 20분경 석탄 이송 컨베이어벨트에 끼어 머리가 절단된 상태로 발견됐다. 사고의 정황이 참담했을 뿐 아니라, 당사자인 김용균 씨가 사고를 당하기 2개월 전 "문재인 대통령, 비정규직 노동자와 만납시다. 나 김용균은 화력발전소에

서 석탄 설비를 운전하는 비정규직 노동자입니다."라는 손팻말을 들고 찍은 사진이 언론을 통해 알려지고, 유가족이 적극적으로 노동단체 등과 결합해 사태 해결을 촉구하는 활동을 전개하는 과정 등을 거치며 중요한 사회적 의제로 자리매김하게 된다.

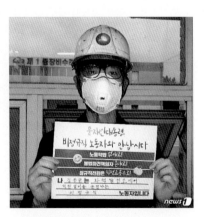

(발전비정규직연대회의 제공)[1]

고 김용균 씨 사망 1주기를 앞두고 경향신문은 2019. 11. 21.자 1면을 "오늘도 3명이 퇴근하지 못했다"는 문구와 함께 뒤집힌 안전모를 중심으로 2018년 1월 1일부터 그해 9월까지 고용노동부에 보고된 중대재해 중 주요 5대 사고로 사망한 노동자들 1,200명의 이름으로 채우는 편집으로 세간의 이목을 집중시켰다. 해당 기사는 소셜미디어에서 여러 차례 공유되며 화제가 됐고 언론 관계자들로부터 "지면이 지닌 힘을 다시 한번 보여준" 편집이라는 호평을 받았다.[2]

---

1 언론이나 활동가들이 이 사진을 자주 사용하지만, 고 김용균 씨의 어머니 김미숙 씨는 정작 이 사진을 별로 좋아하지 않는다. 필자도 그 사실을 나중에야 알았다. "용균의 잘생긴 얼굴을 너무 많이 가리고 있고 마스크 때문에 숨을 잘 못 쉴 것 같아서 답답해 보인다"고 했다. 김미숙 씨는 김용균 씨가 발전소에서 자전거를 타고 지나갈 때 동료가 찍어 준 사진을 가장 좋아한다. 묘소에도 그 조형물을 세웠다. 재난 당사자와 활동가들이 만나는 접점에서 이러한 일들이 자주 발생한다.

2 김달이, "재해사망자 1200명 이름…'이토록 무서운 지면 있었나'", 한국기자협회보, 2019. 11. 27.

(경향신문, 2019. 11. 21.자 1면)

이 기사를 계기로 "대한민국은 산업재해[3] 왕국", "산재 사망률 세계 1위" 등의 표현에 대한 사실 확인 작업들이 줄을 이었다. 종합하면 "OECD 최악의 산재국가", "OECD국가 중 산재사망률 23년 동안 21회 1위 기록" 등의 표현은 대부분 사실로 드러났다. 관련 기사를 인용하면 다음과 같다.

---

3 한국 사회에서는 '노동'이란 단어에 대한 기피 현상으로 인해 '산업재해'라는 용어를 사용하지만, 다른 한자 사용권 나라에서는 대부분 '노동재해'라고 표기한다. 노동자가 업무 수행 과정 중에 당하는 재해이므로 '산업재해'보다 '노동재해'가 더욱 적합한 표현이고, 노동단체 등에서는 '노동재해'라는 표현을 더 선호하기도 한다.

'산재사망률 OECD 1위'가 처음으로 언급된 자료는 2010년 한국산업안전보건공단이 발간한 『2009 OECD 국가의 산업재해 및 사회경제활동 지표 변화에 관한 비교연구』 보고서입니다.

보고서는 국제노동기구(ILO)의 노동 통계자료(LABORSTA)를 활용해 1975년부터 2006년까지 OECD 30개국 가운데 한국의 산재사망률이 압도적으로 높았다는 것을 보여주고 있습니다. 보고서 발간 당시 가장 최근이었던 2006년 기준으로 한국의 산업재해사망 10만인율(10만명 당 사망자 수)는 20.99명으로 영국(0.7명)의 30배, 2위인 멕시코(10명)와 비교해도 2배가 넘는 수준임이 드러났습니다.

2014년 통계도 한국은 OECD국가 중에 최악이었습니다. 통계청에 따르면 2014년 기준 한국의 노동자 10만 명당 산재 사망자는 10.8명으로 경제협력개발기구(OECD) 회원국 가운데 1위였습니다.

또한 같은 해 한국의 산재사고사망만인율(노동자 1만 명당 산재사고사망자)은 0.58인데, 일본은 0.19, 독일은 0.16였습니다. 한국은 일본이나 독일보다 3배 높은 수준이고, OECD 회원국 평균인 0.3보다 2배 정도 높았습니다.

OECD 2015년 통계에서도 10만 명당 산재 사망자는 영국이 0.4명으로 최저이고, 한국은 영국보다 20배 이상 많은 10.1명이었습니다. 한겨레는 1994년 이후 통계가 제공되는 2016년까지 23년 동안 두 차례(2006, 2011년)만 터키에 1위를 내줬을 뿐 'OECD 산재 사망률 1위국'의 불명예를 벗은 적이 없다고 보도하기도 했습니다.

* 출처: 송영훈, "한국은 세계 최악의 산재국가"?, 뉴스톱, 2019. 12. 24.
http://www.newstof.com/news/articleView.html?idxno=10143

간과할 수 없는 점은 산업재해 '발생'과 산업재해 '사망' 통계 사이의 괴리이다. 통계상으로는 한국의 산업재해 발생률은 비교적 낮은 반면 사망률은 매우 높은 것으로 나타난다.

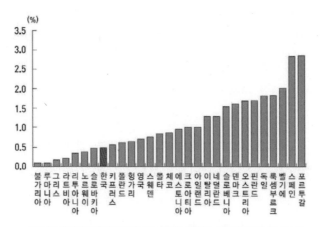

[2017년 한국과 유럽의 업무상 사고 재해율, 통계청, 한국의 사회 동향 2019]

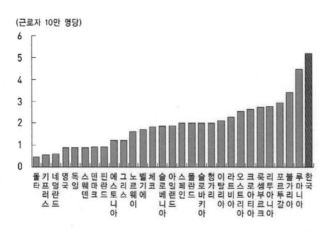

[2017년 한국과 유럽의 업무상 사고사망십만인율, 통계청, 한국의 사회 동향 2019]

이러한 현상을 두고 "한국 산업재해의 특징은 사고 건수에 비해 중대재해 발생률이 높다는 것이다"라고 분석하는 경우가 종종 있는데, 이는 결코 올바른 시각이 아니다. 산업재해 발생률 통계 수치가 낮게 나오는 이유는 실제로 발생하는 산업재해들이 대부분 은폐되기 때문이다. 정확한 통계는 없지만 80년대 후반 한 조선소에서 필자가 개인적으로 직접 조사해 본 경험에 따르면 1년 동안 그 사업장에서 실제 발생했던 질병·부상의 건수가 산업재해로 인정된 건수보다 대략 10배 이상 많았다.

2021년 노동재해로 사망한 노동자 수는 2,080명이다. 2020년의 2,062명보다 증가했고, 2020년 역시 2019년 2,020명보다 증가했다. '김용균법'과 '중대재해처벌법'을 제정하느라고 산업재해 문제에 대한 관심이 어느 때보다 높은 시기였는데도 갈수록 더 많은 노동자들이 산업재해로 목숨을 잃었다. 한국의 노동자들은 매년 2천 명 이상 사망하는 '재난'을 당하고 있는 셈이다. "오늘도 6명은 출근했다가 집으로 돌아오지 못했다."는 표현은 결코 과장이 아니다.

"세계 10위의 경제 규모"와 "세계 6위의 1인당 소득"을 자랑하는 경제 선진국이면서도 한국의 노동자들이 세계에서 가장 심각한 수준의 산업재해를 당하고 있다는 절박한 현실이 불가피하게 김용균법과 중대재해처벌법을 개정 또는 제정하도록 강제하는 중요한 배경이 됐다.

나. 대형 산업재해 재난 사건의 발생

김용균 사건이 발생한 뒤 얼마 지나지 않은 2020년 4월 29일, 이천시 '한익스프레스' 물류센터 신축공사 화재로 인한 재난 사건이 발생한다. 이 사고로 사내 하청노동자 38명이 사망했는데, 특히 이 사건은 그보다 앞서 2008년 1월 7일 같은 이천시에서 발생했던, 노동자가 40명이나 사망한 '(주)코리아2000'의 냉동 물류창고 화재 사건4과 그 양상이 판박이처럼 같은 상황에서 발생한 사

---

4 흔히 '이천 물류센터 화재 사건', '이천 냉동 물류창고 화재 사건'으로 표기하나 시민·사

건이라는 사실이 알려지면서 관심이 집중됐다.

두 사건 모두 발주처의 공사기간 단축 요구에 따른 위험작업의 동시간 진행, 안전보건공단의 수차례 보완 조치 요구 무시 등이 사고의 중요한 원인으로 작용했다.[5]

2008년에 발생한 냉동 물류창고 화재 사건으로 회사는 벌금 2천만 원의 처벌을 받았을 뿐이다. 형사적 책임을 묻는 벌금액과 민사적 책임을 묻는 손해배상액은 물론 법률적으로 같은 개념이 아니지만 노동자가 40명이나 사망했는데 회사가 불과 2천만 원의 벌금만 냈으니 피해자들의 입장에서는 "그럼 노동자 한 사람 목숨값이 50만 원이냐?"는 말이 나올 수밖에 없었고 시민들은 그러한 분노에 쉽게 공감하면서 기업이나 경영 책임자에 대한 처벌을 강화해야 한다는 주장에 힘을 보탰다.

2020년에 발생한 이천시 '한익스프레스' 물류센터 화재 사건에서도 9개 하청업체 소속 노동자 78명 중 38명이 숨지고 10명이 다치는 대규모 인명피해 사건이 발생했음에도 산업안전보건법 및 형법상 책임 주체는 발주처 관계자, 시공사 현장소장, 하청업체 운영자 등에게만 책임을 묻는 것에 그쳐 사업을 대표하는 경영책임자에 대한 처벌을 강화해야 한다는 여론이 형성되기 시작했다.

이러한 상황은 정부 내 정책결정권자들에게도 영향을 끼쳐 기존 산업재해 예방대책의 한계에 대한 문제의식을 깨닫게 하는 효과를 발휘했고 정부 내에서도 청와대를 중심으로 2020년 5월경부터 중대재해처벌법에 대한 검토가 비

회·노동단체 등에서는 책임을 분명히 하는 의미로 회사의 이름을 명기해 '한익스프레스 화재 사건', '(주)코리아2000 냉동 물류창고 화재 사건'이라고 표기할 것을 주장한다.

5 조성재 외, 「법제도 변화 이후 산업안전 수준 제고를 위한 과제」, 한국노동연구원, 2021., 157쪽.

로소 이루어지기 시작했다.

학계나 경영계에서는 이러한 대형 사건들과 그 사건 당사자의 적극적 활동이 김용균법과 중대재해처벌법의 입법 과정에 영향을 끼쳤다는 사실을 들어 공청회 등 여론 수렴 및 전문가 의견이 반영되는 과정을 충분히 거치지 못했다는 시각이 상당 부분 존재한다.[6]

2. 김용균법(개정 산업안전보건법) 개요

2018년 국회에서 통과된 산업안전보건법[7]을 '김용균법'이라고 부른다. 우리 나라 산업안전보건법은 5공화국 출범 당시인 1981년 정당성이 취약한 정권의 필요성에 의해 급조되다시피 제정됐다.

물론 심각한 산업재해 실태로 인한 경제적 손실을 더 이상 간과할 수 없어 근로기준법의 규율을 뛰어넘는 별도의 독립된 법률이 필요했다는 견해 역시 존재한다.

> 당시의 우리나라 산업재해 발생 현황을 살펴보면, 첫째, 전 산업의 재해
> 자 수는 1970년에 37,752명에 불과하였으나, 1980년에는 113,375명으로 3
> 배 증가하였고, 둘째, 산업재해로 인한 사망자 수도 1970년에 639명이던 것
> 이 1980년에는 1,273명으로 2배 늘어났으며, 셋째, 직업병자 수 또한 1970

---

6 홍정우·이상희, 「중대재해처벌법 도입결정과정 분석과 법정책적 시사점」, 한국비교노동 법학회, 『노동법논총』 Vol.55, 2022. 등.
7 필자 주: 앞서 설명한 바와 같이 '산업안전보건법' 역시 '노동'이란 단어에 대한 기피 현상으로 인해 만들어진 명칭이다. 다른 한자 사용권 나라에서는 대부분 '노동안전보건법'이라고 표기한다.

년 780명에서 1980년에는 4,828명으로 6.2배 늘어났고, 넷째, 산업재해로
인한 경제적 손실 추정액은 1970년에 92억 1,500만 원이었으나 1980년에
는 3,125억 2,300만 원으로 33.9배 증가되어 산업재해로 인한 인적·경제
적 손실의 심각성을 보여준다.

* 출처: 대한산업보건협회 대회홍보팀, 「산업안전보건법 제·개정사(1)」,
『Human』 374호, 2019. 6., 46-47쪽.

1988년 7월 2일, 15살 소년 문송면 군이 온도계 공장에서 일하다가 수은중
독으로 사망하는 사건과 원진 레이온 노동자들의 이황화탄소 중독 사건[8] 등
을 계기로 산업안전보건법 개정을 요구하는 활동이 보건의료인들과 노동자들
에 의해 활발하게 진행돼 1990년 산업안전보건법이 전면적으로 개정되기에
이른다. 당시 필자는 노동단체와 보건의료단체가 함께 만든 '산업안전보건법
개정안 작성 소위원회'에 소속돼 법안을 제 1조부터 마지막 조항까지 재작성
하면서 노동자들이 자신의 건강권과 작업환경 문제 등에 대해 '참여할 권리',
'알 권리', '작업중지권', '물질안전보건자료(MSDS)' 등이 마련될 수 있도록 요
구하는 활동에 참여할 기회가 있었다.

그 뒤 "28년 만의 대폭 개정"이라고 불리며 우여곡절 끝에 2018년 12월 27
일 국회 본회의에서 통과된 법을 '김용균법'이라고 부르는 이유는 실제로 법
이 통과되는 과정에서 김용균 사건이 지대한 영향을 끼쳤기 때문이다. 법안
준비 과정에 관여한 전형배 교수(강원대 법학전문대학원)의 말이 그러한 과정
을 잘 보여준다.

---

8 원진레이온에서 이황화탄소 중독 등으로 직업병으로 인정된 건수는 915명에 이른다.

"정부안을 만들어서 국회로 넘긴 11월만 해도 이건 어렵다는 기류였다. 경제가 어려운데 새로운 규제를 도입한다는 말이 나올 수도 있어서 민주당에도 동력이 없었다. 그런데 김용균씨 유가족들이 국회를 움직여주면서 일이 굴러가기 시작했다. 김용균 씨와 유가족이 만든 법이다. 김용균법이라는 이름이 상징이 아니라 실제 그렇게 불러도 된다고 본다. 굉장히 급박하게 흐름이 요동쳤다."

*출처: 천관율 기자, "'김용균법'은 어떻게 국회를 통과했나", 시사IN, 2019. 1. 21.
https://www.sisain.co.kr/news/articleView.html?idxno=33767

김용균법이 통과된 뒤 며칠 지나지 않아 곧바로 "김용균 없는 김용균법"이라는 말이 회자됐다. 가장 중요한 핵심 요구 사항들이 법 개정에 반영되지 않았던 것이다. 산업안전보건법 개정의 가장 중요한 핵심은 위험한 작업의 외주화(아웃소싱: outsourcing)를 금지하도록 하자는 것이었다. 그러한 요구 사항이 "죽음의 외주화를 금지하라!"라는 표어로 상징됐다. 하청 단계를 거칠수록 책임 소재가 불분명해질 수밖에 없으므로 위험한 작업은 아예 하청회사에 도급을 주지 못하도록 하자는 것이 법 개정의 가장 중요한 화두였다.

실제 노동 현장의 하청회사 노동자가 산업재해를 당하는 경우, 원청회사는 "우리 회사에 '소속'된 노동자가 아니다"라는 이유로 책임을 회피하고. 하청회사는 "우리 회사가 '소유'한 사업장(시설)이 아니다"라는 이유로 책임을 회피하는 경우가 비일비재했다. 하청업체 비정규직 노동자들의 노동안전보건에 대해 아무도 책임지지 않는다는 것은 그 노동자들이 언제 다치거나 죽을지 모르는 위험한 상황에 놓여 있다는 뜻이다.

실제로 민주노총 공공운수노조에 따르면 한국남동발전·서부발전·중부발전·남부발전·동서발전 등 5개 발전 회사에서 2012년~2016년까지 5년간 발생한 산업재해 346건 중 하청노동자가 당한 건 수가 337건으로 전체의 97.4%

를 차지했고, 2008년~2016년까지 9년간 산업재해로 사망한 발전 노동자 40명 중 하청노동자가 37명으로 92.5%나 됐다.9

국회에서 통과된 김용균법(개정된 산업안전보건법)에서는 유해 위험 작업에 대해 도급을 '금지(제한)'하는 업무와 '승인'이 필요한 업무로 구분하고 있는바, 도금이나 수은·납·카드뮴 등 독극물 등을 사용하는 유해 위험작업의 사내 도급만 금지됐을 뿐, 김용균 씨가 담당했던 전기사업 설비 운전 및 점검·정비·긴급복구 업무는 도급 금지는커녕 승인이 필요한 대상에서조차 빠져 있었다.

김용균 사건과 함께 산업안전보건법 개정의 중요한 계기가 됐던 사고가 '구의역 김 군 사건'이었다. 2016년 5월 28일, 서울 지하철 2호선 구의역 승강장에서 스크린도어를 수리하던 19세의 외주업체 노동자 '김 군'이 전동열차에 치어 사망한 사건이다. 김 군의 아버지가 아들의 유품을 정리하다가 가방 속에서 미처 먹지 못한 컵라면이 나와 많은 사람들의 마음을 아프게 했고, 그로부터 2년 뒤 '김용균 사건'이 발생했을 때, 김용균 씨의 사물함에서도 역시 컵라면이 발견돼 "2년의 세월이 지나도록 외주업체 비정규직 노동자들의 처지는 어떻게 이다지도 달라지지 않을 수 있는가?"라는 공감대를 불러일으키기도 했다.

---

9 민주노총 공공운수노조 2018. 4. 19. 서울 청와대 사랑채 앞 기자회견.
  윤자은, "발전소 하청노동자들 '죽지 않고 일하고 싶다'", 매일노동뉴스, 2018. 4. 20.

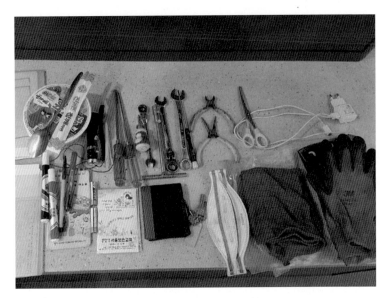

구의역 김 군 유품(유가족 제공)

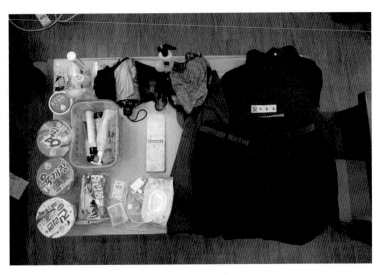

김용균 씨 유품(민주노총 공공운수노조 제공)

구의역 사건의 김 군이 담당했던 궤도 사업장의 점검 및 설비 보수 작업 역시 김용균법에서 도급 제한은커녕 도급 승인 대상에서조차 빠졌다. 원청 기업은 아무런 제한 없이 그 업무들을 외주업체에 하청을 줄 수 있다는 뜻이다.

법 개정을 통해 도급 금지라는 개념을 도입한 것 자체는 정책 방향의 선회라는 긍정적 평가를 할 수 있지만 그 대상 업무가 불과 22개 사업장, 1,000여 명에 불과해서 실효성은 극단적으로 줄어들었다는 것이 노동계의 주장이었다.

구의역 김 군 사건이나 김용균 사건은 모두 혼자 업무를 수행하다가 발생한 사고였다. 구의역 김 군 사건 때에는 심지어 2인 1조 근무 원칙을 김 군이 지키지 않았다면서 마치 사고가 김 군이 작업 원칙을 지키지 않아서 발생한 것처럼 몰아가는 주장조차 제기됐다. 김용균법에는 위험작업에 대한 2인 1조 근무 의무화 규정도 반영되지 않았다.[10]

---

10 산업안전보건법 제58조(유해한 작업의 도급금지) ① 사업주는 근로자의 안전 및 보건에 유해하거나 위험한 작업으로서 다음 각 호의 어느 하나에 해당하는 작업을 도급하여 자신의 사업장에서 수급인의 근로자가 그 작업을 하도록 해서는 아니 된다.
    1. 도금작업
    2. 수은, 납 또는 카드뮴을 제련, 주입, 가공 및 가열하는 작업
    3. 제118조제1항에 따른 허가대상물질을 제조하거나 사용하는 작업

산업안전보건법 제59조(도급의 승인) ① 사업주는 자신의 사업장에서 안전 및 보건에 유해하거나 위험한 작업 중 급성 독성, 피부 부식성 등이 있는 물질의 취급 등 대통령령으로 정하는 작업을 도급하려는 경우에는 고용노동부장관의 승인을 받아야 한다.

산업안전보건법 시행령 제51조(도급승인 대상 작업) 법 제59조 제1항 전단에서 "급성 독성, 피부 부식성 등이 있는 물질의 취급 등 대통령령으로 정하는 작업"이란 다음 각 호의 어느 하나에 해당하는 작업을 말한다.
    1. 중량비율 1퍼센트 이상의 황산, 불화수소, 질산 또는 염화수소를 취급하는 설비를 개조·분해·해체·철거하는 작업 또는 해당 설비의 내부에서 이루어지는 작업. 다만, 도급인이 해당 화학물질을 모두 제거한 후 증명자료를 첨부하여 고용노동부장관에게 신고한 경우는 제외한다.
    2. 그 밖에 「산업재해보상보험법」 제8조제1항에 따른 산업재해보상보험및예방심

그 두 사건 때문에 법이 개정됐다고 해도 지나친 말이 아닌데, 법 개정의 가장 중요한 계기가 됐던 사건의 당사자들이 담당했던 업무가 정작 법 개정에는 반영되지 않았던 것이다. 어떻게 이러한 일이 가능했을까? 가장 중요한 이유는 법 개정 과정에서 중요한 고비를 거칠 때마다 기업의 요구가 반영됐기 때문이다.

정부 내의 입법 과정에서도 각 부처간 의견을 조율하는 과정에 경영계의 의견이 반영될 수밖에 없는 구조를 갖추고 있다. 당시 정부 조직 구조를 보면 기획재정부·산업통상자원부·국토교통부·중소벤처기업부·과학기술정보통신부 등이 모두 기업의 입장을 대변하는 반면 노동자 입장을 대변할 수 있는 부처는 고용노동부뿐인데 고용노동부조차 노동자들에게 "고용노동부가 아니라 고용기업부이다"라는 말을 들을 정도로 모호한 태도를 취하고 있어, 대부분의 노동법 입법 과정이 노동부에서 마련한 '노동부안'이 국무회의를 통과하는 '정부안'이 되면서 노동자 보호 조치가 축소되고, '정부안'이 국회 환경노동위원회를 통과하는 '국회안'이 되면서 내용이 더 축소되고, '국회안'이 국회 본회의를 통과할 때 내용이 더 후퇴하는 과정을 되풀이하는데, 김용균법이나 중대재해처벌법 역시 예외가 아니었다. 소수 언론이 이러한 과정에 주목했을 뿐 김용균법의 입법 과정에 대해 고찰하는 학술 논문에서 이러한 현상을 중요하게 다루는 경우는 찾아보기 어려웠다.

정부의 입법예고 당시엔 '사망사고시 사업주에 대해 1년 이상 징역'이라는 '하한형'이 추가돼 있었는데 국회에 제출할 땐 이 조항이 빠졌다. 고용노

의위원회(이하 "산업재해보상보험및예방심의위원회"라 한다)의 심의를 거쳐 고용노동부장관이 정하는 작업

동부 쪽에 문의하니 부처간 이견 때문에 후퇴한 것이라고 했다. 담당 과장은 "자세한 설명을 하긴 어렵다"면서도 "우리가 하한형 조항을 마지막까지 지키려 노력했던 것만은 분명하다"고 말했다.

*출처: 송경화 기자. "'김용균법' 심사에서 통과까지…긴박했던 국회에서의 2주일", 한겨레, 2018. 12. 30.
https://www.hani.co.kr/arti/politics/polibar/876287.html

법안이 왜곡되는 또 다른 중요한 이유는 경영자 단체 등을 통한 기업의 요구가 국회의 입법 과정 곳곳에서 반영되기 때문이다. 경영자 단체 임원진들이 국회에 찾아가 "기업 활동을 위축시킨다"는 이유로 반대의사를 표명하고, 경영계 입장을 대변하는 보수 언론이나 경제 신문이 그러한 주장을 뒷받침해 준다. "산업재해 없애자고 공장 다 문 닫게 할 건가"[11]라는 제목의 사설을 쓴 언론도 있었고, "툭하면 공장 멈출 판…기업 '산안法 패닉'"[12], "'툭하면 공장 멈출 판' 산안법에 떠는 재계"[13] 등의 기사들이 줄을 이었다. 마치 문재인정부가 한국의 기업들을 망하게 하려고 법 개정을 하는 것처럼 프레임을 조성하고 비난했다.

이러한 과정을 거쳐 개정된 김용균법의 그나마 긍정적 측면을 정리하면 다음과 같다.

첫째, 산업안전보건법의 적용 대상을 기존 '근로자'에서 '노무를 제공하는 자'로 확대해 택배기사와 배달원 등 특수고용노동자와 플랫폼 노동자들도 이 법에 의한 보호를 받을 수 있도록 길을 열었다는 점.[14]

---

11 "[사설] 산업재해 없애자고 공장 다 문닫게 할 건가", 한국경제, 21019. 3. 5.
12 좌동욱·백승현·박상용, "툭하면 공장 멈출 판…기업 '산안法 패닉'", 한국경제, 2019. 4. 9.
13 박은서 기자, "'툭하면 공장 멈출 판' 산안법에 떠는 재계", 동아일보, 2019. 4. 23.

둘째, 앞서 설명한 바와 같이 비록 협소한 범위이지만 도금, 수은·납·카드뮴 등을 취급하는 유해·위험 작업의 사내 도급을 원천 금지하고 위반 시 10억 원 이하의 벌금을 부과하도록 했다는 점.

셋째, 원청 사업주(도급인)의 경우 이전 법에서는 화재·폭발 등의 가능성이 있는 사업장 내 22개 위험장소에 대해서만 안전보건의 책임을 지도록 했었으나 김용균법에서는 원청 사업주가 지정·제공하고 지배·관리하는 장소라면 하청노동자에 대해서도 원청 업체가 원칙적으로 안전보건 조치 의무를 지도록 강화했다는 점 등이다.

3. 김용균법의 쟁점[15]

가. 유해·위험 작업에 대한 도급 금지

노동계에서는 유해·위험 업무의 외주화가 생산비용 절감과 안전보건에 대한 책임 회피 수단으로 광범위하게 이루어지고 있는 상황에서 도급 금지 업무의 범위를 상시적 유해·위험성이 있는 철도 지하철 선로 보수, 타워크레인 설치 해체, 발전소, 조선업 등 산업재해 다발 사업장으로 확대할 필요가

---

14 산업안전보건법 제1조(목적) 이 법은 산업 안전 및 보건에 관한 기준을 확립하고 그 책임의 소재를 명확하게 하여 산업재해를 예방하고 쾌적한 작업환경을 조성함으로써 노무를 제공하는 사람의 안전 및 보건을 유지·증진함을 목적으로 한다.

15 이 단원의 내용은 아래 두 문건을 중심으로 발췌, 정리하였다.
① 김도균·김재신, 「'김용균법'과 경기도 산업안전 대응방안」, 『이슈 & 진단』 No 357, 경기연구원, 2019. 2. 7.
② 최명선, 「산업안전보건법 전면 개정의 의의와 과제」, 『통과된 산업안전보건법 전부 개정안에 대한 평가와 향후 과제』, 노동건강연대 외 8개 단체, 2019. 1. 31.

있다고 주장한다. 김용균법에서 신설된 도급 '금지' 작업도 기존의 도급 '인가' 대상이었던 것들을 '금지' 대상으로 전환한 것에 불과해 실질적으로 대상 사업장이 확대되는 효과는 거의 없다는 것이다.

이에 반해 경영계는 도급계약 자체를 원천 금지하는 것은 헌법상 과잉금지 원칙에 위배된다고 주장한다. 도급 금지 규정이 기업 간 계약 체결의 자유와 기업의 경영권을 침해하는 것으로 본다는 것이다. 위험 작업의 외주화를 금지한다고 해도 기업의 계약 체결의 자유를 지나치게 제한하지 않는 최소한의 범위에만 적용해야 한다고 주장한다. 더불어 원청보다 오히려 숙련도와 전문성을 갖춘 수급인에게 도급을 주는 것이 산업재해 예방에 더욱 효과적일 수 있다고 주장하기도 한다.

나. 도급인 책임 확대 및 처벌 수준 강화

노동계에서는 도급인(원청회사)의 책임 확대가 책임의 외주화를 막을 수 있는 조치이므로 작업 현장과 기업규모를 고려한 보완 규정 마련이 필요하다고 주장한다. 도급인의 산재 예방책임 범위를 붕괴·화재·폭발·추락 등 산업재해 발생 위험이 높은 22개 장소에서 도급인 사업장 전체 및 도급인이 지정·제공한 장소로 확대한 것은 바람직하나 기업의 규모에 관계없이 안전보건총괄책임자 1인을 두도록 정하고 있어 1인의 안전관리자, 1인의 보건관리자가 하청업체까지 모두 관리하기는 역부족이기에 보완 규정이 필요하다는 것이다.

이에 반해 경영계는 실효성 없는 불합리한 조치라고 비판한다. 수급인 노동자에 대한 도급인의 안전관리 권한 확대 없이(지시를 불이행한 노동자에 대한 처벌이 가능하도록 명기해야 한다는 요구도 있다.) 방대한 책임과 과도한 의무를 도급인에게만 부과하여 실효성이 없으며 기업의 경영활동만 위축시킨다는 것이다. 원청사업주인 도급인에게 하청사업주와 동일한 안전 보건조치 의무를 부과하는 것은 과도한 조치라고 주장한다.

이러한 주장에 대해 당시 문재인 정부는, 도급인(원청회사)은 지배·관리 가능한 장소에서 일하는 모든 노동자에 대해 안전·보건 조치의 책임을 지는 것이 타당하고 작업 장소, 시설 등에 대한 실질적 지배관리권이 도급인에게 있다면 도급인이 자신의 사업과 관련한 위험에 대해 예방 책임을 지는 것이 당연하다는 입장이었다.

다. 사업주에 대한 처벌 수준 강화

노동계는 처벌 수준의 하한선 규정이 필요하다고 주장한다. 지금까지의 처벌 예로 보아 하한선 규정이 부재한 처벌 수준 강화는 실효성이 없다고 보기 때문이다. 산업재해는 작업장의 안전보건 문제를 고의로 방치해서 일어나는 경우가 많음에도 대법원 양형위원회는 산재사고를 과실로 보는 경향이 있어서 처벌 수준이 매우 낮은 상황이다. 예로, 2007년~2916년까지 9년 동안 산업안전보건법 위반 혐의로 열린 형사재판 총 5,109건 중 징역형을 선고받은 경우는 0.5%인 28건에 불과하고, 절반 이상인 3,413건이 벌금형으로 400만~500만 원에 불과했다.

이에 반해 경영계는 사업주의 처벌 수준이 다른 나라에 비해 과도하게 높고 산업재해 예방보다 처벌 강화에만 초점이 맞춰졌다고 비판한다. 하한 설정 방식의 징역형은 고의범에 적용되는 것으로 과실인 경우가 많은 산업재해에 대한 형벌 부과방식으로는 부적합하다고 주장한다.

이에 대해 당시 문재인 정부는 산업재해 사고에 대한 징역형의 하한 설정은 과잉제제의 우려가 있기 때문에 법인 처벌 강화, 수강명령 등을 통해 처벌 수준 강화 및 다양화를 모색하고 법의 실효성을 위한 조치로 징역형의 하한 설정에는 공감하나 경영계의 우려를 고려할 필요가 있다는 입장을 유지했다.

<산업안전보건법 개정의 주요 쟁점>

구분	노동계	경영계	정부
유해위험업무 도급 금지	• 적용범위 확대 필요 • 선로보수, 발전소 등 외주화가 주원인으로 지목되는 산재사업장에 대한 추가 조항 마련	• 헌법상 과잉금지 원칙 위배(기업경영권 침해) • 도급 원천 금지는 하청 근로자 보호수단으로도 부적절	• 계약체결의 자율성을 확보하면서 위험의 외주화를 방지하기 위해 **최소한의 범위에서 사내 도급 금지**
도급인의 책임 확대	• 도급인의 산재 예방책임 범위 확대는 바람직 • 작업현장과 기업규모를 고려한 보완 규정 필요	• 근로자에 대한 도급인의 안전상 지시·명령의 실효성 부재 • 과도한 의무 부과로 경영위축	• **도급인은 '도급인이 지배·관리 가능한 장소'**에서 일하는 **모든 근로자**에 대해 안전·보건 조치의 책임을 지는 것이 **타당**
처벌수준 강화	• 처벌의 하한선 설정	• 하한선 설정은 과실로 인한 산재사고에 대한 처벌로는 과도	• 징역형의 하한 설정은 **과잉 제제 우려가 있기에 법인 처벌 강화, 수강명령 등을 통해 처벌 수준 강화 및 다양화**

자료 : 경기연구원(2019) 작성.

_____ **4. 중대재해처벌법 개요**

가. 기업살인법 제정의 필요성 제기

중대재해처벌법의 정확한 명칭은 '중대재해 처벌 등에 관한 법률'이다. 법안이 제안되는 단계에서는 '기업살인처벌법',[16] '재해에 대한 기업 및 정부책

---

16 2013. 12. 24. 김선동 의원 대표 발의 법안(의안번호: 1908721).

임자 처벌에 관한 특별법안[17] 등의 명칭이 사용됐으나 입법 과정에서 '기업'
이란 단어가 법 명칭에서 빠졌고 '정부책임자' 곧 공무원에 대한 처벌 내용은
법안에서 삭제됐다. 법안 제정의 취지가 처음보다 상당 부분 후퇴한 결과다.

노동안전보건 조치를 제대로 하지 않아서 중대재해를 발생시킨 기업을 처
벌할 수 있는 법이 필요하다는 주장이 우리 사회에서 처음 제기되면서 사용
된 용어는 '기업살인법'이었다. 노동건강연대 등 산업재해 관련 단체들을 중심
으로 "기업살인법 제정이 필요하다"는 주장이 제기된 것은 영국에서 '기업 과
실치사 및 기업 살인법'(Corporate Manslaughter and Corporate Homicide
Act, 이하 '기업살인법'이라 약칭함)을 제정하기 위한 활동이 활발하게 전개된
시기와 거의 비슷한 2006년 무렵부터였다. 한국 사회의 심각한 산업재해 실
태가 개선될 기미가 보이지 않자 시민·사회·노동단체들은 '2006년 산재사
망 캠페인단'을 발족하여 매해 '최악의 살인기업 선정식'을 진행했고 이러한
활동들에 힘입어 산업재해 예방을 위해서는 책임 있는 기업이 제대로 처벌받
을 수 있도록 하는 입법 조치가 필요하다는 공감대를 형성하게 된다.

기업들이 평소 지속적으로 안전보건에 투자를 해 오지 않았으므로 뒤늦게
한꺼번에 안전보건 조치를 마련하기 위해서는 막대한 비용이 소요될 수밖에
없다. 따라서 기업이 자발적으로 안전보건 조치를 마련한다는 것을 기대하기
가 거의 불가능한 상황에서는 노동안전보건 조치를 제대로 마련하지 않은 기
업은 안전보건 비용보다 더 큰 금액의 비용을 지출할 수밖에 없도록 강제하
는 입법 조치가 필요하고, 그것이 바로 기업살인법 제정의 취지라고 할 수 있
다. 이를테면 기업들이 "노동자의 안전과 보건을 제대로 지키지 않으면 도산

---

17 2017. 4. 14. 고 노회찬 의원의 대표 발의 법안(의안번호: 2006761).

할 수도 있다"는 부담을 갖도록 함으로써 실제 국가 경제의 건전한 발전에 이바지할 수 있도록 하자는 것이다.

앞서 설명했듯 2008년 이천시 '(주)코리아2000'의 냉동 물류창고 화재로 노동자가 40명이나 사망하는 재난 사건이 발생했는데 회사는 불과 2천만 원의 벌금 처분만 받게 되자 위 단체 등을 중심으로 2012년 기업살인법을 제정하기 위한 구체적 법안이 만들어지기 시작했다.

2013년 12월 24일, 김선동 의원의 대표발의로 「기업살인처벌법안」(의안번호: 1908721)이 국회에 입법 발의된다. 동 법안의 주요 내용을 논문에서 인용하면 다음과 같다.

동 법안에서는 기업이 산업안전보건법의 중요한 특정 조항들을 위반하여 노동자에게 중대재해를 입힌 경우 '기업살인죄'로 규정했고, 중대재해의 범위를 산업안전보건법에 따른 중대재해의 범위보다 다소 폭 넓게 규정했으며, 기업살인범죄를 저지른 사람에 대하여 노동자가 사망한 경우에는 7년 이상의 징역, 상해를 입은 경우에는 5년 이상의 징역 또는 5억 원 이하의 벌금에 처하도록 규정하였는바, 이는 당시 산업안전보건법상의 처벌기준 (사망에 이르게 한 경우에는 7년 이하의 징역 또는 1억 원 이하의 벌금, 그 외의 경우에는 5년 이하의 징역 또는 5,000만 원 이하의 벌금)에 비하여 매우 강화된 것이었다.

또한 양벌규정을 두어 법인의 대표자나 법인 또는 개인의 대리인, 사용인, 종업원 등이 그 법인 혹은 개인과 관련한 업무로 인해 기업살인범죄를 저지른 경우 행위자를 벌하는 외에 법인 또는 사용자인 개인에 대하여 ① 피해자가 사망하였다면 직전 사업연도 매출액의 1000분의 10에 해당하는 금액 이하의 과징금(직전 사업연도 매출액이 10억 미만인 경우에는 10억 원 이하의 과징금), ② 피해자가 상해를 입은 경우에는 직전 사업연도 매출액의 1000분의 5에 해당하는 금액 이하의 과징금(직전 사업연도 매출액이 5

억 원 미만인 경우에는 5억 원 이하의 과징금)을 부과하도록 하여 행위자 외에 그 법인 또는 개인에게도 과징금을 부과하도록규정하였다(안 제5조).

그 외 기업살인범죄를 저지른 행위자와 그를 고용한 법인, 개인은 피해를 본 근로자에게 사고로 인해 발생한 손해의 3배 이상을 배상하도록 규정하고 있으며(안 제6조), 관계 행정기관장으로 하여금 행정처분을 하도록 함은 물론 공공기관이 시행하는 사업에 대한 참여를 제한하며(안 제8조), 기업살인범죄 행위자의 처벌 사실과 해당 사업에 대한 행정조치 결과를 해당 부처에서 공표하도록 하였다(안 제9조).

*출처: 권오성, 「소위 '기업살인법' 도입 논의의 노동법적 함의」, 『노동법포럼(labor law forum)』 Vol.- No.28, 노동법이론실무학회, 2019. 147-149쪽.

나. 중대재해기업처벌법 제정 요구

2014년 세월호 참사와 더불어 산업재해뿐 아니라 중대시민재해를 처벌할 수 있는 입법이 필요하다는 주장에 힘이 실리기 시작했고 2015년에는 노동시민단체가 연대해 '중대재해기업처벌법제정연대'를 발족하게 된다.

2016년 구의역 김 군 사건 등이 잇달아 발생하자 2017년 4월 14일 고 노회찬 의원의 대표 발의로 '재해에 대한 기업 및 정부책임자 처벌에 관한 특별법안'(이하 "중대재해기업처벌법안"이라고 약칭함)이 국회에 제출되었다. 이 법안이 추후 중대재해처벌법의 기초가 된다.

2018년 산업안전보건법이 전면 개정된 이후에도 대한민국의 산업재해 현실은 전혀 개선되지 않았고 오히려 산업재해 사망자 수가 증가하는 추세가 지속됐다. 2008년에 노동자가 40명이나 사망한 이천시 '(주)코리아2000'의 냉동 물류창고 화재 재난 사건과 판박이처럼 닮은 이천시 '한익스프레스' 물류센터 신축공사 화재 사건이 2020년에 발생해 38명의 노동자가 사망하자, 법을 준수하지 않아 중대재해를 발생시킨 기업에 그에 상응하는 처벌이 뒤따르지 않으면 실제로 산업재해를 줄이기 어렵다는 인식이 시민사회에 확산됐다. 이러한 상황이 21대 국회에서 중대재해기업처벌법을 반드시 통과시켜야 한다는 시민사회의 결의로 모아졌고 2020년 5월 27일 130개 시민·사회·노동단체가 모여 '중대재해기업처벌법 제정 운동본부'를 발족하게 된다.

2020년 5월 27일, 중대재해 기업처벌법 제정 운동본부 발족식, ©참여연대

출범 몇 개월 뒤 이 본부에는 2백여 개의 단체가 결합하게 되고 서울의 중앙조직 외에도 각 지역에 운동본부가 자발적으로 만들어져 중대재해처벌법이 국회에서 통과될 때까지 지속적으로 활동을 전개한다.

다. 중대재해처벌법 제정과 재난 당사자의 역할

중대재해처벌법이 제정되도록 하는 데에 결정적 영향을 끼친 사람이 고 김

용균 씨 어머니 김미숙 '김용균재단' 이사장을 비롯한 재난 사건의 당사자들
이었다는 사실을 부인하기는 어렵다. 학술 논문에서 그 과정을 정리한 내용을
인용하면 다음과 같다.

> 태안화력발전소 하청노동자로 일하다 숨진 김용균씨의 어머니 김미숙
> '김용균재단' 이사장은 중대재해처벌법 국회논의의 시작과 최종 법사위 및
> 본회의 통과 등 입법과정이 마무리될 때까지 가장 결정적인 동력을 제공한
> 것으로 파악된다. 2020. 8. 26. 김미숙 '김용균재단' 이사장은 중대재해기업
> 처벌법 국회 국민동의청원(이하 입법청원)을 제기하였고, 9. 21.에 입법청
> 원 동의자가 10만명을 넘어서면서 청원안이 국회 환경노동위원회에 회부
> 되었다.
>
> 김미숙 이사장은 청원글48)에서 "사업장 90%가 법을 위반하고 산업안전
> 보건법 범죄 재범률이 97%라고 하는데, 여전히 중대재해를 일으킨 기업에
> 는 고작 벌금 450만원만 부과된다"며 "원청인 재벌 대기업은 위험을 외주화
> 해서 하청노동자가 사망해도 하청업체만 처벌받을 뿐 아무런 책임도 지지
> 않는다"고 청원 배경을 설명했다.
>
> 국회에서의 논의가 더 이상 진전을 보이지 않고 있었던 2020. 11. 10.부
> 터 김미숙 이사장은 중대재해처벌법 제정을 요구하며 국회 본청 앞에서 단
> 식농성을 시작하였다. 이후 2020. 11. 17. 교수 등 각계 전문가 2,164명이
> 김미숙 이사장과 강은미 정의당 원내대표 등이 단식하고 있는 국회 본청 앞
> 에서 기자회견을 열고 중대재해처벌법 제정을 촉구하면서 법안의 세부 쟁
> 점이 되고 있는 '징벌적 손해배상' 조항을 법안에 포함하고 50인 미만 사업
> 장 유예 없이 법을 전면 적용하라는 공동선언문을 발표했다. 김미숙 이사장
> 은 2020. 11. 18. 국회 소통관에서 열린 정의당의 '중대재해기업처벌법 연
> 내 입법 촉구 기자회견'을 통해 "국민이 이렇게 죽는 것은 나라가 … 기업에
> 살인 면허를 준 것이고 정치인도 거기에 동조한 것이다"고 지적하면서 "유

족과 시민단체들이 다 같이 중대재해기업처벌법이 제대로 통과되도록 총력전을 펼 것"이라고 강조하는 등 중대재해처벌법의 국회 입법 논의가 본격적으로 시작하게 만드는 핵심 동력을 제공한 것으로 판단된다. 김미숙 이사장은 12. 24. 단식 농성장을 찾은 더불어민주당 김태년 원내대표에게 논의되고 무산된 법이 많다며 본회의 의결까지 단식을 이어가겠다는 입장을 밝힘으로써 여당을 압박하였고, 이날 민주당이 국민의힘 참여 없이 단독으로 법사위 법안심사제1소위를 열고 중대재해처벌법 법안 심사에 들어가게 하는 성과를 만들어 내기도 하였다. 김 이사장은 2021. 1. 8. 중대재해처벌법이 법사위와 본회의를 마지막 통과할 때까지 입법 동력을 유지하게 만든 가장 결정적인 인물로 평가되기도 하였다.

*출처: 홍정우 · 이상희 앞의 논문, 428-429쪽.

앞의 김용균법 제정 과정에 대한 설명에서 언급했듯 학계나 경영계에서는 재난 사건 당사자의 적극적 활동이 입법 과정에 영향을 끼쳤다는 사실을 들어 공청회 등 여론 수렴 및 전문가 의견이 반영되는 과정을 충분히 겪지 못해 문제점을 지닌 법이 탄생하는 결과를 초래했다는 시각이 상당 부분 존재한다.

5. 중대재해처벌법의 '중대산업재해'와 '중대시민재해'

중대재해처벌법에서는 중대재해를 '중대산업재해'와 '중대시민재해'라는 두 가지 개념으로 규정하고 있다.

'중대산업재해'는 산업재해로 인해 ▲사망자 1명 이상 발생 ▲동일한 사고로 6개월 이상 치료가 필요한 부상자 2명 이상 발생 ▲동일한 유해요인으로 급성중독 등 직업성 질병자가 1년 이내에 3명 이상 발생한 경우를 말한다.

중대재해처벌법에서 긍정적으로 평가받는 대목 중 하나가 '중대시민재해'라는 개념을 도입했다는 점이다. 사회적으로 물의를 빚을 정도의 대형 안전사고(재난)를 일으킨 책임자에 대한 별도의 처벌이 가능한 근거를 마련했기 때문이다. 가습기살균제사고, 세월호침몰사고, 성수대교붕괴사고, 삼풍백화점붕괴사고 등이 바로 중대시민재해에 해당한다.

법률적으로는 ▲사망자 1명 이상 발생 ▲동일한 사고로 2개월 이상 치료가 필요한 부상자 10명 이상 발생 ▲동일한 원인으로 3개월 이상 치료가 필요한 질병자 10명 이상 발생한 경우를 중대시민재해로 규정하고 있다.

6. 사회적 재난 사건과 작업중지권

1995년 6월 29일 삼풍백화점 붕괴사고가 발생했던 날, 필자는 불과 두 시간 전까지 그곳에 머물렀던 특별한 경험을 갖고 있다. 당시 일하고 있던 연구소가 바로 삼풍백화점 건너편에 자리하고 있었다. 늦은 점심을 먹으러 오후 3시쯤 5층 식당가에 올라갔는데 상가 한쪽 절반가량의 가게들은 조명이 꺼져 있었고 입구에 띠를 두른 채 사람들의 출입을 막고 있었다. 반대편 상가들은 영업을 계속하고 있었다. 내가 가려고 했던 콩나물국밥집은 조명을 끈 채 영업을 하지 않고 있어 지하 분식점에 내려가 새우볶음밥을 먹고 나왔다. 그 무렵이 오후 4시쯤이었다.

2시간쯤 지난 오후 5시 55분, 삼풍백화점이 순식간에 무너져 내렸다. 5층에 있던 직원들이 긴급히 "대피하라"고 외치며 뛰어내려오기 시작했지만 건물 안에 있던 1500여 명의 사람들 대부분은 그 소리를 듣지 못했다. 불과 20여 초 만에 5층에서부터 지하 4층까지 매몰됐다. 길 건너편 사무실에 있던 내 귀에도 건물이 무너지는 둔중한 소리가 들렸다. 그 사고로 502명이 사망했다. 특이한 동작으로 국물 간을 보던 분식점 주인이나 1층 보석특별전 행사장에서 활짝 웃는 얼굴로 보석 구매를 권유했던 점원도 십중팔구 사망했을 것이다.

5층 식당가의 절반쯤에만 조명이 꺼져 있었던 이유는 무엇이었을까? 이미 건물이 갈라지고 있었던 것이다. 건물 벽과 천장과 바닥에 금이 가기 시작한 쪽은 영업을 하지 않고, 나머지 절반 쪽에서는 여전히 일을 하게 했던 것이다. 증언에 따르면 백화점 5층 바닥의 갈라진 틈 사이로 1층이 보였을 정도로 심하게 건물이 갈라졌는데도 영업을 계속하도록 지시했던 백화점의 주요 임원들 상당수는 대책회의 도중 피신하라는 연락을 받고 빠져나갔다. 어찌 세월호 사건과 이렇게 같을 수 있는가?

그날 만일 상사의 지시를 무시하고 사람들을 백화점 밖으로 모두 나가도록 대피시킨 직원이 있었다고 가정해보자. 백화점 건물이 무너지지 않았고 보수공사를 한 뒤 영업을 계속할 수 있었다면 어떤 일이 벌어졌을까? 해당 직원은 징계를 받아 해고됐을 것이고, 회사는 매출 손실과 이미지 손상에 대한 책임을 물어 최소한 수억 원의 손해배상을 청구했을 것이다. 산업안전보건법의 '위험작업중지권'이 노동자에게 실효적으로 필요한 이유는 바로 그 때문이다. 세월호 사건에서도 선원들에게 위험한 운항을 중지할 권리가 명실상부하게 보장돼 있었다면 참사를 막을 수도 있었을지도 모른다.

1988년 온도계 공장에서 일하다가 15살 나이에 수은중독으로 사망한 문송면 군 사건 등 노동재해 문제가 집중적으로 발생하자 노동운동 진영에서는 '노동과건강연구회' 등을 중심으로 노동자의 안전을 실효적으로 지킬 수 있도록 산업안전보건법을 개정하자는 운동이 폭넓게 진행됐고, 실제로 1990년에 산업안전보건법이 대폭 개정됐다. 쟁점이 된 조항 중 하나가 위험작업중지권이었다. 조선소 등에서는 족장(비계)을 제대로 설치하지 않아 노동자가 추락하는 사고가 빈번했다. "위험해서 못 올라가겠다"고 작업을 거부하는 노동자에게 관리자가 "그럼 그런 회사에 가서 일하라"고 윽박지르는 바람에 하는 수 없이 올라갔다가 추락하는 사고가 발생하기도 했다.

우여곡절 끝에 산업안전보건법 제26조에 작업중지권이 규정되기는 했다. 사업주는 급박한 위험이 있을 때 즉시 작업을 중지시키고 노동자를 대피시키는 등의 조치를 해야 하고, 노동자는 급박한 위험으로 작업을 중지하고 대피하였을 때에는 지체 없이 그 사실을 보고해야 하고, 작업을 중지하고 대피한 노동자에게 불리한 처우를 하여서는 아니 된다고 규정하고 있다. 그러나 노동계의 거듭된 요구에도 "위험한 작업을 중지할 권리가 있다"고 분명히 명시하지 않은 채 '급박한 위험'에만 한정하고 있어 해석에 많은 논란이 있었다. 따라서 노동조합이 힘을 갖고 있지 못한 사업장에서는 유명무실한 권리에 불과하고 노동자들도 그러한 권리가 있는지 모르는 경우가 많다.

1994년 에스토니아호가 침몰해 852명이 희생되는 참사를 겪은 뒤, 스웨덴은 매뉴얼보다 안전교육을 강화하는 해법을 선택했다. 산업안전보건법에 위험작업중지권이 분명하게 명시되고 각급 학교와 기관 등에서 위험작업중지권에 대한 교육이 광범위하게 시행될 필요가 있다는 것이 노동계의 오랜 숙원이었다.

2018년 개정된 김용균법에는 제52조(근로자의 작업중지)에는 "근로자는 산업재해가 발생할 급박한 위험이 있는 경우에는 작업을 중지하고 대피할 수 있다."라고 작업중지권을 명시하고 있지만, 여전히 '급박한 위험'에 한정하는 단서가 있어 논란의 여지는 여전히 남아 있다.[18]

가. 인과관계 추정 조항의 삭제

가습기살균제 사고와 관련해 최초 가습기살균제 제조 판매업체들은 1심에서 무죄 판결을 받았다. '인과관계가 성립하지 않는다'는 것이 무죄 판결의 중요한 이유였다. 애초에 마련된 중대재해기업처벌법(안)에는 인과관계 추정 조항이 있었다. 글자 그대로 명확한 입증이나 증거가 없더라도 추측해서 '인과관계가 있다'고 결정할 수 있는 조항이다.

원안에는 안전보건조치 의무 위반 사실이 3회 이상 있고, 증거를 인멸하는 등 조사를 방해하는 행위가 확인된 경우에는 중대재해가 발생한 것으로 추정할 수 있다는 조항이 있었다. 만일 중대재해처벌법이 원안대로 통과됐다면 오랜 기간이 지나는 동안 기업들이 증거를 인멸해왔다고 의심되는 가습기살균제 사고의 경우에 기업에게 유죄 판결과 그에 근거한 민사상의 손해배상 판결이 가능했을지도 모른다. 그러나 입법 과정에서 해당 조항은 삭제됐다.

---

18 산업안전보건법 제52조(근로자의 작업중지) ① 근로자는 산업재해가 발생할 급박한 위험이 있는 경우에는 작업을 중지하고 대피할 수 있다.
② 제1항에 따라 작업을 중지하고 대피한 근로자는 지체 없이 그 사실을 관리감독자 또는 그 밖에 부서의 장(이하 "관리감독자등"이라 한다)에게 보고하여야 한다.
③ 관리감독자등은 제2항에 따른 보고를 받으면 안전 및 보건에 관하여 필요한 조치를 하여야 한다.
④ 사업주는 산업재해가 발생할 급박한 위험이 있다고 근로자가 믿을 만한 합리적인 이유가 있을 때에는 제1항에 따라 작업을 중지하고 대피한 근로자에 대하여 해고나 그 밖의 불리한 처우를 해서는 아니 된다.

나. 5인 미만 사업장의 적용 제외

5인 미만 사업장에는 중대재해처벌법을 적용하지 않고 50인 미만 사업장에는 법 적용을 3년 동안 유예하는 것으로 규정했다. 우리나라 전체 사업장 중 80%가 5인 미만 사업장이고 3년간 유예된 50인 미만 사업장은 전체 사업장 중 98.9%나 된다.

2019년 고용노동부 산업재해 통계 현황을 살펴보면, 산재 노동자 109,242명 중 83,678명(76.5%)이 50인 미만 사업장 소속이고, 산재 노동자 10명 중 8명이 50인 미만 사업장에서 산재로 다치거나 사망했으며, 산재 사망자 2,020명 중 1,245명(61.6%)이 50인 미만 사업장에서 사망했다.

영세한 사업장은 경영상 부담이 커진다는 것이 법 적용의 면제 사유일 텐데 지금까지 거의 모든 노동법이 그러한 방향으로 시행돼왔다. 주 40시간 노동이나 산재보험이나 의료보험 등도 마찬가지였다. 가장 먼저 보호받아야 할 영세한 사업장의 노동자들은 제외되거나 가장 늦게 혜택을 받는 순서로 도입됐다. 수십 년 동안 그렇게 해 왔으니 이제 방식을 바꿀 때가 되었다. 영세 사업장도 그 리스크를 감당할 수 있도록 정부나 지방자치단체가 지원할 수 있도록 제도화하는 방안을 마련할 필요가 있다.

법 적용을 아예 제외한다는 것은 "경영이 어려워질 테니 노동자가 계속 죽도록 그냥 방치하자"는 것이나 다름없다. 기업 입장에서는 회피할 것이 아니라 그 부담을 감당할 수 있을 만큼의 지원을 받아내는 방향으로 노력해야 한다. "우리는 경영이 어려우니까 노동자한테 적게 주자."가 아니라 "그만큼 지원을 더 받고 부가가치를 높이자."는 방향으로 전환해야 기업경쟁력도 높일 수 있고 국가경제에도 유익한 영향을 끼치게 된다.

5인 미만 사업장의 노동자들에게 법 적용을 아예 하지 않는 것은 "국가가

법으로 영세 사업장 노동자를 차별하는 것으로서 차별 중에서도 가장 나쁜 형태의 차별이다"라고 주장하는 법학자도 있다.

5인 미만 사업장을 법 적용에서 제외하면 5인 이상 사업장들이 4인 단위로 나누어 근로계약을 체결하는 '쪼개기 계약' 등의 수법으로 법망을 회피할 가능성도 있다. 실제로 근로기준법 적용을 회피하기 위해 기업들이 그러한 방식을 이용하고 있는 것이 엄연한 현실이다.

다. 처벌 수위에 대한 시각

경영계에서는 중대재해처벌법의 처벌 규정이 다른 나라에 입법 예가 없을 정도로 과도하게 높다고 주장한다. 그러나 이러한 주장은 전혀 사실이 아니다.

영국에서도 기업살인법으로 처벌하는 경우는 매우 드물고 대부분 산업안전보건법으로 처벌한다고 하면서 마치 영국의 기업살인법이 존재하기는 하되 사문화된 법률인 것처럼 주장하기도 하는데, 영국이 기업살인법을 드물게 적용하는 이유는 산업안전보건법만으로도 우리나라보다 몇 배 높은 수위의 처벌이 가능하기 때문이다. 영국의 대형 슈퍼마켓체인 아이슬란드 푸드에서 2013년 58세의 노동자가 작업대에서 떨어져 사망하는 사고가 발생했다. 그 노동자는 에어컨 관리 하청업체 소속이었다. 법원이 산업안전보건법 위반으로 원청회사인 슈퍼마켓 체인 본사에 250만파운드(우리 돈으로 37억5천만원)의 벌금을 선고하는 판결을 했다. 기업살인법이 아니라 산업안전보건법만으로 가능한 처벌이다.

2011년 '이튼 앤 코츠월드 홀딩' 사건 때는 기업 연 매출액의 250%에 해당하는 벌금을 물렸고, 2014년 '모바일 스위퍼즈' 사건 때는 회사 자산의 15배에 해당하는 벌금을 물리기도 했다. 해당 회사들은 경영상 심각한 타격을 입었지만 그렇게 함으로써 사회 전체의 비용을 줄일 수 있었다. 영국은 그러한 과정을 통해 산업재해 사망률을 실제로 절반 가까이 줄였다.

표: 영국의 산업안전보건법 처벌 사례와 벌금액

년도	기업	원 환산금액
2017년 6월	Tesco Stores Ltd	75억 7천 350만원
2017년 9월	Merlin Attractions Operations	75억 7천 350만원
2016년 11월	Iceland Foods ConcoPhilips	45억 4천590만원
2017년 1월	KFC	14억3천935만원

*출처: 노동안전보건실, 「중대재해기업처벌법 경제단체 주장 팩트체크」, 민주노총, 202. 12. 17., 3쪽.

미국 역시 산업안전보건법에 의한 벌금액이 매우 높은 편이다.

표: 미국의 중대재해에 대한 처벌 사례와 벌금액

기업명	벌금부과일	납부벌금(달러)	원 환산금액
BP Products North America	2009.10.29	50,610,000	607억8,261만원
BP Products North America	2005.09.21	14,567,000 205,000	174억9,496만원
Imperial Sugar	2008.07.25	6,050,000	72억6,605만원
O&G Industrial INC	2010.08.03	1,000,000	12억100만원

*출처: 노동안전보건실, 위의 자료.

우리나라의 삼성중공업 괌지부도 1995년 826만 달러(99억 2,026만)의 벌금을 부과받은 적이 있고, 현대자동차는 2016년 미국 하청업체 노동자 사망사고로 인해 30억 원의 벌금을 부과받았다. 따라서 우리나라 중대재해처벌법의 처벌 수위가 "다른 나라에 입법 예가 없을 정도로 과도하게 높다"는 주장은 '가짜뉴스'에 가깝다.

8. 윤석열 정부와 중대재해처벌법의 전망

윤석열 대통령은 대통령 후보 시절부터 중대재해처벌법에 대한 본인의 생각으로 분명하게 표명했다. 2021년 12월 1일, 충남북부상공회의소 기업인 간담회에서 윤석열 당시 국민의힘 대통령 후보는 중대재해처벌법에 대해 "모든 걸 사업주에 떠넘기고, 사고 나면 교도소 보낸다는 개념으로 가서는 안 된다."라며 "강력한 예방을 위한 장치여야지, 사고 날 때 책임을 떠넘기는 방식으로 운영돼서는 안 된다.", "중대재해법은 기업인들의 경영 의지를 위축시키는 강한 메시지를 주는 법이기도 하지만, 많은 내용들이 대통령령으로 위임되어 있기 때문에 대통령령을 촘촘하게 합리적으로 설계해 기업하는 데 큰 걱정 없도록 하겠다"라고 했다.[19]

뒤이어 "산업재해 예방에 초점을 맞춰 근로자의 안전을 확실히 보장하겠다"라고 말하기도 했지만[20] 중대재해처벌법이 경영에 지장을 초래하는 법이어서 앞으로 집권하게 되면 기업에 대한 처벌을 완화하거나 노동안전보건 비용을 줄이도록 하겠다는 강력한 의지가 읽히는 발언이었다.

이러한 의지는 제20대 대통령직인수위원회가 윤석열 정부가 출범을 며칠 앞둔 2022년 5월 3일 발표한 「윤석열정부 110대 국정과제」에서도 잘 나타난

---

19 강상엽, "윤석열 '상속세 과도, 기업경영 어려워…부담 낮출 것', 조세일보, 2021. 12. 02.
20 이재훈, "윤석열 '중대재해법 경영 의지 위축'…연이틀 '왜곡된 노동관' 드러내", 한겨레, 2021. 12. 1.

다.[21] 위 국정과제 [약속10] "노동의 가치가 존중받는 사회를 만들겠습니다."의 49대 국정과제가 "산업재해 예방 강화 및 기업 자율의 안전관리체계 구축 지원"이다. 방점은 "기업 자율의 안전관리체계 구축 지원"에 찍힌 것으로 보인다. 산업재해 및 노동안전보건 문제와 관련하여 기업에 대한 규제를 완화해 기업 자율에 맡기겠다는 의지가 읽히는 대목이다.

고용노동부는 2023년 1월 11일, 중대재해처벌법령 개선을 집중 논의하기 위한 '중대재해처벌법령 개선 TF'를 발족했다. 6월까지 5개월 동안 집중적으로 중대재해처벌법 개선 방안을 논의해 처벌요건 명확화, 상습·반복 다수 사망사고 형사처벌 확행, 제재방식 개선, 체계 정비 등을 추진할 계획이다.

권기섭 차관은 모두 발언을 통해 "중대재해처벌법 제정 이후 기업뿐 아니라 사회 전반의 중대재해에 대한 경각심이 높아지고, 산업안전에 관한 사항을 기업경영의 핵심과제로 격상시킨 것은 중대재해처벌법의 긍정적인 성과"라고 평가하면서도 "중대재해처벌법 적용 사업장에서 중대재해가 줄어들고 있지 않은 것은 우리가 직면하고 있는 현실이므로, 입법 취지와 달리 법리적, 집행 과정 측면에서 한계가 있는 것은 아닌지, 중대재해 예방이라는 법 취지가 현장에서 왜곡되고 있는 것은 아닌지 냉철하게 살펴봐야 한다.", "'24년 50인 미만 기업 적용 확대를 앞둔 시점에서 법 적용 준비상황, 현실적인 문제점 및 대책 등을 살펴볼 필요가 있다." 등의 발언을 했다.[22]

'처벌요건 명확화'란 처벌요건이 막연하게 규정돼 있을 경우 기업 경영자들이 광범위하게 처벌의 대상이 될 수 있으니 요건을 명확하게 규정해 그 요건에 분명하게 해당되는 경우에만 처벌하겠다는 취지로 짐작된다.

---

21 제20대 대통령직인수위원회, 「110대 국정과제」, 2022. 5. 3. 95-97쪽.
22 고용노동부 보도자료, "「중대재해처벌법령 개선 TF」 발족, 논의 착수", 2023. 1. 11.

권기섭 차관의 모두 발언 중 주목되는 점은 "중대재해처벌법 적용 사업장에서 중대재해가 줄어들고 있지 않은 것은 우리가 직면하고 있는 현실"이라는 것을 전제로 "'24년 50인 미만 기업 적용 확대를 앞둔 시점에서 법 적용 준비 상황, 현실적인 문제점 및 대책 등을 살펴볼 필요가 있다."라는 것이다.

이에 대해서는 법 시행 이후 효과가 미미한 수준이지만 나타나고 있다는 상반된 주장도 있는가 하면, 시행 기간이 얼마 되지 않은 시점이어서 효과의 유무에 대한 유의미한 통계가 아직 있을 수 없다는 견해도 있다.

2024년부터 50인 미만 기업에도 법이 적용되는 것에 대해 "법 적용 준비 상황, 현실적인 문제점 및 대책 등"을 마련한다는 대목에 대해서는 법 적용 시기를 다시 유예하는 방안을 검토한다는 것이 아닌가 하는 우려가 있고 그에 대해 "과징금으로의 전환, 50인 미만 기업 적용 유예, 경영책임자 처벌 완화 등 중대재해처벌법의 개선 방향을 제시한 바 없다"는 것이 정부의 공식적 입장이지만[23] 위 '중대재해처벌법령 개선 TF'의 활동 범위가 윤석열 대통령이 후보 시절 기업인 간담회에서 일찍이 밝힌 것처럼 "모든 걸 사업주에 떠넘기고, 사고 나면 교도소 보낸다는 개념으로 가서는 안 된다.", "강력한 예방을 위한 장치여야지, 사고 날 때 책임을 떠넘기는 방식으로 운영돼서는 안 된다.", "중대재해법은 기업인들의 경영 의지를 위축시키는 강한 메시지를 주는 법이기도 하지만, 많은 내용들이 대통령령으로 위임되어 있기 때문에 대통령령을 촘촘하게 합리적으로 설계해 기업하는 데 큰 걱정 없도록 하겠다."는 발언[24] 취지의 범위를 벗어나기는 어려울 것으로 보이는 상황이다.

---

23 고용노동부, 대한민국 정책 브리핑, "중대재해처벌법령 개선 TF, 중대재해 감축·기업 안전투자 촉진 위한 개선방안 검토 예정", 2023. 1. 12.
24 위 각주 19) 참고.

"산업재해 예방을 기업 자율에 맡긴다"는 정책 기조는 새로운 것이 아니라 그동안 역대 정부에서 산업재해와 관련된 대책을 제시할 때마다 경영계가 주장해 왔던 내용이다. 수십 년 세월 동안 그러한 방식으로 노력을 해 왔으나 대한민국이 '산재왕국'의 오명을 벗어날 수는 없었으니 정책 방향을 새롭게 바꿔보자고 시도된 것이 중대재해처벌법이라고 할 수 있다. 기업의 입장을 대변하는 것처럼 보이는 해묵은 주장으로 다시 산업재해 예방대책이 원점으로 돌아가는 것이 아닌가 우려하지 않을 수 없는 상황이다.

9. 소결: 한국 사회의 산업재해를 보는 시각

우리나라가 60년대 이후 짧은 기간에 고도 경제성장을 이룩한 것은 분명한 사실이다. 2021년 기준으로 경제규모는 전 세계 10위에 올랐고 1인당 소득은 인구 5천만 이상 국가를 대상으로 했을 때 세계 6위에 해당한다. 별다른 경쟁력이 거의 없는 상태에서 이러한 결과를 가져올 수 있었던 것은 그 놀라운 경제성장의 성과가 상당 부분 노동자들의 희생을 바탕으로 가능했다는 뜻이다.

기업은 마땅히 들여야 할 노동비용을 절약함으로써 수익을 창출했고 따라서 노동자들의 건강과 생명을 지키는 데에 필요한 안전보건 비용을 최소한으로 줄이는 경영 방식이 고착화됐다. 자본주의 경제체제 기업의 기본적 속성인 노동자 인명 경시 풍조가 한국 사회에서는 고도 경제성장을 이루기 위해 정부에 의해 정책적으로 뒷받침됐다. 저임금에 시달리는 노동자들의 분노가 임계선을 넘지 않도록 오랜 세월 저곡가 정책을 시행해 도시의 노동자들과 농촌의 삶이 모두 피폐해지는 결과를 초래한 것도 그러한 정책들의 결과이다. 53년 전인 1970년에 발생한 전태일 열사의 분신은 경제성장을 위해 노동자들이 희생되는 과정에서 필연적으로 나타날 수밖에 없었던 대표적 사건이었다.

이러한 현상은 이른바 'IMF 외한위기'를 겪으며 더욱 심각해졌다. 경제위기를 겪으며 수많은 기업들이 도산하는 과정을 생생히 목격하게 되면서 "우선 기업이 살아야 한다"는 정서가 다른 어떤 나라보다 심각하게 사회 전반에 뿌리내리며 자리잡았다.

기업의 이윤 추구가 모든 인륜과 도덕적 가치 위에 군림하는 현상을 사회 심리학자들은 '경제 염려증'이라고 부르기도 한다. 세월호 사건 등 사회적 재난이 발생했을 때, 보수 정치인이나 보수 언론이 "지나치게 추모하거나 진상규명에 매달리면 경제가 어려워진다"는 협박을 하고, 가족을 잃고 단식농성하는 유가족들 천막 앞에서 햄버거를 먹으며 폭식 투쟁을 벌이는 정신나간 청년들의 행동이 모두 '경제염려증'의 증상이다.

2020년 5월 22일, 광주광역시 하남산단의 (주)조선우드에서 일하던 김재순 (만25세) 씨가 파쇄기에 몸이 빨려들어가 사망하는 사건이 발생했다. 기계에 안전 덮개만 있었어도 발생하지 않을 수 있는 사고였다. 그 사고가 발생하기 6년 전에도 같은 회사에서 60대 노동자가 컨베이어벨트에 몸이 끼어 숨지는 사고가 발생한 적이 있었다. 벨트에 안전 덮개 시설이 있었다면 발생하지 않을 수 있는 사고였다. 당시 사업주는 벌금 8백만 원 처벌만 받고 여전히 안전 덮개를 설치하지 않은 채 운영하다가 또다시 노동자 사망사고가 발생한 것이다.

고 김재순 청년의 아버지를 만났는데, 그 분 역시 산재 사고를 당해 손가락이 성치 않은 분이었다. 그 아버지가 고 김용균 씨 어머니 김미숙 씨와 같이 엄동설한에 여의도에서 29일이나 단식농성을 하며 겨우 국회에서 통과시킨 법이 그나마 "만신창이가 됐다"고 표현하는 중대재해처벌법이다. 노동자들은 "중대재해처벌법이 아니라 중대재해처벌면제법 같다"라고 표현하기도 한다.

편의점에서 청소년에게 담배를 팔다가 걸려도 영업이 정지되는 처분을 받는 나라에서 노동자가 사망했을 때 기업이나 경영책임자가 받는 처벌이 그보다 가볍다면 어느 경영자가 노동자의 건강과 생명을 지키는 노동안전보건에 신경을 쓰겠는가?

한국의 기업들은 노동비용을 절약함으로써 이윤을 확보하는 경영 방식에 너무 오랜 기간 길들여져 왔다. 노동자들이 건강하게 일할 수 있는 환경을 만드는 일은 노동자들만을 위한 것이 아니라 기업경쟁력이나 국가경제에도 유익한 영향을 끼쳐 사회 전체에 유익한 결과를 가져오는 가장 확실한 투자라는 발상의 전환이 필요한 시점이다.

고용노동부 보도자료, "「중대재해처벌법령 개선 TF」 발족, 논의 착수", 2023. 1. 11.

고용노동부, 대한민국 정책브리핑, "중대재해처벌법령 개선 TF, 중대재해 감축·기업 안전투자 촉진 위한 개선방안 검토 예정", 2023. 1. 12.

권오성, 『중대재해처벌법의 체계』, 새빛, 2022.

권오성, 「소위 '기업살인법' 도입 논의의 노동법적 함의」, 『노동법포럼(labor law forum)』 Vol.- No.28, 노동법이론실무학회, 2019, 147-149.

권혁·김수민, 「중대재해처벌법령상 노동법적 쟁점해석」, 고용노동부 연구용역, (사)한국고용노사관계학회, 2021. 10.

김도균·김재신, 「'김용균법'과 경기도 산업안전 대응방안」, 『이슈 & 진단』 No 357, 경기연구원, 2019. 2. 7.

노동안전보건실, 「중대재해기업처벌법 경제단체 주장 팩트체크」, 민주노총, 202. 12. 17., 3.

대한산업보건협회 대회홍보팀, 「산업안전보건법 제·개정사(1)」, 『Human』 374호, 2019. 6., 46-47.

제20대 대통령직인수위원회, 「110대 국정과제」, 2022. 5. 3.

조성재 외, 「법제도 변화 이후 산업안전 수준 제고를 위한 과제」, 한국노동연구원, 2021., 157.

최명선, 「산업안전보건법 전면 개정의 의의와 과제」, 『통과된 산업안전보건법 전부 개정안에 대한 평가와 향후 과제』, 노동건강연대 외 8개 단체, 2019. 1. 31.

홍정우·이상희, 「중대재해처벌법 도입결정과정 분석과 법정책적 시사점」, 한국비교노동법학회, 『노동법논총』 Vol.55, 2022. 등.

언론 보도 및 웹사이트

강상엽, "윤석열 '상속세 과도, 기업경영 어려워…부담 낮출 것', 조세일보, 2021. 12. 02. 수정, 2023. 1. 15. 접속.

http://www.joseilbo.com/news/htmls/2021/12/20211202439920.html

김달이, "재해사망자 1200명 이름…'이토록 무서운 지면 있었나'", 한국기자협회보, 2019. 11. 27. 입력, 2022. 1. 10. 접속.

http://www.journalist.or.kr/m/m_article.html?no=46929

박은서, "툭하면 공장 멈출 판" 산안법에 떠는 재계, 동아일보, 2019. 4. 23. 업데이트, 2022. 1. 10. 접속.

https://www.donga.com/news/Economy/article/all/20190423/95176114/9

"[사설] 산업재해 없애자고 공장 다 문닫게 할 건가", 한국경제, 2019. 3. 6. 수정, 2022. 1. 10. 접속.

https://www.hankyung.com/opinion/article/2019030534681

송경화, "'김용균법' 심사에서 통과까지…긴박했던 국회에서의 2주일", 한겨레, 2018. 12. 30. 수정, 2022. 1. 10. 접속.

https://www.hani.co.kr/arti/politics/polibar/876287.html

송영훈, [팩트체크] "한국은 세계 최악의 산재국가"?, 뉴스톱, 2019. 12. 24. 승인, 2022. 1. 10. 접속.

http://www.newstof.com/news/articleView.html?idxno=10143

윤자은, "발전소 하청노동자들 '죽지 않고 일하고 싶다'", 매일노동뉴스, 2018. 4. 20. 입력, 2022. 1. 10. 접속.

http://www.labortoday.co.kr/news/articleView.html?idxno=151043

이재훈, "윤석열 '중대재해법 경영 의지 위축'…연이틀 '왜곡된 노동관' 드러내", 한겨레, 2021. 12. 5. 수정, 2023. 1. 15. 접속.

https://www.hani.co.kr/arti/politics/politics_general/1021597.html

좌동욱·백승현·박상용, "툭하면 공장 멈출 판…기업 '산안法 패닉'", 한국경제, 2019. 4. 10. 수정, 2022. 1. 10. 접속.

https://www.hankyung.com/economy/article/2019040974821

천관율, "'김용균법'은 어떻게 국회를 통과했나", 시사IN, 2021. 11. 26 수정, 2022. 1.

10. 접속.
https://www.sisain.co.kr/news/articleView.html?idxno=33767

히로시마와 합천, 그리고 후쿠시마

- 풀뿌리 연대, 가해자와 피해자의 경계를 허물다 -

김경인
(전남대, 일한전문번역가)

原子力発電所はこわい！？

사가현 가라쓰시(佐賀県唐津市)가 작성한 자료. 〈毎日新聞〉(2021.7.28.) 기사의 자료사진.

러시아의 폭격을 받은 남우크라이나원전(2022.9.19.)〈로이터연합뉴스〉 자료사진.

1. 왜 지금 히로시마와 합천인가?

'핵 재난'의 시대이므로

21세기, 세계는 지금도 전쟁 중이다. 핵 위협은 20세기를 가로지르는 내내 인류를 파괴하고 위협했다. 그런데도 인류는 이런 사실을 망각하고 어리석은 우를 범하고 만다. 또 그럴까 봐 두렵다.

앞에 게재한 챕터의 표지사진은 이런 인류의 어리석음을 단적으로 비춰주고 있다. 1945년 8월 6일과 9일에 일본 히로시마와 나가사키에 투하된 원자폭탄(이하, 원폭)(맨 위 사진)을, 혹자는 피해자들도 대부분 사망하고 없는 지금 굳이 논할 의미가 무엇이냐고 폄훼하기도 하고, 혹자는 원폭으로부터 77년이 지난 현재 그것을 참으로 기괴하게 '활용'(가운데 사진)하기도 한다. 원자력방재훈련이라는 핑계로 '원자력발전소(이하, 원전)는 무섭다? 아니다!!'라며 원전 재개를 밀어붙이기 위한 수단으로 원폭 피해현장을 담은 사진을 이용한 것은, 다른 곳도 아닌 나가사키로부터 고작 100Km도 안 떨어져 있는 사가현 가라쓰시였다. 한국과 중국뿐 아니라 세계를 방사능 오염의 위험에 빠트렸던, 2011년 3.11동일본대지진과 후쿠시마제1원전사고 이후 10년도 채 지나지 않은 2020년의 일이었다.

그런가 하면 2022년 2월 24일, 러시아 대통령 블라디미르 푸틴의 우크라이나에 대한 군사작전 명령으로 전쟁이 발발했다. 그 후로 지금까지 러시아의 끊이지 않는 핵무기 위협과 보란 듯이 퍼붓는 '원전폭격'은, 원폭과 원전사고를 이미 경험한 바 있는 인류를 '설마설마' 하면서도 공포에 떨게 하고 있다. 러시아군은 전쟁 개시 직후부터 유럽 최대규모의 자포리자원전을 비롯해 체르노빌원전과 남우크라이나원전(마지막 사진) 등을 향해 폭격을 가하는 핵 테러를 저지르고 있다. 이것은 무엇을 의미하는가? '핵의 평화적 이용'이라는 기만적 국책으로 핵발전 대국을 지향해온 미국과 일본 그리고 한국 등 여러 나라에 '전력화 핵'의 '핵 무기화'가 바로 지금 실현되고 있음을 보여주는 것이다.

상황이 이러할진대, 누가 1945년 8월의 원폭을 지나간 과거의, 현재와는 무관한 너무 먼 이야기라고 할 수 있는가? 오늘 다시 우리가 77년여 전의 원폭을 돌아보는 것, 특히 당시 피식민국 국민으로 일본에 강제연행되었다가 피폭되었던 조선인(한국인) 원폭피해자를 돌아보는 것은, 그들이야말로 전쟁에 어떤 책임도 없는 서민이었음에도 그 전쟁과 핵의 절대적 피해자가 되었기 때문이다. 그리고 21세기를 사는 세계의 '우리'가 그 '조선인'이 될 수 있음을 너무나도 분명하게 방증하고 있기 때문이다.

핵 재난이 초래할 비극은 인류가 경험한 적 없는 초유의 것이 아닌, 어리석었던 과거의 반복이 되리라는 것을 우리는 잊어서는 안 되리라. 우리는 그 표본을 이미 우리 안에 가지고 있다.

한국에도 원폭피해자가 있다

한일조약 자체가 우리나라의 의향을 잘 반영한 것이라고는 볼 수 없지만, 그렇더라도 회담 석상에서 원폭피해자에 대한 보상문제가 전혀 거론되지 않았다는 것은 실로 안타까운 일이다.
　　　　　　　　　　　　　　　　　　 - 미쓰비시중공업 징용공 김재근의 수기[1]

한국 원폭피해자들은 국가로부터 철저하게 버려진 존재들이었다. 일본은 자국의 원폭 피해자들을 위해 각종 지원을 아끼지 않는 반면 한국인 원폭 피해자들에 대한 지원은 거부했다. 일본 정부와 마찬가지로 한국 정부 또한 원폭피해자들의 고통에 대해 철저히 외면했다.[2]

1945년 8월 6일 8시 15분과 9일 11시 2분, 히로시마와 나가사키에 투하된 원폭은 70여 만 피폭 희생자(그중 23만여 명 사망 추정)를 낳았다. 그렇게 제국주의 일본은 '무자비한 살상무기=원폭' 앞에 무조건 항복을 함으로써 8월 15일 이윽고 패전국이 되었고 피식민국이었던 '조선'은 36년 만에 광복을 맞았다.

우리나라 다수의 국민은 그 '원폭 덕분에' 광복을 맞을 수 있었다고 믿었다. 그렇게 믿었던 사람들은 70만 원폭희생자 중 7만에서 10만에 이르는 '조선인'이, 23만여 사망자 중 4만에서 5만에 이르는 '조선인'이 있었다는 사실을 모르고 있었다. 혹은 그런 사실을 애써 외면했다.

원폭지옥에서 살아남은 조선인들은 공포에 떨었다. 일본인들이 조선인들을 칼로 찔러 죽인다는 소문이 나돌았다. 또다시 죽음의 구렁텅이로 굴러떨어질지 모른다는 두려움 때문에 다들 귀국을 서둘렀다.[3]

생지옥 같은 히로시마와 나가사키에서 구사일생으로 살아남은 3만여 '조선인' 중 2만 3천여 명은 한반도 남쪽(이하 '한국 원폭피해자'라 함)으로, 2천여

---

1 후카가와 무네토시(深川宗俊), 『진혼의 해협-사라진 피폭조선인 징용공 246명(鎮魂の海峽-消えた被爆朝鮮人徵用工246名)』, 現代史出版会, 1974, 179쪽.
2 김옥숙, 『흉터의 꽃』, 새움, 2017, 206쪽.
3 김옥숙, 앞의 책, 69쪽.

명은 북쪽으로 귀환하였다고 한다. 그나마도 쉬운 길이 아니어서, 현해탄을 건너오던 배의 침몰 혹은 폭발로 수많은 조선인이 흔적도 찾지 못한 가운데 사망하였고, 또 미쓰비시중공업으로 강제징용되어갔다가 원폭피해를 본 이들의 조난사는 나라 잃은 국민의 최악의 최후라는 생각에 가슴이 먹먹해진다. 참고로, 히로시마와 나가사키에서 원폭에 희생된 '미쓰비시중공업'의 조선인 징용공은 무려 5,500명[4]이라고 하니…….

1923년 9월에 저질러졌던 관동대지진 조선인학살이 재현될 수도 있다는 공포감에 쫓겨 조국으로 돌아온 그들은, 과연 어떤 삶을 살아왔을까? 조국과 사회로부터 치료와 위안을 받으며 나라를 찾은 기쁨에 안도하며 살았을까?

아니다. 한국 원폭피해자들을 수식하는 대표적인 어휘는 다름이 아니라 '버려진' '버림받은'이었고, 현재도 원폭 1세를 비롯해 2세, 3세 후손들 역시 자신들이 원폭의 가해국인 미국과 일본뿐 아니라 한국 정부와 사회로부터 '버림받았'고 '잊혔다'고 한탄한다.

원폭투하로부터 77년, 광복으로부터 77년, 한국전쟁으로부터 72년, 한일국교정상회담으로부터 57년이 지난 지금까지도 한국 원폭피해자들은 원폭문제의 책임에서 결코 자유로울 수 없는 미국과 일본, 그리고 한국 정부로부터 버림받았고 짐짓 외면당해왔다. 원폭의 불지옥에서 간신히 살아남았건만 "차라리 그때 죽었어야 했다"고 넋두리조차 힘에 부쳐 못했던 한국 원폭피해자 현재 생존자는 이제 1,915명(대한적십자 등록의 2022년 기준. cf. 2018년 기준 2,283명).

---

4 "미쓰비시 히로시마에 있었던 징용공은 2,800~3,000명, 미쓰비시 나가사키는 약2,500명(증언자, 당시 미쓰비시중공업 나가사키조선소 노무부 차장 이케다 한지 씨의 수기)으로, 합하여 미쓰비시중공업 관계의 조선인피폭자만 해도 5,500명이다." 후카가와 무네토시(深川宗俊), 앞의 책, 177쪽.

누가, 왜 그들에게 손을 내밀었는가?

그렇게 가해국인 일본과 조국의 정부와 사회로부터 버려진 한국 원폭피해자의 존재에 관심을 가지고, '조선인 원폭피해' 진실을 규명하고자 동분서주하고 그들에게 사죄와 구원의 손길을 내민 이들이 있었다. 그들은 다름 아닌 일본 히로시마와 나가사키의 반핵·평화·인권운동에 앞장서던 시민들이었고, 재한(在韓)·재일(在日)원폭피해자의 아픈 외침에 일본의 책임을 통감한 일본 원폭피해자를 포함한 일부 시민들이었다.

그들은 일제강점기 특히 태평양전쟁 발발을 전후하여 조선에서 일본으로 강제징용되었다가 피폭된 조선인 피해 규모를 다리품을 팔아 조사함으로써 축소·은폐하려는 일본 정부의 통계를 바로잡으려 했다. 또 피폭 후 고국으로 귀국한 한국 원폭피해자 실태를 조사하고 '원폭수첩'의 교부와 도일치료를 위한 모금운동을 비롯해 전쟁과 원폭에 대한 일본국의 책임을 촉구하는 대대적인 '한국 원폭피해자 운동'을 펼쳤다. 그리고 이윽고 그들의 운동이 하나둘 결실을 맺은 덕분에, 긴 세월 버려지고 잊혔던 한국 원폭피해자도 일본정부가 발행하는 '원폭수첩'을 교부받아 '피폭자'로서 인정받았고 기나긴 싸움 끝에 일본에 가지 않고도 수첩교부는 물론 의료 및 생활지원을 받을 수 있게 되었다.

어디 그뿐인가. 1945년 8월의 원폭으로 많게는 10만여 조선인이 피폭사하거나 피폭되었건만, '왜 조선인이 일본 히로시마와 나가사키에서 피폭되어야 했는가?' '몇 명의 조선인이 피폭사하고 피폭되었는가?' 등의 역사적 진실 인정과 사죄는커녕 정확한 실태조사 한 번 하지 않은 일본정부의 현실. 그 현실을 타파하고자 몸소 나서서 역사를 바로잡고 조선인 인권을 회복하고자 험난하고 기나긴 싸움을 마다하지 않는 일본인 시민들이 있었다.

예비된 재난공동체

1945월 8월의 원폭 이후 30년 가까이가 지나서야 그 존재가 알려지고 치료의 길이 어렵사리 열리기 '시작'한 한국 원폭피해자에 대한 '구원'의 여정. 그리고 이제는 핵 없는 세상을 위해 그 누구보다 앞장서 반핵·평화의 외침을 널리 울리는 이들. 비록 주권 잃은 나라의 비극적 역사의 희생양이었으나 이제 미래의 평화와 인권을 사수해야 할 대의명분의 산증인이자 투사가 된 조선인(한국인) 원폭피해자들. 국내에서 그들이 걸어온 아픔의 역사를 돌아볼 수 있는 곳이 경상남도 합천이다. 그곳은 '한국의 히로시마'라고 불릴 정도로 원폭피해자들이 많았던 지역이고, 그런 연유로 현재 <한국원폭피해자협회(이하, 협회)>를 비롯해 <한국원폭피해자복지회관> <합천원폭자료관> 그리고 원폭2, 3세 중심의 반핵인권·평화운동의 거점이 되는 <합천평화의 집>이 자리하고 있다.

그런데 이들 중 어느 곳 하나 이제부터 만나볼 일본 시민단체의 '속죄의 바람'과 '구원의 손길'이 안 미친 곳이 없다는 것을 아는 사람은 많지 않으리라 생각한다. 필자 역시 처음에는 알지 못했다. 이시무레 미치코의 수필「국화와 나가사키」를, 마루키 이리와 도시의 그림「까마귀」를, 히라오카 다카시의『무원의 해협』을, <나가사키재일조선인의 인권을 지키는 모임>의『조선인피폭자 -나가사키에서의 증언』을 통해, 진심으로 '조선인 원폭피해자'를 이해하고 속죄를 구하는 일본 시민들을 만나기 전에는 말이다.

본 장에서는 미국과 일본 그리고 한국 정부와 사회가 외면해왔던 '조선인 원폭피해자'에 대한 진실규명과 인권·생활권 보장을 위한 노력을 대신해온, 히로시마·나가사키 조선인(한국인) 원폭피해자 문제에 대한 일본인 시민단체의 속죄와 추도를 위한 활동의 역사를, 두 조선인 원폭피해자와 두 일본인 활동가의 인연을 통해 따라가 보려고 한다. 그로써 일제강점기 '조선인'이 히로시마와 나가사키에서 왜 원폭의 희생양이 되어야 했는지, 그리고 어떤 차별과 고통 속에 버려져 있었는지의 역사를 알고 그들에게 진정으로 도움의 손길을 내밀었던 일본인 시민단체의 활동들이 우리에게 전하는 화해와 연대의 의미를 짚어볼 수 있을 것이다.

나아가 한국 원폭피해자의 상징적 존재인 '한국의 히로시마=합천'과 일본 시민단체의 '풀뿌리 연대'가 국내와 일본에서 어떤 변화와 결실을 이끌어냈는지를 살펴본다면, 체르노빌과 후쿠시마로 대표되는 크고 작은 원전사고와 핵무기 위협이 도사리는 전쟁에 고스란히 노출되고 있는 현대 인류가 왜 지금 새삼 1945년 8월의 원폭을 되새겨야 하는지, 그리고 핵 재난 상황에 직면해 있는 '예비된' 재난공동체로서 우리가 어떻게 연대해 나가야 할지에 대한 답을 찾을 수 있으리라 믿는다.

2. '히로시마'를 가지고 돌아온 사람들[5]

어느 남매의 일본 밀입국-현해탄을 건너는 바람

1970년 12월 3일, 차디찬 겨울바람이 선상에 웅크린 채 생각에 잠긴 손진

---

5 <한국원폭피해자를 구원하는 시민모임(韓国原爆被害者を救援する市民の会, 이하 '시민모임')> 현 회장인 이치바 준코(市場淳子) 씨의 저서 『히로시마를 가지고 돌아온 사람들-한국의 히로시마는 왜 생겼을까?(ヒロシマを持ちかえった人々 - 韓国の広島はなぜ生まれたのか)』(2000, 『한국의 히로시마』로 국내에 번역출판됨)에서 인용한 것으로, 원작에서는 '한국 원폭피해자'를 의미하지만 본 글에서는 거기에 더해 재한피폭자에 대한 사죄와 구원의 의지를 가지고 활동하는 '시민모임'을 뜻하는 의미에서도 사용함을 밝힌다.

두 씨의 지친 몸을 한 차례 휘젓고는 그보다 한발 앞서 현해탄을 건너 사가현으로 향했다. 1951년 외국인등록을 하지 않았다는 이유로 일본으로부터 강제송환된 지 19년 만의 도일이었다. 그때는 온갖 차별 끝에 헌신짝보다 못하게 자신을 쫓아낸 일본에 대한 분노가 있었을망정 그나마 실낱같은 희망은 있었으리라. 조국이고 고향이 아닌가. 자신보다 앞서 귀국한 어머니와 누이가 한국에 있지 않은가. 적어도 '조선인'이라는 이유로 차별하진 않을 게 아닌가. 무엇보다 독립된 조국이 아니던가. 어떻게든 살아지리라······는 실낱같은 희망.

그 실낱같던 희망도 허망하게 스러지고, 천신만고 끝에 돌아왔던 조국에서 손 씨는 19년 만에 다시 현해탄을 건너 일본으로 가려고 한다. 무엇이 그를 다시 일본으로 향하게 했는가?

부산의 한 병원으로부터 백혈구 수치가 낮다는 진단을 받은 건 그해 여름이었고, 원폭증을 의심하던 그는 전문의의 치료를 위해 일본으로의 '밀입국'을 결심한 것이다. 이번 일본행 역시 19년 전 그날처럼 두려움과 분노가 그의 마음을 휘어잡고 있었으리라. 자신보다 한발 앞서 현해탄을 건너 일본으로 간 매서운 겨울바람에게 그는 어떤 바람을 실어 보냈을까? 어쩌면 앞서간 저 겨울바람보다 2년 먼저 현해탄을 건넜던 여동생 손귀달 씨와 같은 바람이었으리라. 원폭병을 치료하고 사람답게 살고 싶다는 바람.

손진두. 1927년 오사카에서 태어나 미쓰야마 후미히데(密山文秀)라는 일본 이름으로 살았다. 그러다 열여덟 살 되던 1945년 8월 히로시마시청 앞에서 작업하던 중 피폭되어 심한 화상과 함께 왼쪽 허벅지에 상처를 입었다. 원폭 이후 조국의 광복을 맞은 그의 가족은 조선으로 돌아왔지만, 그의 아버지는 피폭 후 3년 뒤 피폭증으로 의심되는 병상으로 사망하고 만다. 한편 일본에서 나고 자라 한국말도 서툴던 손 씨는 결국 일본에 남기로 하지만, 그것도 잠시 온갖 차별 속에서도 앙버티며 살던 그는 외국인등록을 하지 않았다는 이유로 1951년 한국으로 강제송환되고 말았다.

먼저 귀국했던 그의 어머니와 누이 또한 광복 이후의 궁핍과 6.25라는 역사적 파란 속에서 겨우겨우 연명하는 가운데 엎친 데 덮친 격의 피폭증으로 고달픈 삶을 살고 있었다. 손진두 씨의 누이 손귀달 씨는 히로시마시립 제2고등여학교 3학년(15세)이던 당시 미쓰비시조선소에서 학도 동원되어 작업하던 중 피폭되었다. 어머니와 고국으로 돌아온 그는 가난한 집안에 입 하나 덜 마음으로 피폭사실을 숨긴 채 결혼했지만, 첫째 아이의 사산과 심해진 원폭증 증세로 결국 뒤에 태어난 어린 아들과 배 속 아이를 안은 채 남편으로부터 버림받고 말았다. 그리고 비슷한 시기 오빠 손진두 씨 역시 어린 자식과 함께 부인에게 버림받고 말았던 것. 손귀달 씨는 자신의 아이들과 조카를 지켜내기 위한 건강을 찾고자 일본으로의 밀항을 결심했다고 고백한다. 그것이 1968년 9월 30일. 그러나 곧 출입국관리법 위반으로 강제송환되고 귀국해서는 밀항단속법 위반으로 입건되어 전과자라는 꼬리표를 달기에 이른다.

그녀의 이후의 삶[6]이 고스란히 담긴 듯한 시가 있어 소개한다.

---

6 1972년 3월에는 밀항 알선자로 연행된 적이 있었고, 일본 마약밀수업자들에게 한국인이 제조한 마약, 필로폰을 전달해준 죄로 구속되기도 했다. 손귀달은 출소 후 합천원폭피해자복지관(1996년 설립)에 입소하여 반신불수의 몸으로 생활했다. 2005년 한 인터뷰에서 "일본 너희들이 도대체 사람이냐? 60년 동안 우리 한국인 원폭피해자들이 겪었던 고통은 누가 우예 보상하냐 말이다. 고이즈미 총리는 야스쿠니 갈 게 아니라 우리를 찾아서 용서를 빌어야제…. 한국 정부도 그러면 안돼. 우리가 남의 나라 사람이야? 우리 병신들 돈 훔치가 경부고속도로 지은 거 아이가. 이제는 한 푼도 빼뜨리지 말고 내놔야제" 라면서 일본 정부를 비난했고, 한일협정에 따라 일본으로부터 배상금을 받았으나 원자폭탄 피해자에게 무심한 한국정부에 대해 분노했다. 2009년 11월19일 영면했다. (<여성신문> 2018. 7.17. 기사 '지옥도 그런 지옥이 없지' 중에서)

영도야
아치섬아 지질머리 푸른 섬아

히로시마 징병대 끌려가던 뱃길
원자병 치료하러 밀항하던 도둑길
이제는 밤새 어둠에 떨며 마약을 숨겨 나른다

......

나는야 마약 상습복용자 마약전과 2범
국제부두 부산의 유흥가에
살꽃 저문 마약을 실어나르는
제국주의 전쟁의 피해자[7]

다시 손진두 씨의 밀항길로 돌아오자.

그가 현해탄을 건너가는 겨울바람에 어떤 바람을 실어보냈든 그의 바람은 쉬 이뤄지지 못했다. 시모노세키에 도착한 배에서 내리기 무섭게 밀입국이 들통나 체포되고 만 것이다. 이후의 그의 일생을 감히 몇 줄 글로 정리할 역량도 도리도 없지만, 부족하나마 조사된 기록들을 토대로 간략하게 정리하면 아래와 같다.

히로시마 원폭피해자 손진두 씨

1927년 일본 오사카 출생

---

7 허수경, 「원폭수첩」 『슬픔만한 거름이 어디 있으랴』, 실천문학사, 1988, 55쪽.

> 1945년 8월 6일, 열여덟 살 때 히로시마에서 피폭
> 1951년 외국인등록 거부로 한국으로 강제송환
> 1968년 여동생 손귀달 씨, 치료 위해 일본 밀입국
> 1970년 10월, 부산의 한 병원에서 백혈구 수치가 낮다는 진단
> 1970년 12월 3일, 당시 43세, 사가현으로 밀입국했다가 체포
> 1971년 1월, 밀입국관리령 위반으로 10개월 징역형 선고
> 1971년 12월, 손진두 사건을 계기로 <한국 원폭피해자를 구원하는 모임> 결성
> 1972년 원폭수첩 재판 소송
> 1978년 3월, 최고재판 승소
> 2014년 8월 25일, 향년 87세, 위암으로 후쿠시마현 병원에서 사망
>
> 밀입국과 체포 직후부터 변함없이 그를 지원해왔던 히라오카 다카시 씨는 "방치되어 있던 재한피폭자의 고난을 몸소 호소하고, 식민지 지배의 책임을 일본 시민이 직시하는 운동이 확산하는 계기를 만들었다."며 그의 죽음을 애도했다고 한다.

<시민모임> 탄생

한편, 1970년 12월 8일 아침 「히로시마에서 피폭, 치료를! 손귀달 씨의 오빠가 밀입국(広島で被爆、治療を、孫貴達さんの兄が密入国)」이라는 기사를 본 주고쿠(中国)신문 기자인 히라오카 다카시(平岡敬)는 곧장 사진기자를 찾아 단걸음에 사가현으로 달려갔다. 히라오카 씨는 그로부터 39년 후인 2009년 10월 22일 주고쿠신문에 게재된 특집에서 "젊은 의사는 진찰을 위해 달려가고, 젊은 학생들은 <손진두 씨를 구원하는 시민의 모임>을 구성하여 보석과 히로시마에서의 치료를 호소했다."고 회상했다. 실제로 1971년 1월, 손진두 씨가 밀입국관리령 위반으로 10개월 징역형을 선고받고 후쿠오카형무소에 수감된 지 얼마 되지 않은 어느 날, 건강악화로 손진두 씨는 병원으로 응급이송되고 만다. 이후 일본 시민들은 '빨리 원호를!'을 외치며 재한원폭피해자 실태조사와 원호를 일본 정부에 촉구하기 위해 한 뜻을 모아 <한국원폭피해자를 구원하는 시민모임(이하, 시민모임. 1971년 12월 결성)>을 오사카를 비롯해 후쿠오카, 히로시마, 도쿄 등에서 구성하게 된다. 모임은 크게 일본 원폭피해

자와 그 가족 그리고 반핵·평화운동에 관심을 가진 일반시민들로 구성된, 이른바 전형적인 재난공동체이다. 재난공동체란, 재난체험과 그 고통을 공유하며 대책을 마련하고 문제를 타파해가기 위한 미래지향적이고 발전적인 공동체라고 정의해볼 수 있다. 그런 공동체의 일반적 목적은 구성된 공동체 안에서의 문제해결을 위한 것일 수도 있지만, <시민모임>의 경우는 특정 재난(원폭) 피해자로 구성된 공동체(한국인원폭피해자 집단)를 지원하고 그들에 대한 일본정부의 역사적 책임을 묻고 배상을 촉구한다는 목적까지를 끌어안고 출범하였다. 여기에서 <시민모임>이 갖는 특수한 상황은, 그들의 지원대상인 한국인 원폭피해자에게는 그들 자신이 가해국 국민으로 구성된 감히 말하자면 '가해자 측'이라는 사실이다. 그런데 어떻게 그들이 '가해와 피해의 경계'를 극복하고 두 손을 마주 잡을 수 있었는지, 여기에 <시민모임> 현 회장인 이치바 준코 씨의 인터뷰 내용을 옮긴다.

> 시민모임의 활동은 협회(한국원폭피해자협회를 일컬음)가 존재하고, 협회의 요구가 있었기 때문에 가능했다. 일본은 가해자로서 사죄해야 하고, 한국정부도 이들을 방치한 것에 사죄해야 한다. 그리고 책임을 명확히 하고 그 유족에게라도 배상을 해야 할 것이다. 이것이 이루어져야 미국과의 관계가 시작되고 원폭 투하에 대한 미국의 책임을 묻고 사죄를 받을 수 있다고 생각한다. 그 전제가 되는 한일관계에서 이 문제가 해결되지 않으면 미국과의 문제도 풀 수 없다. 처음에는 반전, 평화, 인권, 민주의 이념과 가치로 시작했고, 냉전구조 하에서 가해책임을 일본이 지지 않은 것에 속죄의식이 있었다.[8]

---

8 이지영, 「한·일 원폭피해자의 고통의 감정 연대와 균열」, 『한국민족문화』, 2017, 14쪽. (필자 이지영과 이치바 준코의 면접 내용)

이상의 인터뷰 내용에서 가해와 피해의 경계를 넘는 유대의 전제로 속죄를 통한 화해와 공통의 목표가 있었음을 알 수 있다.

다음은 손 씨가 10개월 징역을 선고받았을 무렵 히라오카 씨가 일본 시민들에게 손 씨를 비롯한 한국 원폭피해자들을 위한 지원을 촉구하고, 그들에 대한 일본의 역사적 책임을 밝히기 위해 쓴 글이다.

당신의 귀에는 히로시마에서 피폭당한 한 조선인의 목소리가 들립니까? 지금 그는 철창에 갇혀 "우리 일가족을 이렇게 만든 것은 누구입니까?"라고 외치고 있습니다. 우리는 이 피폭조선인의 호소를 모든 일본인에게 전해야 한다고 생각합니다. (중략) 손 씨의 사건은 우리 일본인에게 다음과 같은 물음을 던지고 있습니다.

① 조선인이 왜 일본에서 피폭당해야 했는가?

② 왜 손 씨는 '밀항'하지 않으면 안 되었는가?

③ 피폭조선인에 대한 일본정부 및 우리들은 지금까지 무엇을 했는가?

④ 손 씨의 치료요구를 거부하는 것은 무엇인가?

이런 문제들을 우리가 회피하는 것은 용서받을 수 없는 일입니다. 일본의 식민지지배 결과, 전쟁 중이던 히로시마와 나가사키에는 수많은 조선인이 살고 있습니다. 하지만 그 원폭희생자 수는 지금도 여전히 알 수 없습니다. 누구나 모른 척 외면하고 조사하지 않았기 때문입니다. 일본 지배에서 해방된 조국으로 귀환한 조선인 중에는 간신히 살아남은 피폭조선인도 있었습니다. 현재 한국에는 1만 명 가까운 피폭자가 있다고 추정되고 있지만, 식민지에서 출발한 한국은 한국전쟁의 영향도 있어 사회보장제도가 제대로 갖춰져 있지 않은 탓에, 피폭자들은 어떤 원호도 받지 못한 채 원폭후유증과 가난의 악순환 그리고 사회의 무관심 속에서 살고 있습니다.[9]

---

9 히라오카 다카시(平岡敬), 『무원의 해협-히로시마의 소리, 피폭조선인의 소리(無援の海峽-

<시민모임>이 결성되기 이전인 1970년 12월 8일, 히라오카 씨가 체포된 사가현의 손 씨를 취재하기 위해 한달음에 달려갔던 데에는 그만의 이유가 있었다. 그는 손 씨를 만나기 이전, 이미 한국 원폭피해자들의 존재와 참담한 그들의 현실을 누구보다도 잘 알고 있던 일본인 중의 한 명이었다. 그 발단을 보기 위해서는 5년 전으로 거슬러 올라간다.

1965년 어느 봄날, 히라오카 씨는 알지도 못하는 한국의 한 원폭피해자로부터 편지 한 통을 받았다. 발신인은 당시 폐결핵 등에 의한 건강악화로 경남 마산의 한 병원에 입원 중이었던 박 모 씨였다. 그는 편지에서 자신의 병이 원폭때문인 것 같다, 반드시 일본에 가서 치료를 받고 싶다고 호소하고 있었다. 그로부터 계절이 두 번 바뀐 11월 초, 히라오카 씨는 취재차 한국을 방문하게 되고 일상에 쫓기느라 가슴에 묻어두기만 했던 한국 원폭피해자들을 틈틈이 시간을 쪼개어 찾아다녔다.

사실 서울을 비롯한 한반도는 그에게는 낯익고 그리운 풍경과 기억이 깃든 곳이었다. 히로시마에서 당시 소학교를 1년 남짓 다니던 소년 히라오카는 부모님과 함께 현해탄을 건너 조선의 서울로 와서 살았고, 종전된 직후인 1945년 10월까지 적어도 10년 남짓한 조선의 추억이 그에게는 있었으므로.

원폭수첩재판과 <시민모임> 활동

그렇게 손 씨를 비롯한 한국 원폭피해자를 돕기에 나선 <시민모임> 등 일본 시민단체들이 가장 먼저 발 벗고 나선 것이 '원폭수첩재판' 운동이었다. 그도 그럴 것이 일본에서는 1957년 4월 <원폭 피해자의 의료 등에 관한 법률(원

ヒロシマの声、被爆朝鮮人の声)』, 影書房, 1983, 70-72쪽.

폭의료법)>이 시행되고 1968년 9월에는 <원폭 피해자에 대한 특별조치에 관한 법률(특별조치법)>이 시행되면서 의료뿐 아니라 건강관리수당 및 특별수당까지도 지원되고 있었던 실정이고, 이런 지원을 받기 위해서는 일명 '원폭수첩'을 교부받아 피폭자로 인정을 받아야만 했기 때문이다.

당시 한국 원폭피해자의 원폭수첩 교부는 하늘의 별 따기보다 더 불가능한 일처럼 여겨졌었다. 민간인이, 그것도 가난과 질병에 옭아 매인 원폭피해자가 일본으로 건너가는 것 자체는 물질적으로도 제도적으로도 쉬운 일이 결코 아니었다. 그러다 보니 손 씨 남매와 같이 밀입국을 시도하는 수밖에 별도리가 없는 것이 현실이었다. 실은 손 씨에 앞서 1968년 12월에 원폭피해여성인 엄분연과 임복순 씨가 일본을 떠난 지 23년 만에 관광비자로 일본에 입국하여 히로시마시에 원폭수첩 교부를 신청한 사례가 있었다. 하지만 이듬해인 1969년 2월 신청은 각하되고, 두 여인은 일본 시민사회와 의사들의 도움에도 불구하고 절망감을 안은 채 3월 8일 귀국길에 올라야 했다.

손 씨의 경우는 복역 중 건강악화로 병원으로 이송되어 치료를 받던 중이던 1971년 10월에 원폭수첩을 교부해줄 것을 후쿠오카현에 신청한다. 하지만 현은 입원 중인 병원은 <원폭의료법>이 인정하는 '정당한 거주지'가 될 수 없다는 사유를 들어 기각하고, 손 씨는 이를 받아들일 수 없다는 취지에서 행정소송을 내게 된다. 이러한 법정소송을 <시민모임> 등은 이른바 원폭수첩재판이라고 불렀고, 이를 신호탄으로 한국 원폭피해자들의 '원폭수첩재판'이 본격화되게 된다. 어쨌든 손 씨의 재판은 소송이 시작된 이후 장장 6년 세월이 흐른 뒤인 1978년 3월에야 일본 최고재판소에서 승소함으로써 밀입국 이래 8년 만에 '피폭자'로 인정받게 되어 원폭수첩을 교부받았다. 손 씨의 재판승소가 한국 원폭피해자들에게 미치는 의미는 획기적인 것이었다.

첫째는 일본 국내가 아닌, 한국을 비롯한 외국에 거주하는 원폭피해자 즉 재외피폭자도 원폭수첩을 교부받을 수 있으며 그로써 일본 <원폭의료법 및 특별조치법>의 적용을 받을 수 있게 되었다는 것이다. 그리고 두 번째는 '조선인 원폭피해자'에 대한 일본의 역사적 책임을 명백히 하고 한국에도 수많은 원폭피해자가 생존하고 있음을 널리 알리는 계기가 되었다.

<시민모임>에 힘입어 일어선 <협회>의 원폭피해자 운동

물론 이상의 일련의 일들이 <시민모임>을 비롯한 일본 시민단체들에 의해서만 추진되었던 것은 아니다. <협회>의 존재와 요구가 <시민모임>의 존속과 활동을 가능하게 했다는 이치바 준코 회장의 언급처럼, 한국 원폭피해자들의 든든한 둥지가 되고 국내외의 꾸준한 지지와 후원을 이끌어준 <협회>가 있었다. <협회>는 비록 물질적·정치적 영향력에서는 미약하였으나 원폭 이후 기나긴 세월 동안 원폭증과 가난과, 의학적 연관성을 부정당하고 있는 '잔인한 대물림'까지 이중삼중의 고통과 한의 응어리로 결집된 한국 원폭피해자들의 죽음을 각오한 투쟁을 이끌고 있었다고 할 수 있다.

> 〈대한민국과 일본국 간 재산 및 청구권에 관한 문제의 해결과 경제협력에 관한 협정(1965.6.22. 체결, 1965.12.18. 발효)〉 '제2조의 1.' "……양 체약국 및 그 국민간의 청구권에 관한 문제가 1951년 9월 8일에 샌프란시스코에서 서명된 일본국과의 평화조약 제4조 (a)에 규정된 것을 포함하여 완전히 그리고 최종적으로 해결된 것이 된다는 것을 확인한다." (중략) '제3조 1.' "본 협정의 해석 및 실시에 관한 양 체약국 간의 분쟁은 우선 외교상의 경로를 통하여 해결한다."

그러나 헌법재판소는…

"2011년 8월 30일 재판관 6(위헌):3(각하)의 의견으로, 청구인들이 일본국에 대하여 가지는 원폭피해자로서의 배상청구권이 〈대한민국과 일본국 간 재산 및 청구권에 관한 문제 해결과 경제협력에 관한 협정(이하, '기본협정')〉 제2조 제1항에 의하여 소멸되었는지 여부에 관한 한·일 양국 간 해석상 분쟁을 위 협정 제3조가 정한 절차에 따라 해결하지 아니하고 있는 피청구인의 부작위는 위헌임을 확인한다는 결정을 선고하였다."[10]

이상은 2008년 원폭피해자들이 청구인이 되어 헌법재판소에 위헌여부를 결정해줄 것을 의뢰한, 요컨대 "원폭피해자로서의 배상청구권이 소멸되었다"고 보는 1965년 〈대한민국과 일본국 간 재산 및 청구권에 관한 문제의 해결과 경제협력에 관한 협정〉 일부의 내용(위)과 그중 '제3조'에 관한 부작위위헌 판단 청구에의 헌법재판소 결정문 내용(아래)이다.

어떻게 보면 조선인 원폭피해자 문제뿐만 아니라, 오늘날 한일관계에서의 뜨거운 감자로 거론되는 종군위안부나 강제징용 문제 등은 모두 1965년의 한일국교정상화회담에서 합의된 이상의 〈기본협정〉에서 기인된다고 해도 과언은 아닐 것이다. 눈앞의 이익에 눈이 먼 당시 한국정부는 그야말로 '기민(棄民)'을 일삼으며, 자국 국민을 강제징용과 강제노동으로 혹사하고 전쟁 희생양으로 내몰았던 일본의 역사왜곡과 은폐를 결과적으로 부추기고 거든 공범이라 아니할 수 없다.

사실 한국 원폭피해자들이 이제라도 일본과 국가에 자신들의 목소리를 내

---

10 김기진·전갑생, 『원자폭탄, 1945년 히로시마…2013년 합천』, 선인, 2012, 334-335쪽.

고자 힘든 상황에서도 뜻을 모으기로 한 것은, 한일정부가 저지른 한일정상회담에서의 '무책임한 배신'과 '기민'에 절망한 끝의 몸부림 같은 것이었다. 1967년 2월 <한국원폭피해자원호협회(1971년 9월 '한국원폭피해자협회'로 개칭)>라는 이름으로 서울에서 어렵게 출발한 이래, 원폭피해자들의 회원등록을 장려하고 동시에 일본과 한국정부에 보상을 촉구하는 이른바 '한국 원폭피해자 운동'을 본격적으로 시작하였다.

여기에서 당시 <협회> 설립목표를 살펴보고, 그 달성 여부를 간단하게 돌아보도록 하자.

① 일본정부에 대한 피해보상 요구

일본은 <한일기본협정>으로 모든 청구권 문제는 이미 끝났다는 주장으로 한국 원폭피해자들의 요구를 무시하고, 한국정부는 광복 직후와 6.25전쟁이라는 특수한 상황 하의 경제적 어려움을 핑계 삼아 피해자들의 감내를 강요하고 국가적 책임을 회피하기에 급급했다. 그러다 손진두 씨 남매의 일본 밀입국을 계기로 일본 시민단체들의 지원에 힘입은 원폭수첩 교부 신청과 재판 결과, 진행은 하염없이 더디었고 일본 원폭피해자들과의 차별은 있었을지라도 일본의 <원폭의료법>과 <특별조치법> 등의 적용을 받을 수 있게 된다.

② 원폭병원 건설

<협회>가 설립되던 당시에는 당사자를 제외하곤 한국 원폭피해자의 존재를 아는 사람조차 드물었다. 그런 상황에서 그들의 원폭증을 진단하고 치료할 의료기관과 의사가 국내에 있을 리 만무했을 터이다. 그러니 원폭병원 등 전

문의료기관을 세워달라는 <협회>의 요구는 목숨이 달린 절박한 애원이었다. 그럼에도 그들의 애원이 무심한 정부에 가닿기에는 요원했고, 그래서 더더욱 원폭피해자들은 손진두 씨 남매처럼 위험을 감수하고라도 일본으로의 밀입국을 감행해야 했다. 전문적인 치료라도 받아보고 싶어서, 아니 팔자고 업보라고 체념하려 애썼던 죽음보다 고통스러운 자신과 자식의 병이 '그날'의 원폭 때문인지 확인이라도 하고 싶다는 일념으로.

하지만 그들의 진료에 대한 목마름은 단계적으로 더디게 해소되어 갔다. 1971년 9월, 히로시마에서 파견된 전문의사단(4명)이 서울과 부산 그리고 합천에서 피해자를 진료하고, 이어서 한국 의사가 히로시마대학으로 연수를 가서 관련의료기술을 배워오게 된다. 이때 한국을 오가던 의료진 중에는 머잖은 미래에 한국인 피폭자의 도일치료 운동을 주도한 가와무라 도라타로(河村虎太郞)[11] 원장도 있었는데, 그와 그의 활동에 대해서는 다음 챕터에서 이야기하도록 하자.

③ 실태조사 진행

<협회>가 설립되기 이전, 한국 정부나 사회단체가 주체적으로 실시한 실태조사는 전무했다고 할 수 있다. 다만 1964년 8월 한국원자력방사선의학연구소가 피폭자 신고를 권유한 결과, 국내 피폭자 203명(히로시마 164명, 나가사키 39명)이 파악되었고, 이듬해인 1965년 8월 대한적십자사가 피폭자 462명

---

11 河村虎太郞(1914~1987). 가와무라병원 병원장. 한국 경상북도 영천에서 태어나 자라다 일본으로 귀환하였다. 당시 경성제국대학 의학부를 졸업하고, 생리학 강사로서 조선에서 산 경험도 있어 한국과 한국인에 대한 이해가 깊다. 또 1971년부터 <핵금회의>에서 한국으로 파견한 한국피폭자진료의사단의 일원으로 참여하기도 하였다.

을 추가로 확인한 것이 고작이었다.

하지만 일본 <주고쿠신문>에 게재된 1970년 4월 20일자 기사에 따르면 당시 '한국에는 부산을 중심으로 1만 5천 명이 거주하고 있다'고 했으니, 피폭 후 남한으로 귀국했다고 추정되는 2만 3천여 명의 '조선인 원폭피해자' 실태를 다 파악하기란 어쩌면 불가능한 일일지도 몰랐다. 이때 잊어서는 안 될 것은 한국 원폭피해자에 대한 '부분적인' 실태조사에서조차 한국정부는 고사하고 <협회>를 비롯한 사회단체의 온전한 책임으로 이뤄지지 못했다는 사실이다. 한국에서 실시된 대규모적인 실태조사, 특히 「보고서」 형태의 결실을 맺게 된 조사는 1974년 한국교회여성연합회에 의한 것인데, 이 역시 연합회가 일본에서 열린 평화회의에 참여하면서 연대한 <일본원수폭피해자단체 협의회>(1956년 결성)나 <일본그리스도교중부교구> 등 민간차원 단체의 물질적·기술적 노하우 지원이 있었기에 가능했다.

참고로, <협회>의 이상의 목표와 활동은 일본의 <시민모임>의 목표와도 상통한다. <시민모임>이 결성되었을 당시 그들이 내건 모임의 목표는 ①일본정부에 대한 재한피폭자 보상을 요구, ②모든 재외피폭자에 대한 피폭자원호법(일본정부에 의한 피폭자원호를 위한 법률) 평등적용 요구 재판 지원, ③피폭자건강수첩 취득 지원, ④히로시마·나가사키 미쓰비시중공업에 강제연행되었다가 피폭된 한국인징용공 지원, ⑤이상의 활동을 홍보하고 조선인 원폭피해자의 체험과 현상을 알리기 위한 기관지 『빨리 원호를!(『早く援護を！)』 발행 등이었고, 그로부터 50여 년이 흐른 현재까지 이를 토대로 한 그들의 활동은 핵 없는 세상을 위해 여전히 계속되고 있다.

정부 제도를 능가한 도일치료를 위한 모임

여기에서 잠깐, 앞서 짧게 언급한 의사 가와무라 도라타로 씨와 그가 추진했던 재한피폭자 도일치료 활동[12]에 대해 살펴보자. 엄밀히 따지면 이 역시 손진두 씨의 원폭수첩재판과 그 결과에서 출발했다 할 수 있고, 한국의 <협회>와 긴밀한 협업을 통한 연대가 있었기에 성공할 수 있었다.

1978년 3월 30일, 손진두 씨의 원포수첩재판이 시작된 지 만 6년 만에 최종적으로 승소판결이 내려지고, 이제 재한피폭자도 일본에 와 원폭수첩을 교부받으면 원폭증 치료를 받을 수 있는 길이 열리게 되었다. 하지만 일본정부는 이내 <통달 402호=일본 내에 거주지가 없는 피폭자는 원호의 대상에서 제외된다는 행정규칙>을 내세워 재외피폭자의 일본 내 원호의 기회를 차단하고 만다. 그나마 손진두 씨의 최종판결로 급상승한 재한피폭자에 대한 한일 양국의 사회적 관심이 부담스러워서였을까, 일본정부는 한국정부와의 합의를 거쳐 1980년부터 5년간 <도일치료 제도>를 시행하기로 한다. 그런데 무슨 예감 때문이었을까 사명감 때문이었을까, 히로시마에서 병원을 운영하던 가와무라 씨가 중심이 되어 <한국의 피폭자를 히로시마병원으로 초대하는 모임(이하, 초대하는 모임)>을 결성하고 성금을 모아 78년부터 재한피폭자 도일치료를 추진하기로 한다. 사실은 그에 앞선 1974년, 종교인이기도 한 가와무라 씨가 몸담은 일본그리스도교단중부교구가 주축이 되어 만들어진 <재히로시마한국인·조선인피폭자 구원회>는 줄곧 한국인원폭피해자를 돕기 위한 기금마련운동을 해왔다. 그 연장선에서 <초대하는 모임>을 발족하고 모금운동을 펼쳐

---

12 김종훈, 「韓国被爆者に対する市民団体の援護活動-孫振斗裁判後の渡日治療を中心に」, 『日本文化学報 第80輯』, 2019, 370-374쪽과, 한국원폭피해자협회 편, 『한국원폭피해자 65년사』, 2011 등을 참조하여 서술한다.

급기야 1978년 첫 번째 도일치료 환자를 받아들인 이후부터 후속단체가 재편성된 1984년 전까지 21명의 한국인 피폭자를 초대하여 치료하였다. 그러다 정부의 <도일치료 제도>가 연장 없이 85년으로 막을 내릴 것을 예측한 가와무라는 다른 시민단체들과의 연대를 꾀하여 더 넓고 깊은 도일치료 활동을 위해, 1984년 <재한피폭자 도일치료 히로시마위원회>[13]라는 이름으로 모임 자체를 재편성하고 활동 역시 확대해 나갔다.

이때 한국에서 도일치료를 희망하는 피폭자를 선정하고 도일에 필요한 행정적 업무를 처리하여 비행기에 탑승하기까지의 복잡한 일들은 모두 <협회>가 도맡아 했다고 한다. 이후 일본공항에서의 마중에서부터 병원에의 입원과 원폭수첩교부를 위한 절차 등은 모두 <초대하는 모임>의 일이었다.

> 피폭자구원이란 반핵평화운동의 중요한 기둥이라고 생각한다. 원폭투하로 피폭한 인간의 비참한 실태는 피폭자만이 체험하고 실감한 것으로, 우리는 그 실상을 추론할 뿐이다. 앞으로 핵전쟁이 일어난다면 인간은 원폭보다 더 큰 피해를 입을 것이 명백하다. 인류의 장래를 위해서, 우리는 피폭자 체험을 계승하고 그들의 구원에 주력하고 반핵운동을 펼칠 필요가 있다. 피폭자구호를 외면한 반핵운동은 중요한 기둥이 없는 운동에 불과하다. (중략) 일본인피폭자에 비해 수입이 낮고 의료의 은혜도 없이 주변의 차별을 받아온 그들에게 우리 일본인은 특별히 마음을 다해 구호의 손길을 내밀지

---

13 이때 재편된 <재한피폭자도일치료히로시마위원회>는 2016년 봄, 1984년부터 시작해 32년이라는 긴 세월에 걸쳐 진행해왔던 활동을 마무리하였다. 그때까지 그들은 총 600명(cf. 한일정부가 추진했던 '도일치료 제도'에 의한 피해자 수 349명)에 이르는 한국인 피폭자의 도일치료를 민간차원의 모금으로만 추진해 왔다. 위원회는 "재외피폭자도 자국에서 의료비를 전액 받을 수 있게 된 상황과, 한국의 의료수준이 높은 만큼 도일치료의 역할은 끝났다"고 보고 위원회의 활동을 종료한다고 밝혔다.
https://www.mindan.org/old/front/newsDetail492e-2.html 참조.

않으면 안 된다.[14]

<초대하는 모임>을 비롯한 재한피폭자에 대한 지원활동에 동참하고 있는 일본 시민단체의 존재이유를 적확하게 표현해주고 있는 말이 아닌가 생각한다. "조선인 피폭자 문제를 알지 않고는 일본 평화운동은 있을 수 없다"라는, 나중에 만나보게 될 오카 마사하루(岡正治, 1918~1994) 목사의 의지와도 상통한다. 일본자국의 전쟁책임을 인정하고 통감한다면, 또 진심으로 반핵·평화운동의 주권국가이기를 바란다면 결코 외면해서는 안 될 문제가 조선인 원폭피해자에 대한 속죄와 구원의 문제라는 말이다.

그 밖에 한국 원폭피해자를 지원하는 일본 시민단체

히로시마와 나가사키에서 피폭한 '조선인 원폭피해자' 특히 한국에 거주하고 있는 '재한원폭피해자'들과 연대하고 그들의 활동과 원호를 지원하는 일본의 풀뿌리 시민단체는 <시민모임> 외에도 수십 개에 이른다. 다만 좁은 지면에, 무엇보다 자료를 통해서 추적하는 이번 작업의 한계로 그들 각각의 활동을 면밀하게 소개하기란 아쉽게도 불가능할 듯하다. 대신 다소 독특한 접근일지 모르지만, 일본 내에서 출판된 '조선인 원폭피해 관련 문헌'들 중에서 그들 시민단체가 편저하거나 집필한 문헌들을 조사하여 목록화해보았다. 그 결과 문헌출판의 주체인 <~모임>과 같은 단체의 합계는 17개였고, 그들이 출판한 문헌은 모두 32권에 달했다. 여기에서도 단연 <시민모임>의 활약이 두드러졌는데, <나가사키재일조선인의 인권을 지키는 모임(이하, 인권을 지키는 모임.

---

14 한국원폭피해자협회 편, 『한국원폭피해자 65년사』, 2011, 198쪽.

자세한 것은 다음의 <3>에서)> 편저로 출간된 11권(『원폭과 조선인』 1~7집 포함)과 같은 수의 문헌을 간행하고 있었다.

여기에 그들 <~모임>의 이름과 그 문헌의 제목을 적는 것은, 이름을 통해 그들이 각각 어떤 의지와 목적을 가지고 결성되었고 책으로 엮었는지를 짐작할 수 있기 때문이다. 소리 내어 그 이름을 하나하나 읊조리노라니 마치 한 편의 아름다운 시 같기도 하고 정의를 위해 싸우는 투사의 단호한 웅변 같기도 하다. 이들 단체 외에도 앞서 보았던 <초대하는 모임>과 기타 여러 모임을 포함해, 참으로 고마운 이름들이다.

> 나가사키 재일조선인의 인권을 지키는 모임(長崎在日朝鮮人の人権を守る 会), 삐까자료연구기획(ピカ資料研究所企画), 손진두씨를 지키는 도쿄시민의 모임(孫振斗さんを守る東京市民の会), 시라시마의 강제연행을 조사하는 모임 (白島の強制連行を調査する会), 외국인전쟁희생자추도비건립위원회(外国人戦 争犠牲者追悼碑建立委員会), 일한피폭자교류회와 그것을 지원하는 모임(日韓 被爆者交流会とそれを支援する会), 재일본대한민국거류민단 히로시마현지방 본부(在日本大韓民国居留民団広島県地方本部), 전국시민의 모임 편집위원회 (全国市民の会編集委員会), 전후보상문제연락위원회(戦後補償問題連絡委員会), 조선인 피폭자의 기록영화를 만드는 모임, 피폭자원호법연구회(被爆者援護 法研究会), 한국 원폭피해자를 구원하는 시민모임(韓国の原爆被害者を救援す る市民の会), 한국피폭자위령 방일단을 맞이하는 전국연락회(韓国被爆者慰 霊訪日団を迎える全国連絡会), 한국피폭자 진료센터건설 히로시마현민회의 (韓国被爆者診療センター建設広島県民会議), 홋카이도재일조선인의 인권을 지키는 모임(北海道在日朝鮮人の人権を守る会), 히로시마・나가사키 조선인 피폭자실태조사사무국(広島・長崎朝鮮人被爆者実態調査団事務局), 히로시마 평화와 생활을 잇는 모임(広島平和と生活を結ぶ会), 히로시마현 조선인 피폭 자협의회(広島県朝鮮人被爆者協議会)

*〈~모임〉이 출판한 '조선인 원폭피해 관련' 문헌

	타이틀	저자 및 편저자
1	조선인 피폭자 손진두씨에게 치료와 체류를!	손진두씨를 지키는 도쿄시민의 모임
2	빨리 원호를(1972.3~2022까지 총159호)	한국 원폭피해자를 구원하는 시민모임
3	한국피폭자 진료센터건설 보고서	한국피폭자 진료센터건설 히로시마현민회의
4	히로시마를 가지고 돌아가고파-원폭피해자 최영순	한국 원폭피해자를 구원하는 시민모임
5	조선인 피폭자의 실태-조국에 미국의 핵전쟁을 용납하지 않는다!	홋카이도재일조선인의 인권을 지키는 모임
6	재한피폭자의 실태보충조사, 중간보고	한국 원폭피해자를 구원하는 시민모임
7	조선인 피폭자 손진두의 고발-손진두씨에게 치료와 체류를	전국시민의 모임 편집위원회
8	조선인 피폭자의 실태조사 보고서	히로시마 · 나가사키조선인 피폭자실태조사사무국
9	하얀 저고리의 피폭자	히로시마현조선인 피폭자협의회
10	'원호법'과 재한피폭자-기본간의견서와 3항목 합의	한국 원폭피해자를 구원하는 시민모임
11	핵폐절인류부전-외국인전쟁희생자추도 문집	외국인전쟁희생자추도비건립위원회
12	재한피폭자의 실태-재한피폭자실태조사보고서	한국 원폭피해자를 구원하는 시민모임
13	원폭과 조선인 제1집~제7집	나가사키재일조선인의 인권을 지키는 모임
14	재한피폭자문제입문-재한피폭자문제를 생각한다 No.3 입문편	한국의 원폭피해자를 구원하는 시민모임
15	재한피폭자실태조사공동보고서	한국의 원폭피해자를 구원하는 시민모임
16	추도 이기상 씨: 2중의 차별을 짊어지고 소진하다	나가사키재일조선인의 인권을 지키는 모임
17	히로시마민단 35년사	재일본대한민국거류민단 히로시마현지방본부
18	히로시마로-한국피폭자의 수기	한국 원폭피해자를 구원하는 시민모임
19	재한피폭자문제를 생각하다	재한피폭자문제시민회의
20	자료, 한국인원폭희생자위령비	삐까자료연구기획
21	조선인 피폭자-나가사키에서의 증언	나가사키재일조선인의 인권을 지키는 모임
22	재한피폭자의 질문	한국피폭자위령방일단을 맞이하는 전국연락회
23	지하터널에 묻힌 조선인강제노동	시라시마의 강제연행을 조사하는 모임
24	조선식민지지배와 전후보상	전후보상문제연락위원회
25	8개국어 번역 『전세계 사람들에게』-조선인 피폭자의 기록	모리 젠키치 · 다카미 야스호 //1981년 「조선인 피폭자의 기록영화를 만드는 모임」 결성

26	재한피폭자가 말하는 피폭 50년-요구되는 전후보상	한국 원폭피해자를 구원하는 시민모임
27	이기자-미쓰비시히로시마에 강제연행되어와 피폭한 한국인 징용공에 대한 보상을 요구하며	사사키 노부오/히로시마평화와 생활을 잇는 모임
28	한국·조선인 피폭자와 강제연행	다카미 야스호(나가사키재일조선인의 인권을 지키는 모임)
29	조선인 피폭자 손진두 재판의 기록-피폭자보상의 원점	나카지마 아쓰미·재한피폭자문제시민회의
30	재외피폭자에게도 피폭자원호법 적용을	피폭자원호법연구회, 한국 원폭피해자를 구원하는 시민모임
31	해협을 넘어-방한보고서 2: 재한피폭자는 지금 무엇을 요구하는가?	일한피폭자교류회와 그것을 지원하는 모임
32	피폭자가 피폭자가 아니게 되는 때	한국 원폭피해자를 구원하는 시민모임

<협회>와 <시민모임>의 50년 지기 연대

<시민모임> 현 회장인 이치바 준코 씨는 조선인(한국인) 원폭피해자에 대한 일본정부와 일본인의 사죄와 책임이 전제되었을 때 비로소 원폭을 투하한 직접적 가해국인 미국과의 문제에 접근하고 미국의 사죄와 책임을 물을 수 있다고 말한다. 그리고 그의 이런 의지의 표현에는 두 번 다시 원폭과 같은 핵 재난이 반복되지 않도록 과거에 대한 제대로 된 규명과 책임촉구가 선행되어야 한다는, 이른바 '발전적 관계의 미래를 위한 과거청산'의 정당성을 강조하고 있다고 본다. 그런 취지에서의 <시민모임>과 <협회>의 연대는 2022년 현재까지도 지속되고 있는데, <강제동원문제 해결과 과거청산을 위한 공동행동> 일환으로 '미쓰비시징용공 피폭자에 대해 일본정부와 미쓰비시에 강제연행과 강제노동 그리고 피폭의 책임을 묻는 투쟁'을 지원하고 있다. 또 <협회>와 함께 각각의 정부에 <핵무기금지조약>(2017년 7월 UN 채택, 2021년 1월 22일 발효, 2022년 현재 86개국 서명, 66개국 비준)에의 서명과 비준을 촉구하는 운동을 적극추진하고 있다. 그런가 하면 <협회>를 비롯해 <일본원수폭

피해자단체협의회> 등 원폭피해자 단체의 연명으로 러시아를 향해 <우크라이나 침략을 즉각 멈출 것을 촉구한다>는 공동성명을 발표하기도 하는 등, 비핵·평화를 위한 경계를 허무는 연대활동을 꾸준히 진행해오고 있다.

이렇듯 한일 양국의 풀뿌리 시민의 연대는 그동안의 발판을 가일층 굳건하게 다지면서 한 해 한 해 치러지는 각자의 행사에 응원과 지원을 서로 나누고 (ex. 위령제, 보고회 및 설명회 등), 일본 측을 상대로 하는 소송이 있을 때는 의료·법률 관련의 경험과 지혜를 나눠주고(ex. 미쓰비시중공업 강제징용공의 피폭문제, 미국에 원폭투하 책임을 묻는 민간법정 추진 등), 각각의 정부와 세계를 향해 반핵·평화를 위한 공동행동을 촉구하는 등, 두 번 다시 1945년 8월과 같은 핵 재난이 반복되지 않기를 염원하며 협업하고 있다.

그런가 하면 2011년 3.11동일본대지진 때 후쿠시마원전사고로 핵 재난의 피해를 본 후쿠시마 피해자들을 위해, <협회>와 <합천 평화의 집> 등이 주축이 되어 기금마련 캠페인을 벌였다. 또 2020년에 시작된 코로나 위기 속에서는 마스크 부족으로 힘들었던 일본 상황을 고려하여, <협회>에서는 원폭피해자와 시민단체들의 기부로 모아진 1만 2천여 장의 마스크를 <일본원수폭피해자협의회>를 통해 일본 피폭자들을 위해 기부하면서 한일관계 악화에도 여전히 '피폭자는 변함없는 협력관계를 유지하겠다'는 다짐을 표명하였다.

_____ **3. 진정한 속죄와 화해·평화를 위한 연대**

"내 몸을 돌려달라!"

아아, 아아, 슬프다, 슬프다.
나는 조선으로 돌아가고 싶다.

지금 죽어도 죽을 수 없기에 여기에 있다.

……아아, 고향이 그립다.

나의 조선으로 돌아가고 싶다.

아아, 나는 가슴이 터질 듯이 괴롭다.

-36년 만에 군함도를 다시 찾은 서정우 씨의 모국어로의 외침.15

　일곱 살이었는지 여덟 살이었는지 정확한 나이는 기억나지 않는다. 부모님이 먹고살 길을 찾아 일본으로 건너가신 이후 할아버지 댁과 먼 친척 집을 전전하며 농사를 지었다는 서정우 씨. 그렇게 열네 살이 되던 해, 마을 곳곳을 돌며 웬만한 연령대의 남녀를 닥치는 대로 낚아채듯 잡아가던 '징용트럭'에 그만 잡히고 말았다. 어린 소년에서 청장년의 수많은 조선인들이 강제로 끌려가 기차로 옮겨지는가 싶더니 부산에서 시모노세키로 가는 배에 태워졌다. 그렇게 해서 도착한 곳이 나가사키역, 그리고 다시 배에 실려 간 곳이 '군함도'라고 불리던 하시마섬. 그곳은 악명 높기로 유명한 해저탄광, 즉 미쓰비시(三菱) 하시마탄광이었다. 햇빛도 들지 않는 좁디좁은 조선인 숙소에, 까실까실한 콩깻묵과 현미로 된 주먹밥에 머리도 뼈도 발라내지 않은 짜디짠 정어리조림 하나를 반찬 삼아 먹으며 배탈과 설사로 신음하던 열네 살 소년은 차라리 죽어버리자고 몇 번을 생각했는지 모른다. 어디 그뿐이랴. 아직 다 자라지도 않은 열네 살 소년조차 허리 한 번 제대로 펴지 못할 만큼 좁고 낮은 해저탄광은 그야말로 생지옥과도 같았다. 그렇게 몇 개월이 흘렀을까. 죽지 못해 산다는, 차라리 죽어버렸으면 좋겠다는 체념 속에 간신히 버티던 어느 날, 역

---

15 모리 젠키치(盛善吉), 『더 이상 전쟁은 필요 없어(もう戦争はいらんとよ)』 連合出版, 1982, 25쪽.

시 신은 존재하는가? '행운'처럼 나가사키로의 이동명령이 떨어졌다. 정말 '운이 좋다'고 믿었다. 미쓰비시중공업 나가사키조선소로 구사일생처럼 옮겨가게 되었을 때는.

그런데 그렇게 살아남았는가 싶었다던 서정우 씨는 분개에 찬 목소리로 말한다. "원폭이 떨어진 덕분에 나는 살 수 있었다. …이런 말을 다른 보통사람이 하면 비난받겠지만, 나 자신도 피폭자니까 말할 수 있다. 원폭 때문에 일본이 패했고 우리는 해방된 것이다."라고.

그랬다. 1945년 8월 9일 11시 2분에 나가사키에 투하된 '팻맨'이라는 별명의 두 번째 원폭에 피폭된 21,634명, 피폭사한 10,278명[16] 조선인 피해자 속에 서정우 씨도 있었다. 원폭이 떨어진 날, 숙소에 있던 이들은 모두 죽었는데 자신은 미쓰비시중공업 나가사키조선소에서 일하고 있었기에 간신히 살아남을 수 있었노라고, 서정우 씨는 회고한다.[17]

한과 고통으로 점철된 그의 삶이 조선인 원폭피해자, 특히 피폭 조선인징용공, 그중에서도 지옥섬이라 불리는 하시마(端島, 별명 군함도)에서 혹사당하고 결국 원폭에 희생되고 말았던 조선인징용공에 관한 진실규명의 중대한 역사적 증거로 기록되게 된 것은 바로 오카 목사를 위시한 <인권을 지키는 모임>과의 인연과 연대에서 기인한다고 할 수 있을 것이다.

그의 일대기를 간략하게 정리해 본다.

---

16 나가사키재일조선인의 인권을 지키는 모임 편저, 『조선인피폭자-나가사키에서의 증언(朝鮮人被爆者-ナガサキからの証言)』, 사회평론사, 1989, 87쪽.
17 모리 젠키치(盛善吉, 1982), 앞의 책, 32쪽.

나가사키 원폭피해자 서정우 씨

1928년 경남 의령군 한 소농의 장남으로 출생
1936년 여덟 살 되던 해 부모님 도일, 할아버지, 친척집으로 전전
1943년 4월 열네 살 때, 징용트럭에 실려 나가사키로 강제연행된 후 하시마(端島=군함도)에서 강제노동
1943년 9월 나가사키 미쓰비시중공업 나가사키조선소로 이동
1945년 8월 9일, 조선소에서 일하던 중 피폭. 당시 숙소에 있던 조선인 등은 모두 사망
1975년 6월, 일본인 여성과 결혼. 슬하에 쌍둥이 아들
당시, 홀로 아이들을 돌볼 수 있는 상황이 아닌 탓에 가톨릭계 운영의 고아원에 의탁. 두 아들이 스무 살이 될 때까지는 '죽어도 죽을 수 없다'던 서정우 씨
1979년 11월, <히로시마·나가사키 조선인피폭자실태조사단>의 조사활동을 계기로 오카 마사하루 목사와의 인연 시작.
1981년 모리 젠키치(盛善吉) 감독의 기록영화『전세계 사람들에게』촬영을 위해 36년 만에 군함도를 찾았다.
이후 20년 가까운 세월, 수학여행 학생들을 대상으로 '원폭체험' 증언자로 활동
1989년『까마귀1~5』(2016년 개정판『군함도』)의 작가 한수산의 취재에 협력
1995년 <오카마사하루기념 나가사키평화자료관>이 설립될 당시 자료관의 전시제작 등 협력
2001년 8월 2일, 일흔둘의 한 많은 삶을 마쳤다. 두 아들이 장성한 모습을 지켜볼 수 있었던 것이 그에게는 그나마 위안이라면 위안이었을까.

최초 조선인 원폭피해자 관련 다큐 영화『전세계 사람들에게』

서정우 씨는 모리 젠키치(1931~2000) 감독의 다큐영화『전세계 사람들에게 -조선인 피폭자의 기록』(1981) 촬영을 위해 36년 만(81년 촬영 당시 기준)에 촬영진과 함께 군함도로 향했다. 모리 감독은 얄궂게 내리는 비에 거의 기능을 하지 못한다는 서정우 씨의 폐를 걱정해 조감독을 시켜 어렵게 우산을 마련했다는 에피소드를 소개하고 있다. 그렇다, 서정우 씨는 피폭 이후 잦은 병치레로 병원생활을 수시로 해야 했고 그 때문에 경제활동은 거의 불가능했던 상태. 그의 담당의사는 그의 폐가 기능을 제대로 하지 못해 언제 마지막이 올지 모르는 상황이라고 진단했다.

"강제로 끌려와서 혹사당하고 얻어맞고 발로 걷어차였던 인간이, 아직도 이런 설움을 당해야 하느냐 말이오! 이렇게 죽을 고생을 하고, 질병, 피폭, 차별이라니, 이런 내 몸을 말이야, 이렇게 몹쓸 몸을 누가 만들었느냐 말이오? 일본인이, 일본군국주의가 만들었단 말이오! 내 이 몸을 돌려주시오! 이 몸을! 원래의 내 몸으로 돌려달란 말이오, 일본사람들아~!"

사실 모리 젠키치 감독의 영화가 완성되기까지의 우여곡절에도 나가사키뿐 아니라 일본 각지의 다양한 시민단체와 시민 개개인의 참여와 후원이 굽이굽이 스며있다는 사실을 알아야 할 것 같다. 그 중심에 <히로시마·나가사키 조선인피폭자협의회>와 <조선인피폭자의 기록영화를 만드는 모임>, <조선인피폭자의 기록영화를 추진하는 나가사키시민의 모임> 등이 있어, 고비가 닥쳤을 때마다 의지와 지혜를 모았다.

무엇보다 모리 감독이 영화제작에 대해 주저할 수밖에 없었던 가장 큰 이유 중 하나가 제작경비 문제였지만, 치료도 제대로 받지 못한 채 방치되고 있는 조선인 피폭자 사망자가 해마다 증가하고 있는 상황에서 더는 기록을 미룰 수 없다는 절박함에 강행하기로 결심한다. 그리고 또 하나의 문제가 자국민인 일본인 특히 일본인 피폭자의 달갑지 않게 보는 시선이었다고 한다. 일본인 피폭자 문제도 해결되지 않은 상황에서 무슨 조선인 피폭자에 대한 영화를, 그것도 일본인 감독이 어떻게 만들 수 있느냐는 비난과 조선인 피폭자의 역사를 인정한다는 것은 일본의 가해자로서의 책임 또한 간과할 수 없는 문제이니만큼 평화도시를 표명하던 나가사키시 정부와 그 가해의 핵심에 있었던 미쓰비시 등 기업의 반대 혹은 비협조적 행태가 심했다고 한다. 이런 문제들에 직면했을 때, 모리 감독의 생각은 복잡해졌고 한일관계 특히 조선인 원폭피해자의 역사에 대해 되짚어보지 않을 수 없었다. 일본인 감독이 말하는

'일본이 조선에게 저지른 일'…….

전쟁 전 일본인이 조선인에게 내뱉던 말들이나 일본제국이 조선 사람들
에게 강제한 사실 등이 떠올랐다. 1910년 한국합병(식민지화하다). 그 이후
일본어 강제(언어를 빼앗고), 창씨개명(이름을 빼앗고), 강제연행(자유를 빼
앗고), 징용, 징병.

그에 반대한 조선인(독립을 바라는 사람들)을 제암리 교회에 몰아넣고 참
살. 그 3.1운동의 희생자 7천 645명. 관동대지진으로 일본의 군민이 학살한
조선인 6천 5백여 명. 조선인 군인과 군속 37만 명 중 사망자 15만. 강제연
행된 노동자 150만 중 사망자 6만.

이들은 모두 일본제국의 '황국신민화'의 희생자다. (중략)

일본인피폭자의 고뇌는 36년(81년 당시)간 계속되었지만, 조선인피폭자
의 경우는 백 년, 1세기에 달하는 일본인에 의한 중압과 탄압을 제외하고는
생각할 수 없다.18

어쨌든 그런 와중에도 그가 영화제작을 포기할 수 없었던 가장 큰 이유는
기록영화제작을 처음 의뢰한 히로시마현 조선인피폭자협의회 회장인 이실근
씨의 "내 평생의 비원입니다!"라는 열망과, 영화제작의 취지를 신문기사를 통
해 알게 된 시민들의 "'(일본은) 가해자였다'라는 과거형이 아닌 '(여전히) 가
해자이다'라는 사실을 알게 되었다. 영화제작의 성공을 바라며 미력하나마 얼마
간의 후원금을 보낸다"는 등 응원의 목소리와 후원에 고무된 때문이었으리라.

그렇게 조선인 원폭피해자 문제를 다룬 최초의 다큐영화가 제작되었고, 8

---

18 모리 젠키치(盛善吉), 『영광의 머칠 시말기-영화 「전세계 사람들에게」 기록편(栄光の墨塗
り始末記一映画『世界の人へ』記録編)』, 連合出版, 1982, 13쪽.

개국어로 번역되어 상영되기에 이르렀다. 영화는 수소문해보았지만, 안타깝게도 현재로서는 판권 문제로 시중에서 쉽게 찾아볼 수 없는 상황이라고 한다. 내용에 대해서는 모리 감독 편저로 출판된『더 이상 전쟁은 필요 없어-영화「전세계 사람들에게」증언편』과『영광의 먹칠 시말기-기록편』을 통해 확인할 수 있었다. 주요 내용을 전개순서에 따라 정리하면 다음과 같다.

-히로시마시, 형무소. 치안유지법 위반으로 히로시마형무소에 투옥되었다가 조선인 독립운동가 4명과 알게 되고, 원폭 이후 생존한 3명을 도와 고향으로 피난한 이시하마 요시노리 씨의 증언

-1981년 8월, 히로시마에서 피폭자원호집회가, 나가사키에서는 원수폭금지세계대회가 개최되어 32개국에서 평화를 원하는 사람들이 모였다. 그 중 마셜제도와 네덜란드 등에서 온 일본의 식민지배 체험자와 포로수용소에서 피폭한 사람 등에게 듣는 조선인에 대한 일제의 차별 증언

-서정우 씨가 피폭한 장소인 조선소 내부에서의 촬영을 거부한 미쓰비시와 나가사키시

-미쓰비시중공 나가사키조선소에서 피폭한 서정우 씨 외 조선인피폭자의 증언

-메이지천황 때부터의 '조선과 만주의 식민지화'라는 그릇된 야망이 미화되고, 식민지 통치와 전쟁을 정당화하고 역사를 왜곡하는 내용의 교과서(보통학교국사)

-중국침략과 제2차세계대전 격화로 부족한 노동력과 군사력 보충을 위해 조선인을 강제연행, 징용, 징병하기 시작한 일제

-고보(高暮)댐 건설과 공사 중에 사망한 조선인

-그리고 원폭투하, 원폭구름 아래 죽어간 5만 명의 조선인 생명

-원폭 후 구사일생으로 살아남아 방공호로 피신했다가 일본군의 일본도에 죽을 뻔했다는 박민규 씨, 아직도 허리에 6개의 철심을 박고 살아가는

김연순 씨, 피폭 후 임신 중에 ABCC(미국의 원폭조사기관)에 끌려갔다는 송연순 씨 등등 조선인 피폭자의 증언

-36년 만에 군함도를 다시 찾은 서정우 씨의 증언

-154구 조선인 유골을 둘러싼 오카 마사하루 목사의 증언

태양이 바다 위로 떠오르는 순간 흘러나왔을 내레이션.

"예로부터 전쟁 없는 나라, 평화의 나라로 알려진 조선.

일본 파시즘과 미국 원폭이라는 이중의 고통을 동시에 겪어야 했던 조선인 피폭자. 이 비극을 참고 견뎌온 조선인피폭자와 원폭구름에 사라진 통한의 조선인피폭자의 마음을, 전세계 사람들에게……!"

진실은 바로 보아야 아름답다

모리 젠키치 감독이 말하는, 영화제작에 가장 큰 조력자이자 출연자인 당시 <인권을 지키는 모임> 대표이자 나가사키시의원이던 오카 마사하루 목사에 대한 감상을 한마디로 표현하면 '조선인 문제를 일본인보다 우선시하고, 조선인을 위해 아름다운 한 길을 관철해온 사람'이라는 것이다.

1945년 8월 9일 투하된 '팻맨'이라는 원폭에 희생된 조선인 피폭사자 수를, 시민단체들의 성화에 못 이긴 나가사키시는 마지못한 조사 끝에 1,400~2,000명이라고 발표한다. 이러한 말도 안 되는 통계에 의구심을 가지고 진실을 추적하기 시작한 것이 오카 목사를 중심으로 하는 <인권을 지키는 모임>의 실태조사였다. 그 조사결과를 통해 추정한 나가사키 조선인피폭자 수가 21,634명, 피폭사한 이가 10,278명. 그럼에도 정확한 조선인 희생자 수는 여전히 오리무중이라며, 오카 목사 사후 현재까지도 진실을 밝히기 위한 <인권을 지키

는 모임>의 발걸음은 계속되고 있다. 여기에서 그들의 50여 년의 발자취를 고스란히 간직하고 있는 <오카마사하루기념 나가사키평화자료관>을 잠깐 들러보자.

나가사키역에서 육교를 건너 경사진 길을 한 5분쯤 걸어 올라간 길 오른편에 <오카마사하루기념 나가사키평화자료관>이라는 다소 긴 이름의 2층짜리 자료관이 있다. 이곳은 일본에서도 특이한 자료관으로 알려진 곳이다. 어떻게 특이하냐고? 일본 제국주의와 군국주의가 범한 아시아침략과 태평양전쟁의 가해자성과 책임을 규명하고 전시하고 교육하는 '일

〈오카마사하루기념 나가사키평화자료관〉
(필자 촬영)

본 유일'의 전시관이라는 평을 받고 있기 때문이다. 그러한 자료관의 시작과 중심에 있는 이가 오카 마사하루 목사이며, 그의 유지를 이어받아 1995년 현 자료관을 건립하고 여러 어려움 속에서도 현재까지 유지해오고 있는 이들이 <인권을 지키는 모임>이다.

지난 11월 15일, 개관 시간인 10시가 되기도 전에 도착한 자료관 입구에는 교복 차림의 여고생들이 스무 명가량 모여 안내를 받고 있었다. 수학여행으로 자료관을 찾은 학생들은 필자가 그곳에 두 시간 남짓 머물러 있는 동안 두 그룹이 다녀갔고, 인사를 건네고 자료관을 나설 때 또 한 그룹의 학생들이 들어오던 참이었다. 그들은 이곳에서 '일본이 아시아에서 저지른 잔혹함'을 목격하고 어떤 생각을 하게 될까? 돌아 나오는 나의 마음도 복잡하기는 매한가지였

지만, 분명한 것은 왜곡된 목소리가 높은 가운데 역사를 바로잡으려는 이들의
꾸준한 노고에 감사하는 마음 가눌 길이 없었다는 것이다.

*자료관 벽면에 전시된 내용의 일부 • 좌: 〈일본은 아시아에서 무엇을 했는가?〉
• 우상: 〈대검증에 의한 주민살해(싱가폴)〉 • 우하: 〈강제연행된 조선인노동자〉 (필자 촬영)

　　〈인권을 지키는 모임〉의 목적은 "재일조선인의 인권을 지키기 위해 그 취
지에 찬동하는 모든 사람과 연대하여 광범위한 활동을 전개"하는 것인데, 모

임 대표였던 오카 목사는 입버릇처럼 "조선인피폭자 문제를 돌아보지 않고는 일본인 및 일본인피폭자의 평화운동은 있을 수 없다."라고 역설하였다.

사실 <인권을 지키는 모임>은 65년 한일기본협약 체결을 계기로 일본 전역에 결성된 <재일조선인의 인권을 지키는 모임>에서 출발한다. 그리고 그 출발의 계기는 역시 <한일기본협약 체결>이라는, 피식민지국 국민이었다는 이유로 광복 이후까지도 온갖 차별과 고통 속에 간신히 살아온 '일제강점기 희생자 조선인'을 외면한 채 일제를 상대로 배상을 청구할 수 있는 권리를 박탈해버린 <청구권 협약>이었다. 그것으로 일제에 희생된 조선인을 두 번 세 번 역사의 희생양으로 몰아세워버린 것을, '이름도 없는 일본인이 속죄의 마음을 담아' 재일조선인 인권을 지키기 위해 뜻과 마음을 모은 것이 <재일조선인의 인권을 지키는 모임>의 결성이었다. 그런 전국 규모의 모임에 발흥하여 조선인원폭피해자와 일제강점기에 끌려온 조선인 강제징용공 생존자들의 인권을 지키기 위해 일어선 것이 <나가사키재일조선인의 인권을 지키는 모임>이었다.

오카 목사의 "조선인피폭자의 실태조사와 원호를!!"이라는 외침 아래 뜻을 모은 <인권을 지키는 모임>이 가장 먼저 착수한 작업이 나가사키 조선인피폭자 실태조사였고, 작지만 단호한 결연으로 조사에 착수한 것이 1966년의 일이었다. 물론 그 이전인 1965년 5월경 오카 목사의 독자적인 조사활동은 이미 시작되고 있었다.

그렇게 시작한 실태조사는, 조선인원폭피해자와 그 역사에 대해 일본국과 나가사키시 등 정부가 왜곡하거나 외면하면 할수록 더 넓고 깊게 보폭을 확대시켜 나갔고, 1945년 8월의 원폭을 즈음하여 일반거주 및 강제징용 등을 포괄한 나가사키현 조선인 거주자 수 현황조사에까지 이르렀다. 그렇게 한 단계씩 조사사업이 일단락될 때마다 <인권을 지키는 모임>은 『원폭과 조선인(原

爆と朝鮮人)』이라는 책자를 간행하였는데, 1982년 7월의 <제1집>(2001년 7월 제2판 인쇄)을 시작으로 2014년 3월의 <제7집>에 이르고 있다.

*각각의 부제
〈제1~3집〉「나가사키조선인피폭자실태조사보고서」, 〈제4집〉「나가사키조선인피폭자실태조사보고서-하시마의 신음소리(발굴, 「하시마자료」가 제기하는 것)」, 〈제5집〉「나가사키현 조선인강제연행, 강제노동실태조사보고서-탄광으로, 방공호로, 매립지로…7만 명 탐방의 여행」, 〈제6집〉「사가현 조선인 강제연행 강제노동 실태조사보고서-한의 사가평야 또 하나의 석탄사(史)」, 〈제7집〉「나가사키군수기업 조선인강제동원실태조사보고서」(필자 촬영)

일본 제국주의와 군국주의가 초래한 인류의 참비극을 마주하기가 일본국 시민들로 구성된 <인권을 지키는 모임> 입장에서 결코 쉬운 일은 아닐 터였다. 그럼에도 그들이 그 버겁고 두려운 작업을 50여 년 세월 동안 갖은 고난과 위협을 견뎌내며 지속해오고 있는 것은 "'역사의 청

산-사죄와 국가보상'을 일본정부에 강력히 추궁함으로써 범죄의 역사에 책임을 져야 한다"[19]고 믿기 때문이며, 그 청산과 사죄가 진실한 것이 되기 위해서는 "조선인피폭자 존재를 결코 잊어서도 무시해서도 안 되며……, 세계의 히로시마와 나가사키에서 소외된 고독한 조선인피폭자를 전면에 앞세워 그들의 빼앗긴 인간성을 회복시키는 것"[20]이야말로 자신들의 사명이라고 믿었기 때문이었다.

---

19 <인권을 지키는 모임>편, 『원폭과 조선인(原爆と朝鮮人)』 제5집, 1991, 414쪽.
20 <인권을 지키는 모임>편, 『원폭과 조선인(原爆と朝鮮人)』 제1집, 1982, 2-3쪽.

추도비에 깃든 속죄와 평화를 위한 다짐

그들의 이 같은 결연한 의지와 조선인피폭자를 비롯한 일제강점기 희생자에 대한 속죄의 마음을 단적으로 보여주는 것이 아래 사진 속의 <나가사키원폭조선인희생자 추도비(이하, 추도비)>다.

추도비 뒷면에는 "강제연행 및 징용으로 중노동에 종사하던 중 피폭사한 조선인과 그 가족을 위해. 1979. 8.9."라는 글귀가 새겨져 있고, 『원폭과 조선인』의 내부표지에 실린 추도비 사진 아래에는 "원폭으로 죽임당한 이름도 없는 조선인을 위해, 이름도 없는 일본인이 속죄의 마음

나가사키평화공원 내, <원폭자료관> 입구 건너의 계단 아래 위치. 2022년 11월 현재의 모습(필자 촬영)

을 담아"라는 글귀가 새겨져 있다. 이 글귀처럼 추도비에는 누가 이 비를 세웠는지 특정된 사람의 혹은 단체의 이름이 없다(물론 추도비 옆에 세워진 안내판은 있지만). 일본국과 시민 모두의 속죄가 여기에 담기기를 바랐던 것은 아닐까?

'속죄'라는 말이 시리게 가슴을 후빈다. '속죄'란 과거의 잘못을 명확히 밝히고 그에 대한 뉘우침을 전제로 하는 실천적 행위[21]지만, 그렇다고 과거에 얽

---

21 박수경(2015)은 「原爆都市´祈りの´長崎の思想的転換(원폭도시 '기도의' 나가사키의 사상

長崎原爆朝鮮人犧牲者追悼碑

— 原爆で殺された名もない朝鮮人のために
名もない日本人がしょく罪の心をこめて —

１９７９年８月９日除幕
(長崎市平野町、平和公園)

나가사키원폭조선인희생자추도비
(『원폭과 조선인』 제1~5집의 내표지 수록)

매이려는 것이 아니라 그것에서 벗어나 발전적 관계의 미래로 나아가기 위한 전제이기도 하다. <시민모임>이나 <인권을 지키는 모임> 등 일본 시민단체들이 조선인, 특히 재한피폭자를 위해 물심양면으로 지원활동에 나선 가장 큰 이유가 바로 이러한 '미래를 위한 속죄'가 아니었겠는가. 그런데도 정작 태평양전쟁과 원폭의 가해 국인 일본과 미국의 위정자들에겐 절대적 희생자인 조선인 원폭피해자에 대한 참회나 속죄의 마음은 없는 모양이다. 국가와 정부가 책임지고 사과하고 배상할 책임이, 관계의 개선과 발전적인 미래를 위해 반드시 전제되어야 할 '속죄'의 몫이, 전쟁과 핵의 또 다른 피해자였던 '이름도 없는 일본인'들에게 전가되고 말았다는 것이 쓸쓸할 따름이다.

특히 조선인 원폭희생자와 그 가족을 위해 세워진 추도비 앞에 서면, 문득 히로시마평화공원 안으로 오래도록 들어가지도 못하고 강가에 세워졌던 <한국인원폭희생자 위령비>[22]와, 건립사업이 시작된 지 27년 만인 2021년 11월

적 전환)」에서, 오카 마사하루 중심의 <인권을 지키는 모임>이 추진해온 조선인 원폭피해자 실태조사를 비롯해 추도비와 평화자료관 건립 등 일련의 활동을 "신과의 화해를 위해 죄를 알고 죄를 없애기 위한 실천적 발화이자 실천적 행위다. 그리고 자기 혼자만의 속죄가 아니라 일본인피폭자를 비롯한 일본인이라는 공동체가 조선인에게 저지른 죄에 대해 가해자로서의 사죄, 반성, 보상할 것을 주장한다."고 서술하고 있다.

에야 나가사키평화공원 내에 건립된 <한국인원폭희생자 위령비>[23]가 떠오른다. 이들 위령비의 우여곡절을 더듬어가다 보면 우리 민족, 특히 원폭피해자가 '일본에서, 일본에게' 겪어야 했고 겪고 있는 차별을 직면하게 되기 때문이다. 이에 대한 구체적인 이야기는 또 다른 기회를 찾아 꼭 나눠볼 일이다. 다만, 여기에 히로시마 위령비에 깃든 조선인 피폭자의 한을 노래한 구리하라 사다코(栗原貞子)의 시 「돌 속에서」를 옮기는 것으로 그 이야기를 조금이나마 대신한다.

돌 속에서 들려온다
불에 탄 수 만 명의 죽은 이들의 소리
물 물 달라(ムルムルダルラ)
물을 주세요 물을 주세요
천년의 원한을 담아
밤의 공기를 떨게 한다

---

22 1970년 재일대한민국거류민단히로시마현본부에 의해, 원폭에 피폭된 이우 왕자가 발견되었던 혼가와바시(本川橋) 인근에 건립되었지만, 공원 내로의 진입을 불허한 일본정부의 민족차별 문제며 남북한의 민족분단 문제 등등의 우여곡절 끝에 1999년 공원 내로 이전되어 현재 위치에 안치되었다. 비문의 일부를 보면, "한민족이 나라 없는 슬픔을 뼛속까지 느낀 것이 이 태평양전쟁을 통해서이며 그중에서도 정점을 이룬 것은 원폭투하의 비극이었습니다."라고 되어 있다.

23 오랜 세월 위령비 건립을 추진해온 가운데 비문의 문구를 두고 일본정부 측과의 갈등이 있었다고 한다. 그 문제의 문구를 포함한 비문의 전반부를 보면, "우리 조국은 1945년 8월 15일까지 35년간 일본의 통치 아래 있었다. 태평양전쟁 말기에는 <u>본인의 의사(意思)에 반(反)</u>하여 노동자, 군인 및 국무원으로 징용, 동원되는 사례가 증가하였고, 이미 이주했던 사람들을 포함해 당시 나가사키현 내 우리 동포는 약 7만 명(일본내무성경보국 추정 통계)으로, 그중 나가사키시와 주변 지역에 약 3만 5천 명(<u>출처 '원폭과 조선인'</u>)이 거주하고 있었다."라고 한글(일본어, 영어 병기)로 새겨져 있다.(밑줄은 필자) 여기에서도 <인권을 지키는 모임>의 실태조사 성과가 역사적으로 얼마나 중대한 역할을 하고 있는지 알 수 있다.

공원 안에 들어가지 못하고
강변에 세워진 위령비 안에서
밤새 들려오는 수 만 명 죽은 이들의 소리
물 물 달라 물 달라

고향에서 논밭을 일구다가
강제로 연행되고
아내와 자식, 부모형제에게
이별의 말도 하지 못하고
소나 말처럼 연락선에 실려
해협을 건너 끌려왔다

타국의 신을 신봉하도록 강요당하고
타국의 왕에게 충성을 맹세해야 했다
그러다 결국
섬광에 불탄 검은 해골이 되어
까마귀 떼에 쪼아먹혔다
아이고 물 물을 달라
고향은 둘로 갈라지고
갈라진 반쪽에
천 개의 핵무기를 실었다
나와 내 반쪽에 왜 핵을 쑤셔 넣으려 하는가

타국의 병사는 가라
핵무기를 가지고 가라
고향은 하나
바람이여 전해다오 저 멀리

지난 11월 이른 아침에 찾은 추도비 앞은 쓸쓸하지 않았다. 이번엔 두 번째 방문이라 추도비 위치를 찾느라 고생하진 않았지만, 7년 전 추도비를 찾기 위해 고생하던 생각이 새롭다. 그때도 11월이었다. 평화공원 안내원, 청소하시는 분, 원폭자료관 관계자, 길 가는 행인에게 물어도 모른다는 대답뿐이어서 얼마나 당황스러웠던지……. 이정표 하나 없이, 원폭자료관 입구 앞 도로를 건너 공원 아래로 이어진 계단을 내려가면 왼편으로 나무들 그림자를 받으며 다소곳하게 앉아있는 <나가사키원폭조선인희생자 추도비-1945.8.9.>를 만날 수 있다.

그 조촐한 추도비 앞에는 원폭의 6천도 열선에 불타는 목울대를 간신히 울려 "물. 물. 물을 주세요"라는 조선말로 신음하며 죽어갔을 희생자의 영혼을 위로하려는 듯 생수병과 마른 꽃다발, 그리고 후쿠오카현에서 수학여행 온 초등학교 6학년생이 접은 종이학이 담긴 유리병 두 개가 나란히 놓여있었다. 뚜껑에는 "일본이 한 일, 당한 일의 사실을 전하고, 우리 자신이 평화의 소중함을 잊지 않고 살겠습니다." "먼저 우리 주변의 전쟁부터 줄여가겠습니다!"라는 당찬 다짐의 글귀가 적혀 있었다. 아이들의 이 글귀야말로 원폭으로부터 77년여가 흐른 지금 새삼 원폭을 이야기하고 조선인 원폭희생자를 기리는 진정한 명분이 아닐까.

---

24 구리하라 사다코의 시, 「돌 속에서」(『栗原貞子詩集』, 106-107쪽)를 옮긴다.

추도비와 조선인 유골

사실 <인권을 지키는 모임>이 뜻 있는 이들의 성금을 모아 건립하게 된 이 추도비에는 또 하나의 가슴 아픈 사연이라고 할까, 한 많은 우여곡절이 있다.

김(金)
또 한 사람의 김 그리고 이(李)
내가 떠올리는 몇 안 되는 사람들
그런데 무슨 생각을 떠올릴 수 있는가
그들에게 시간은 지나고 모두 사라졌다
지금은 터져나오는 분노의 나라로
떠밀려 기생이 흘리는 공허한 웃음을
기념품처럼 가지고 돌아오는
왜놈
호색무뢰한 자본주의자
황색의 식민의 후예

김상
이름도 몰라
성효원(誠孝院)에 영원히 맡겨진 채 때묻은 천에
쌓인 상자 속
불빛도 없이 어두운 선반에 쟁여져
어느 것이 해안절벽에서 폭사한 김인가?
김천만인가 김우룡인가 김방울인가 김광조인가
김봉조인가 김동길인가 김인호인가 김재구인가
김성영인가 김종근인가 김중근인가 김오봉인가
김순태인가 김희덕인가 김명철인가 김유행인가

김복식인가 김재식인가 김신애인가 김달차인가

김덕보인가 무수한 김본 김산 김광인가

모두 이 왜국으로 강제연행되어

폭사한 김인 것이다

조선으로 돌아갈 이야기만을

헛소리처럼 보르반의 절삭유의

퍼런 연기 너머에서 줄곧 말하던

아픈 금속 부스러기를 피부에 번쩍이면서

조선 흙의 붉은 빛

마지막으로 본 울타리의 개나리를

꺾이고 뜯긴 자들에 대한 애틋한 고통

말하고 또 말하다 어느 날 돌아오지 않았다

모두가 김이다

사라졌다[25]

　추도비를 설립하는 데 쓰인 성금은 처음부터 추도비를 위해 모금된 것이 아니었다. 오카 목사가 처음 나가사키 조선인 원폭피해자의 존재를 알고 실태조사를 시작한 것은 앞서도 잠깐 언급했지만 1965년의 한일기본협약 직후의 일이다. 그리고 1966년 나가사키에서의 원폭피해 실태를 시민의 손으로라도 추진하겠다는 취지로 <원수폭피해백서를 추진하는 나가사키시민의 모임>이 결성되는데, 오카 목사는 그 모임의 도움을 받아 조선인 원폭피해자 실태조사를 본격적으로 진행하기에 이른다. 그러던 1967년 어느 날, 성효원(誠孝院)이

---

25 야마다 칸(山田かん, 1930~2003, 피폭시인)의 시 「사라졌다(消えた)」의 일부로, 1971년 12월에 처음 발표되었다. 본 시는 『アスファルトに仔猫の耳』(1975, 炮民社)에 실린 작품을 옮긴 것이다.

라는 사찰에 나가사키시로부터 위탁받아 보관 중인 조선인 유골 154구가 있다는 사실을 알게 된다.

어떤 조선인 유골이 어떻게 그곳에 보관되게 되었는가? 야마다 칸의 시 「사라졌다」에서 울분처럼 토하는 이름들이기도, 차마 이름도 남기지 못한 이들이기도 하다. 탄광이나 공장 등에서 사고나 가혹한 노동과 학대 그리고 갖은 질병으로 사망한 조선인과 원폭에 피폭사한 조선인 유골을 김순상(1982년 인터뷰 당시 75세, 『원폭과 조선인』 제1집) 씨가 모아 조국이 통일되면 송환하리라는 결연한 의지로 보관하던 것을 나가사키시 관헌이 압수하여 성효원에 보관케 했던 것이다. 어쨌든 오카 목사는 이후 시민들의 동의와 성금을 구하며 납골당 건립을 도모하였는데, 다행인지 불행인지 1973년 11월 한국거류민단에 의해 그 유골들은 한국으로 송환되어 천안의 어느 묘지에 납골되었다고 했다.[26] 그간 납골당 건립을 위해 십시일반 모아진 성금이 갑자기 갈 곳을 잃었을 때 추도비 건립으로 전환하였고, 급기야 1979년 8월 나가사키평화공원 내에 추도비를 건립하였던 것이다.

오카 목사를 비롯한 <인권을 지키는 모임>은, 조선의 식민지배와 뒤이은 강제징용 · 강제노동 그리고 전쟁과 원폭으로 죄 없는 조선인을 희생시킨 데 대한 죄책감도 책임도 없이 유골마저 내팽개치듯 한 장짜리 <유골보관계약서>로 일개 사찰에 방치해버린 자국 정부의 행태에 분노했다. 또 일본 국민이

---

26 <통일뉴스> 2019년 3월 25일 자 "민단에서 이 유골을 가로채 관계자들의 승낙도 없이 1973년 목포로 가져갔다가 다시 천안의 '국립 망향의 동산'에 납골해 버렸다. 그런데 조련이 작성한 유골 명부를 통해 그중 10구가 황해도 출신자들의 유골이라는 것이 확인되자 1983년 그자들이 몰래 나가사키현으로 재송환하고 이 유골들이 나가사키현 당국을 통해 사찰에 예탁되었다가 다시 이곳 마츠우라시 '조선인위령비'에 납골되었다"라는 기사를 통해 이들 유골의 행방을 쫓을 수 있다. (http://www.tongilnews.com) 참조.

라는 죄와 책임으로, 끝까지 희생된 조선인 유골과 영혼 앞에 속죄하고 추도하고 있다.

그리고 그 속죄와 추도의 마음은 추도비를 찾는 사람들을 통해 평화를 위한 약속과 다짐이 되어 울려퍼지고 있다. 이것이 <나가사키재일조선인 인권을 지키는 모임>이 조선인 원폭희생자 영령 앞에 '이름 없는 일본인'의 이름으로 추도비를 바친 뜻이 아니겠는가.

---

4. 1945년 8월의 '원폭'이 2011년 후쿠시마 '원전'에게

2011년 3월 11일 오후 2시 46분 경, 동일본 태평양연해에서 강도 9.0의 대지진이 발생하였고, 그 여파로 후쿠시마현 후타바군(双葉郡)에 위치한 도쿄전력후쿠시마 제1원자력발전소의 원자로 4기가 연이어 폭발하거나 멜트다운 되는 '원전사(史)상 최악의 사고(이하, 후쿠시마원전사고)'가 발생하고 말았다. 사실 후쿠시마원전사고 이전에 같은 레벨7로 규정된 체르노빌원전사고가 1986년 4월 26일 발생했고, 일본 내에서만 해도 원전역사 이래 크고작은 사고들이 끊이지 않았으며 천재지변, 특히 쓰나미와 연관된 원전사고의 위험은 사고 이전에 이미 상정되어 있던 바였다.

일본의 '행동하는 환경경제학자'라고 알려졌고 『공해의 역사를 말한다-전후일본공해사론(戦後日本公害史論)』(2014)의 저자 미야모토 겐이치(宮本憲一, 1930~)는 후쿠시마원전사고를 '일본역사상 최악의 공해라고 해도 과언이 아니다'라며 '궁극의 공해'로 정의내렸다.[27] 그런가 하면 후쿠시마 후타바군에 들어선

---

27 김경인, 「핵공해 사건을 서사한 문학 연구-도쿄전력후쿠시마원전사고를 중심으로」, 『일본

원전이 가동을 시작한 1971년부터 원전의 위험성과 원전사고 및 은폐 등을 시를 통해 고발해온 전직 국어교사이자 시인이던 와카마쓰 조타로(若松丈太郎, 1935~2021)는 시를 비롯한 자신의 저서에서 후쿠시마원전사고를 오래전부터 상정되어온 '핵 공해·핵 재난'으로 규정하였다. 그가 핵 재난의 역사를 되짚어 읊은 시들을 두고 2011년 후쿠시마원전사고 이후 세간에서는 '예언시'라고 일컫는 시각들도 있었다.[28]

체르노빌 사고 발생 40시간 후의 일이다
천 백 대의 버스를 타고
프리파치시민이 두 시간 동안에 뿔뿔이
근처 세 마을을 합쳐 4만 9천 명이 사라졌다 (중략)
원자력발전소 중심 반경 30km존은 위험지대라 하여
11일째 되는 5월 6일부터 사흘 동안 9만 2천 명이
합쳐서 약15만 명 (중략)
반경 30km존이라고 하면
도쿄전력후쿠시마 제1원자력발전소를 중심으로 하여
후타바마을 오쿠마마을 도미오카마을
나라하마을 나미에마을 히로노마을
가와우치마을 미야코지마을 가쓰오마을
오다카마을 이와키시 북부
그리고 내가 사는 하라마치시가 포함된다
이곳도 합쳐서 약15만 명

어문학 제75집』, 2017, 253쪽 참조.
28 김경인, 「시인의 '상상력'과 원자력村의 '想定外'-와카마쓰 조타로의 시를 중심으로」, 『일본어문학 제69집』, 2016, 190-191쪽 참조.

우리가 사라져야 할 곳은 어딘가
우리는 어디로 사라져야 하는가[29]

시를 쓴 시점으로부터 17년 후, 시에 나열된 마을마을들의 시민들은 일본 열도 곳곳으로 뿔뿔이 흩어져 피난했고 마을은 더 이상 사람이 살 수 없는 방사능지옥으로 변하고 말았다.

혹자는 의구심을 떨칠 수 없다고 한다. 어떻게 일본 정부와 국민들이 미국 기술에 의지한 원자력발전소를 받아들일 수 있었는지, 그리고 그렇게 많은 원전보유국이 될 수 있었는지에 대해서 말이다. 그도 그럴 것이 일본은 핵분열에 의한 재난을 인류역사상 최초로 경험한 나라이고, 일찍이 한 번도 아닌 세 번의 핵 재난을 경험한 나라이니 그런 의구심이 드는 것도 당연한 일이다.

주지하다시피 그 최초와 두 번째 핵 재난은 1945년 8월 6일과 9일의 미국에 의한 원자폭탄이고, 세 번째는 1954년 3월 1일 미국이 실시한 비키니환초 수폭실험에서 발생한 낙진에 인근 바다에서 조업 중이던 일본 어선 '제5후쿠류마루호' 선원들이 피폭(被曝)된 일명 '제5후쿠류마루호 비키니피재(被灰)사건'이다. 참고로, 이 사건을 계기로 일본 내에서는 그동안 숨죽이고 있던 반핵운동이 드디어 활기를 띠게 된다. 어쨌든 세 사건 모두 가해국은 미국이었다. 그런데 아이러니하게도 원폭투하 이후 15년 후이자 제5후쿠류마루호 피재사건 이후 6년 후인 1960년 11월 후쿠시마현은 도쿄전력원자력발전소 유치를 결정한다. 그리고 머잖아 원전건립을 위해 미국 GE의 직원들과 그 가족들이 몰려왔고, 1971년 3월 26일 1호기의 운전이 개시되었다. 그때부터 이르게는

---

29 와카마쓰 조타로, 『후쿠시마 핵 재난 기민(福島核災棄民)』(2012)에 수록된 시로, 1994년 5월 체르노빌 방문 후 지은 시, 「행방불명된 마을」 중에서.

1973년부터 크고작은 방사능 누출사고, 임계사고 등이 반복적으로 발생하다가 운전개시 이래 40년만인 2011년 3월 레벨7의 대참극인 후쿠시마원전사고가 터지고 말았던 것이다.

히로시마·나가사키로 향한 후쿠시마 피난민

혹자는 '원폭'과 '원전'은 엄연히 다르다고 주장한다. '핵의 평화적 이용'을 위한 원전을 어떻게 '군사적 수단'의 원폭과 같이 논할 수 있느냐고 말이다. 하지만 후쿠시마원전사고가 발생한 후 와카마쓰 조타로의 시가 예견했듯이 15만 이상의 시민들이 '마을 아닌 마을이 되어버린' 정든 고향을 떠나 피난길에 올라야 했고, 방사능 오염이 인체에 미치게 될 미지의 질병에 대한 공포는 히로시마·나가사키 원폭피해자의 지난 과거와 현재의 모습과 똑 닮아있다는 것은 자명한 일이다. 그리고 원전사고의 피해자들이 의학적 문제를 비롯해 심리적 위안의 정보와 지혜를 얻고자 향한 곳은 다름 아닌 히로시마와 나가사키의 '원폭피해자'였고 관련 기관이었다.

원폭이 되었든 원전이 되었든 핵분열을 통해 발생하는 에너지를 이용하는 것에는 차이가 없고, 그 이용 과정에서 '죽음의 재'라 불리는 '방사능 물질'이 대량으로 발생하는 것 또한 다름이 없다. 그리고 불행하게도 그 '방사능 물질'이 자연과 인류에 미치는 악영향을 해결하거나 반감기를 단축시킬 수 있는 방법을 인류는 아직 가지고 있지 않다. 다만 앞선 사례를 통해 의학적 내지는 과학적 증거를 확보하고 있을 뿐이고 그것을 사용한 주체에 대한 책임촉구를 위해 피해자 입장에서 어떻게 투쟁해야 하는가 하는 '싸움의 기술'을 터득해가고 있는 과정에 있을 따름이다. 그리고 그 앞선 사례 즉 '산 증인'이 바로 히로시마와 나가사키 원폭의 피해자들이고 체르노빌원전사고의 피해자들이다.

실제로 히로시마와 나가사키의 원폭피해자들은 원폭 이후 "두 번 다시 피폭자를 만들지 않겠다"는 구호 아래, 아쉽게도 원폭투하국인 미국에까지 미치지는 못했지만, 전쟁에 대한 책임을 물어 일본 정부에 '원폭피해자에 대한 국가적 책임'을 촉구하며 싸워왔고 그 결과로 '원폭피해자에 대한 원호법'의 제정과 시행으로 의료 및 생활지원을 받을 수 있게 되었다.

그리고 그 연장선상에서 '비핵·평화운동' 지속과 '원폭투하에 대한 미국의 책임 촉구' '검은비에 의한 피해관련의 소송'(2021년 7월 정부 상고 포기, 84명 피폭자인정 및 피폭수첩 교부)에까지 이르고 있다. 이런 일련의 원폭피해자 관련 투쟁들이 2011년 3월의 후쿠시마원전사고 피해자들에게 시사하는 바는 단순하지 않다. 왜냐하면 후쿠시마원전사고 이후 수많은 이재민의 피난생활과 방사능 오염에 의한 후유증과 그에 대한 공포, 그리고 그런 상황을 견디지 못한 자살자 수 급증 등의 문제가 끊이지 않았음에도 일본 정부는 원전사고에 의한 방사능 오염 자체를 부정하고 정치적 목적과 국익을 앞세워 자국의 국민인 '핵 재난의 이재민'들을 또 한 번 저버리는 '기민정책'을 고집해오고 있기 때문이다.

후쿠시마원전사고와 맞서기 위해

후쿠시마원전사고는 사람들에게 공포와 불안을 안겨주고 있다. 1945년 8월의 원폭을 비롯해 원수폭실험과 체르노빌원전사고 등의 핵 재난을 통해, 인류는 이미 핵분열에 의한 폭발이 얼마나 무서운 파괴력을 갖는지 잘 알고 있기 때문이다. 특히 방사능오염으로 인해 인체에 발생할 수 있는 원폭증(원폭병)이 피폭1세에 그치지 않고 2세, 3세 등 후세에까지 대물림된다는 것은 피해자들의 두려움과 공포를 극대화시킬 수밖에 없다. 어디 그뿐인가? 원폭피해자에 대한 사회적 차별과 멸시가 있었듯이, 사람들은 후쿠시마현 이재민과 피난민을 색안경을 끼고 보면서 차별과 기피의 대상으로 몰아가기도 했다. 이렇듯 원전사고 피해자들이 앞으로 더 치열하게 싸워야 할 대상은 사고에 의한 물질적 파괴와 고향과 가족의 상실, 그리고 질병 외에도 사회적 '풍평(風評)'과도 싸워야 하고 사고의 책임과 배상에 대해 자꾸 부정하고 회피하고 왜곡하는 정부와 기업과 제도와도 싸우지 않으면 안 된다.

요컨대, 후쿠시마원전사고와 맞선다는 것은 방사능오염이라는 핵 재난 자체는 말할 것도 없고 국가와 사회와도 맞서야 함을 의미한다. 이 같은 기한을 알 수 없는 싸움 앞에 막막하기만 한 원전사고 피해자들은 그 실마리를 원폭 피해자의 오랜 싸움을 통해 찾고자 한다.

한 예로, 2011년 3월 후쿠시마원전사고 직후 온 마을에 피난명령이 내려진 나미에마치의 촌장인 바바 다모쓰(馬場有) 씨가 2012년 8월 6일에 행해졌던 히로시마평화기념식전에 참석했다고 한다. 그뿐만 아니라 후쿠시마에서 히로시마로 피난 온 주민 100여 명도 함께였다. 원전사고로 평온했던 고향에서의 삶을 송두리째 잃어버리고 방사능오염에 의한 건강이상에 대한 불안에 휩싸인 원전사고 피해자들은, 원폭으로 가족과 이웃을 순식간에 빼앗기고 후세까지 원폭후유증을 물려줘야 할지 모른다는 불안에서 느끼는 고통과 한에 공감하며 원폭피해자와 피폭지 히로시마에서 배워야 할 것이 많을 거라는 생각에 히로시마 방문 및 평화기념식에의 참석을 요청했던 것이다. 원폭피해자들 앞에 선 후쿠시마원전사고 피해자들의 심정은 어땠을까?

전쟁도, 원전도 나라의 대외적 위상과 경제대국을 지향한다는 미명으로 추진된 '국책'의 일환으로 국민 대다수의 희생 위에 세워졌다. 그랬던 만큼 전쟁이 패하고 원전이 멜트다운된 순간 국민은 파괴와 죽음으로 내팽개쳐지고 말았다.

한때 한국 원폭피해자가 자신의 '팔자'를 탓하고 나라살림을 걱정하고 사회의 차별에 주눅 들어 자신과 자식의 원폭병을 감내하다 쓰러졌듯이, '원전도시'를 위해 '올림픽'을 위해 '국가'를 위해 마냥 희생을 감내할 수는 없는 노릇이다. 이제는 그러지 않아야 함을 후쿠시마원전사고 피해자는 안다. 원폭희생자와 그들의 공동체가 여전히 끝나지 않은 기나긴 싸움으로 기존의 잘못된 '희생의 시스템'을 타파해왔음을 보았기 때문이다.

이제 '원전사고'라는 핵 재난을 만난 피해자들은, '원폭'이라는 핵 재난과 '국책'의 총책임자인 국가를 상대로 싸워온 원폭희생자 발(發)의 '재난공동체'와의 연대가 답이라는 사실을 이제는 안다.

5. 아름다운 동행

지금까지 1945년 8월의 원폭에 희생된, 그리고 피폭되어 간신히 살아남은 생을 갖은 질병과 차별과 가난 그리고 후세에의 잔인한 대물림 등의 고통과 싸워왔고 싸워가야 할 조선인(한국인) 원폭피해자에 대한 속죄와 원호를 위해 50여 년의 세월을 한결같이 걸어온 일본의 뜻있는 시민들의 연대 활동을 그간의 조사와 자료고찰을 모아모아 서툰 글솜씨로 정리해보았다.

요컨대 제국주의와 군국주의 일본이 이웃한 나라를 중심으로 저지른 전쟁과 참극의 속죄를 가해국의 국민이라는 책임과 같은 피해자라는 인식에서 대신해 온 일본 풀뿌리 시민들의 기나긴 세월이, '국가'의 무능과 무책임으로 침탈당하고 강제징용되어 혹사당하다 결국 원폭에 희생된 조선인(한국인) 피폭자들의 피 끓는 세월을 지탱해오고 손잡아온, 이를테면 가해와 피해의 경계를 초월한 아름다운 화해와 연대를 보았다.

원폭과 일본의 패전으로부터 77년여가 흐른 현재까지도 일본 내에서의 '조선인 차별'은 여전히 존재한다. 특히 3.11 동일본대지진과 후쿠시마원전사고와 같은 큰 재난 앞에서 그들 일부의 차별을 넘는 정신적 학대는 100년 전으로 회귀하는 듯한 느낌마저 든다고 하면 과언이고 실언이 될까.

2021년 2월 후쿠시마현 연해에서 지진이 발생했을 때의 <"조선인이 우물에 독을 풀었다"... 日 지진 후 퍼지는 가짜뉴스>라는 제하의 기사…

> 지난 13일 오후 11시쯤 일본 후쿠시마현 앞바다에서 규모 7.3의 지진이 발생한 이후 일본 소셜미디어에서 '조선인 혹은 흑인이 우물에 독을 풀었다'는 인종차별성 가짜뉴스가 확산됐다고 일본 마이니치신문이 14일 보도했다.[30]

이런 서민적인 가짜뉴스 유포는 일개 해프닝으로 치부하더라도, 행정적인 차원의 차별은 또 어떤가? 재일조선인 작가이자 학자인 서경식(徐京植) 선생은 3.11동일본대지진 후 일본 내에서 '마이너리티에 대한 박해가 일어나지 않을까 긴장했다'고 고백하며 여전히 안심할 수 없다고 우려하는데, 그의 긴장은 절대 터무니없는 것이 아니다. 그도 그럴 것이 대지진과 원전사고라는 사상 최악의 복합재난 앞에서도 '조선인 학교에의 방사선측정기 대여'를 제외시키는 등 복지와 지원에서 행정적 차별을 일삼는가 하면, 100년 전 관동대지진 때 그랬듯이 소위 고위 공직자라는 이들까지 앞장서서 민족 간의 갈등을 선동하는 발언을 서슴지 않으니 말이다.[31]

---

30 2021년 2월 15일자 <조선일보> 기사 참조.

이들의 폭력적이고 비인권적인 행태가, <시민모임>이나 <인권을 지키는 모임>이 기나긴 세월 동안 수많은 노고를 들여 일궈온 '속죄와 화해'의 발자취와 결실을 부디 빛바래게 하지 않기를 간절히 바랄 뿐이다.

1945년 8월의 원폭을 지금 꼭 돌아보아야 할 이유, 그리고 재난 앞의 풀뿌리 시민들의 연대를 돌아보아야 할 중대한 이유 중 하나가 반전·반핵 운동의 절대적 명분을 원폭피해자의 역사에서 찾을 수 있으며, 또 하나의 중대한 이유는 현재 진행 중인 전쟁과 차별과 역사 왜곡의 해결을 위한 주요 메시지와 방법이 <시민모임>이나 <인권을 지키는 모임> 등과의 풀뿌리 연대에서 깨우칠 수 있다고 믿기 때문이다.

한반도를 비롯한 세계 곳곳에 도사리고 있고 벌어지고 있는 '전쟁'. 인류를 괴멸로 몰아갈 '핵무기의 확산'. 자연재해와 인간의 어리석은 욕망 앞에서 언제든 핵병기로 둔갑할 수 있음이 증명된 '원전'.

이제 <협회>를 비롯해 <시민모임>이나 <인권을 지키는 모임>과 같은 조선인(한국인) 원폭피해자를 구심점으로 일궈진 풀뿌리 시민들의 '가해와 피해의 경계를 넘은 연대'가, 지금 우리가 직면한 이상의 문제들을 타파하고 '핵 없는 평화의 세계'를 향해 나아가고 있는 여정에 동행할 것을 다짐하며 부족한 글을 마친다.

---

31 서경식, 「후쿠시마에서 본 '일본'-재일 코리언 디아스포라의 관점에서」, 『녹색평론』 통권 122호, 녹색평론사, 2012, 108-113쪽 참조.

김경인, 「시인의 '상상력'과 원자력村의 '想定外'-와카마쓰 조타로의 시를 중심으로」, 『일본어문학 제69집』, 2016, 189-212.

_____, 「핵공해 사건을 서사한 문학 연구-도쿄전력후쿠시마원전사고를 중심으로」, 『일본어문학 제75집』, 2017, 251-272.

김기진·전갑생, 『원자폭탄, 1945년 히로시마…2013년 합천, 선인, 2012.

김옥숙, 『흉터의 꽃』, 새움, 2017.

김종훈, 「韓国被爆者に対する市民団体の援護活動-孫振斗裁判後の渡日治療を中心に」, 『日本文化学報 第80輯』, 2019, 363-377.

박수경, 「原爆都市 '祈りの' 長崎の思想的転換-永井隆から岡正治へ」, 『日本語教育』(제73집), 2015, 169-193.

서경식, 「후쿠시마에서 본 '일본'-재일코리안 디아스포라의 관점에서」, 『녹색평론』 122호, 2012, 108-113.

이지영, 「한·일 원폭피해자의 고통의 감정 연대와 균열」 『한국민족문화 62』, 2017, 45-74.

이치바 준코, 『한국의 히로시마-20세기 백년의 분노, 한국인원폭피해자들은 누구인가』 역사비평사, 2003.

한국원폭피해자협회, 『한국원폭피해자 65년사』, 2011.

허수경, 『슬픔만한 거름이 어디 있으랴』, 실천문학사, 1988.

栗原貞子, 「石のなかから」, 『栗原貞子詩集』, 土曜美術社, 106-107.

長崎在日朝鮮人の人権を守る会, 『朝鮮人被爆者-ナガサキからの証言』 社会評論社, 1989.

_____, 『原爆と朝鮮人』, 第1集~5集, 1982~1991.

平岡敬, 『無援の海峡-ヒロシマの声、被爆朝鮮人の声』, 影書房, 1983.

深川宗俊, 『鎮魂の海峡-消えた被爆朝鮮人徴用工246名』, 現代史出版会, 1974.

盛善吉, 『もう戦争はいらんとよー朝鮮人被爆者記録映画『世界の人へ』証言編』, 連合出版, 1982.

山田かん, 「消えた」, 『アスファルトに仔猫の耳』, 炮民社, 1975, 148-150.

_____, 『栄光の墨塗り始末記ー映画『世界の人へ』記録編』, 連合出版, 1982.

若松丈太郎, 『福島核災棄民)』, コールサック社, 2012.

https://www.facebook.com/hapcheonhouse

https://ja-jp.facebook.com/zaikan.hibakusha.osaka

https://www.okakinen.jp/

https://www.hankaku-j.org/data/07/120214.html

재난위기극복을 위한 시민연대로서의 자원봉사

김동훈
(재난구호NGO '더프라미스(The Promise)')

1. 재난의 최일선에 항상 함께해 온 시민들

2003년 9월 12일. 초강력태풍 '매미'가 상륙하여 발생한 전국적인 인명피해는 사망 119명, 실종 13명, 부상 366명, 이재민은 총 4,089세대 10,975명, 재산피해는 총 4조 7,810억 원에 이르렀다. 전국에서 73만여 명의 시민들이 수해복구 자원봉사활동에 참여하였다. 전년도에 발생했던 태풍 '루사' 때에도 42만여 명의 시민들이 자원봉사로 복구활동에 참여했는데, 태풍 루사의 피해지역 주민들이 태풍 매미의 피해지역 주민들을 돕기 위한 자원봉사활동을 벌이기도 하였다.

2007년 12월 7일. 충청남도 태안군 인근 해상에서 크레인 바지선과 유조선 '허베이 스피리트호'가 충돌하며 대량의 원유가 유출되었다. 이로 인해 태안 일대 해역에 유류오염피해가 확산되었고, 자원봉사자들은 적극적으로 방제에 참여해 복구를 도왔다. 사고발생부터 마무리 단계에 이른 2008년 6월까지 123만 명의 자원봉사자가 참여하였다. 당시 만들어진 20만 건이 넘는 피해극복의 문건들은 역대 최대규모의 시민자원봉사 참여기록과 함께 유네스코의 세계기록유산에 등재되기도 하였다.

2014년 4월 16일. 여객선 세월호 침몰 사고가 발생하였다. 전국의 자원봉사센터, 구호단체, 기업, 종교계, 의료계 등 다양한 기관과 개인 자원봉사자들이 모여서 참사 현장에서 도움을 주고자 했다. 사고발생일로부터 7월 30일까지

[사진 1] 포항지진 자원봉사활동(연합뉴스)

4,793개 단체, 42,444명이 참여해 식사 및 간식 제공, 생필품 지원, 의료지원활동, 법률지원, 심리안정, 방역 등의 봉사활동에 참여하였다.

2015년 5월 20일. 국내 중동호흡기증후군 메르스(MERS)의 첫 확진자가 발생하였고, 병원을 중심으로 감염이 확산되었다. 총 186명의 확진환자와 38명의 사망자가 발생하였다. 당시 정부의 집계에 따르면 메르스 초기 약 한 달여간(6월 9일~7월 15일) 44,261명의 시민들이 자원봉사활동에 참여하였다. 이는 국내 감염병 재난대응 자원봉사활동이 본격화 되었던 첫 사례였다.

2017년 11월 15일. 규모 5.4의 지진이 포항 중심지를 강타하며 135명의 인명피해와 3만여 개의 시설물이 파괴되는 등 역대 최대의 지진피해가 발생하였다. 전국적인 자원봉사자 모집을 통해 피해지역의 구호소 지원, 이재민 구호, 피해 현장 보수 등의 봉사활동이 추진되었고, 2017년 11월 15일부터 2018년 3월 5일간 참여한 자원봉사자는 3,215개 단체, 3만 8,788명에 이르렀다.

2019년 4월 4일. 강원도 동해안 일대 인제, 고성, 속초, 강릉, 동해에서 동시다발적으로 산불이 발생하였다. 사망 2명의 인명피해 이외에도 주택 553동과 시설 414개소가 화재피해를 보았으며, 이재민은 658세대 1,524명이 발생하였다. 시민들은 초기에는 급식, 후원물품 분류와 배급활동의 자원봉사활동을, 이후에는 피해가구 지원의 활동을 벌였다. 복구단계에서 농촌일손 돕기,

볼론투어 등 지역경제 활성화 활동으로 이어지기도 하였다. 산불 발생 직후부터 5월 30일까지 총 1만 6,655명의 시민들이 자원봉사활동에 참여하였다.

다수의 시민들이 자원봉사에 참여했던 주요재난사례들 중 재난유형별로 대표적인 사건들을 살펴보았다. 위에 언급되지 않은 다른 재난현장에서도 시민 자원봉사자들은 수십 년에 걸쳐 최일선에서 남들이 알아주지 않아도 성실하게 꿋꿋이 활동하는 일관된 모습을 보여주었다. 자신들 지역이 재난이 많지 않은 지역이라도 다른 지역의 재난을 도우러 가는 사례가 많다보니 지역마다 재난자원봉사의 경험자들도 많은 편이다. 특히 풍수해의 현장에서 수십 수백 명씩 한꺼번에 가서 재난피해를 본 집과 시설들에 들어가 땀 흘리며 치우고 정리하는 모습은 우리 재난자원봉사를 보여주는 대표적인 장면이라고 할 수 있겠다. 국민들로 하여금 '아직은 따뜻한 세상이구나'라는 느낌을 받게 하는 이런 장면들은 앞으로도 계속될 것이고 우리 사회의 재난회복력을 보여주는 대표적인 사례라 할 수 있겠다.

시민들이 재난자원봉사에 참여하는 이유는 다양한데 개인적인 선행의 의미에서부터 새로운 사회적 의미를 보여주기도 한다.

재난현장에서 자원봉사자로 참여하는 시민들과 만났을 때 이전에 재난피해를 당해본 경험이 있는 자원봉사자를 만나는 것이 매우 드문 일은 아니다. 이런 경우 당사자의 동기부여 정도나 몰입의 정도가 남다를 수 있는 것을 쉽게 예상할 수 있는 일이다.

반대로 이전에 재난자원봉사를 해본 경험이 있으신데 어느 날 불행하게도 재난피해자 중의 한 명이 되는 사례도 만나볼 수 있었다. 이런 경우에는 도움 받아야 하는 입장이 되었지만 그 과정을 통해서 그동안 자신이 해왔던 재난 자원봉사활동이 얼마나 큰 의미이자 역할이었는지 새삼 발견해내기도 한다.

재난피해자들이 또다른 재난피해자들을 돕기 위한 조직적인 노력의 사례도 있었다. 2014년 세월호참사 유가족들 중 일부는 재난자원봉사에 대한 전문교육을 수년간 받고 있다. 본인들이 재난피해자로서 다른 재난피해자들에게 도움을 줄 수 있는 부분이 있을 것이라 보고

[사진 2] 세월호참사 유가족들의
동해안산불 이재민 지원활동(더프라미스)

관련 역량들을 쌓고 있는 것이다. 해외에는 이미 재난피해자들이 다른 재난피해자들을 돕기 위한 활동이 NGO형태로까지 발전한 영국의 'Disaster Action'이나 프랑스의 'FENVAC' 같은 사례들이 있다. 세월호 유가족들은 이러한 단체들과는 이미 교류가 있었으며 안전사회 구축을 위한 자신들의 사회적 역할을 적극적으로 모색하고 있다. 이들은 2022년 3월에 발생한 동해안산불 당시 동해시의 임시대피소에서 2주 동안 팀별로 번갈아 이재민 지원활동을 전개하였다. 급식지원, 물품지원의 기본적인 재난구호활동 외에도 이재민들과 직접 만나 말벗이 되어드리는 심리적 지원활동 및 노약자들을 돌보거나 이동서비스를 제공하는 등의 복지지원활동도 병행하였다.

재난의 경험을 사이에 두고 자신의 역할이 바뀌는 사례가 있다면, 자신이 속한 지역사회의 재난을 자신의 일로 받아들여서 자발적으로 구호활동에 뛰어드는 경우도 있다.

"2019년 강원도 산불 당시로 돌아가 보자. 당시 언론을 통해서 나왔던 유명한 장면 중의 하나는 전국의 소방차들이 강원도로 몰려가는 장엄한 모

습이었다. 감동을 주기까지 하는 그 장면은 소방관들의 노고와 물리적 재난 구호체계에서의 발전을 짐작케 하는 장면이었다. 그런데 입장을 바꾸어놓고 생각해보자. 그 소방차들이 산불지역에 도착하기 전까지 주민들은 어떻게 되는 것일까? 워낙 거대한 산불 앞에서 주민들이 스스로 불을 끄는 것은 사실상 불가능했을 것이다. 한밤중에 일어난 산불로 인해서 갑작스럽게 대피라도 해야 하지만 도움이 필요한 사람들도 있었을 것이다. 이때 활약한 사람들이 오토바이 배달원들이었다. 배달을 계속하다보면 어떤 사람들이 어느 집에서 어떻게 생활하시는지 짐작할 수도 있겠는데, 배달원들은 한밤중에 일어난 대형산불로 노인분들이 화재를 인지 못하거나 대피를 제때 못하실 것이 걱정이 되어 자신들의 오토바이를 몰고 현장을 돌며 노인들을 구했던 것이다"[1]

"오토바이로 산불 현장 대피"···바로고, 라이더 7명 감사패

신미진 기자
입력 : 2019-04-12 09:33:29

강원 산불 현장에서 주민들을 대피시킨 바로고 속초 허브 라이더들 [사진 제공=바로고]

바로고는 강원 산불에 주민 15명 등을 대피시킨 속초 허브(가맹) 소속 최고운 라이더 외 7명에게 감사장과 상금을 전달했다고 12일 밝혔다. 라이더들은 지난 4일 발생한 강원 산불 화재 현장에서 소방차 등 자동차가 진입할 수 없는 곳을 이륜차로 돌아다니며 미처 대피하지 못한 주민 15명과 강아지 4마리를 대피시켰다.

[사진 3] 라이더 봉사 관련 기사(매일경제 캡처)

---

1 김동훈, 「현장에서 바라보는 재난안전」, 『시민문화연구』 월남시민문화연구소, 2022, 18쪽.

지역사회의 극초기 재난대응에서 소방과 같은 국가의 공식 위기관리시스템의 도움을 받기 이전에도 주민들 자신이 중요한 역할을 할 수 있다. 특히 지역사회를 잘 아는 사람들과 공동체 의식은 초동대응에 있어 핵심적인 재난대응자원이 될 수 있는 것이다. 앞서의 오토바이 라이더들의 사례 외에도 2022년의 동해안산불에서도 지역주민들은 또 다른 방식으로 재난대응에서 큰 역할을 하였다.

헬기조종사들 물 부족해 '산불진화' 어려움 겪자 물 싣고 달려온 '레미콘 기사들' (영상)

전유진 기자   입력 2022.03.08 15:31

[사진 4] 레미콘기사 봉사 관련 뉴스(MBC캡처)

"이 지역 레미콘 차량 운전사들은 산불 진화 헬기가 사용할 물이 부족하다는 이야기를 듣고 팔을 걷어붙였다. 레미콘 차량에 물을 가득 채워 죽변 비상활주로에 설치된 헬기용 임시급수조에 물을 공급하기로 한 것. 물을 나르던 레미콘 운전사 김모 씨(48)는 "생계 챙기는 걸 잠시 미루고 진화 작업을 최대한 도운 후 공사판으로 돌아갈 것"이라고 밝혔다."[2]

2022년의 산불은 기후변화의 영향으로 초대형산불로까지 확대되었는데, 역시 기후변화의 영향으로 하천들이 말라있는 상태에서 헬기들은 물을 충분히 공급받을 수가 없었다. 이 소식을 들은 지역사회의 레미콘 기사들이 생계를 놓아두고 집단적으로 소방용수 운송작전을 벌인 것이다.

앞의 사례들처럼 여러 재난상황 속에서 국가기관이 아니더라도 민간기관과 시민모임 및 개개인들이 실제적인 역할을 많이 해왔다. 그 중에는 평상시부터 재난에 대비하는 곳들도 있었겠지만, 대부분은 재난과는 상관없는 평상시의 생업을 하시다가 재난을 만나면서 재빠르게 나름대로 할 수 있는 일을 찾아 대처를 하신 경우들이 많다. 이런 경우 아주 특별한 사례일 때 '의인'으로 불러주기도 하고 대개는 '미담'으로 사람들에게 알려지기도 한다.

특이한 것은 재난이 발생하게 되면 수많은 의인과 미담이 계속 나온다는 것이다. 의인과 미담은 공식적으로 수집하는 주체가 명확히 있는 것이 아니어서, 시간이 지나면 자연스럽게 잊혀지기 마련이고 나중에는 관련기록을 찾기도 힘들어진다. 그러나 재난 때마다 이런 일들이 반복적으로 발생하고 있다면, 이것은 어쩌다 일어나는 우연적인 일이 아니라 그 자체로 시민들의 '역량'으로 보아야 할 것이라고 본다.

2. 시민이 가진 재난자원봉사의 역량

상식적으로 생각했을 때 재난 대응의 전문성이라는 것은 '소방'과 '의료'와

---

2 ""불 끄는 데 힘 보태려" 농업용-레미콘 트럭에 물 싣고 산불현장으로" 동아일보 2022. 03.10.

같이 주로 구조, 구급, 구명에 대한 전문성을 떠올리기 쉽다. 그러나 재난의 유형에 따라 그러한 영역의 전문성들이 핵심적인 역할을 할 때가 있는 반면에 구호, 돌봄, 회복의 영역에서의 전문성이 필요할 때도 있다.

2019년 강원도 산불 당시 가장 피해가 컸던 고성군 토성면에서는 버스 한 대가 재난대피소로 쓰이고 있던 마을회관들을 돌며 이재민들을 목욕탕까지 모셔드리는 활동이 진행되었다. 집이 불타버린 상황에서 이재민들은 일상적인 생활이 불가능하였는데 특히 토성면은 고령화 지역인 데다 대중교통도 원활치 않은 상태였기 때문에 이재민들이 제대로 목욕을 할 수 있는 여건이 안 되었다. 마을대피소 앞에 구호전문기관에 의해 샤워부스가 설치되기는 했으나 이것도 일부 지역에서만 적용되었다. 이러한 때 지역기관인 토성농협은 이재민들에게 필요한 사회공헌활동을 구상하면서 버스를 전세내어 정기적으로 목욕탕까지 운송하는 역할을 스스로 만들어내었다. 이 목욕을 위한 운송서비스는 당시 현장의 여러 구호서비스들 중에서도 이재민들에게 특히 인기가 있었다.

이와 비슷한 사례는 2020년의 코로나19가 한창인 기간에 발생했던 섬진강 수해 때도 있었다. 당시 주요 피해지역이었던 '구례'에는 소비자협동조합인 '아이쿱생협'의 생산지클러스터인 '구례자연드림파크'가 있었는데, 아이쿱은 구례의 이재민들을 버스를 동원하여 자신들의 클러스터로 데리고 와서 클러스터 내의 목욕시설을 무료로 이용할 수 있게 해주는 한편 친환경농산물로 만들어진 식사를 대접하여 보내는 활동을 하여 이재민들의 호응을 얻었다. 아이쿱은 이 활동 이외에도 전국적인 자체 모금을 통해 수해를 입은 711세대에 대해 지역상품권과 식사권을 제공하였고, 본인들 자신도 수해피해자인 자연드림파크의 직원들이 지역사회의 수해복구봉사활동에 참여하기도 하였다.

336

위의 사례들이 '지역성'을 '전문성'으로 하여 재난피해자들을 돕는 사례였다면, 특정분야의 전문성을 갖춘 외부시민단체가 자신들의 역량으로 직접 이재민들에게 기여하는 경우도 있었다. 현재는 주요 재난 때마다 국내에서도 주요한 분야로 자리잡아가는 활동 중 하나로 동물보호단체들이 동물을 키우는 재난피해주민들을 돕는 활동이 있다. 재난이 발생하면 동물보호단체들이 피해를 본 집집마다 찾아다니며 개나 고양이 등 반려동물이 있는지 확인하며 동물들을 구조해주고, 치료해주고, 관련물품을 지원해주는 것이다. '동물자유연대'와 같은 동물보호단체들의 재난구호팀은 재난초기 현장에서 이제는 어렵지 않게 볼 수 있는 가장 활발하게 움직이는 자원봉사팀의 하나라 할 수 있다.

이외에도 지역의 의사분이 수액주사를 가지고와서 이재민들에게 놓아주거나, 지역의 약사분이 이재민들을 위해 기본적인 의약품들을 제공하는 등 물리적 지원을 넘어서 지역민들이 선호하는 구호아이템들을 통해 심리적인 돌봄까지 수행하는 경우들도 있었다.

[사진 5] 재난현장의 동물보호단체(동물자유연대)

재난에 대응한다고 하면 무언가 구조 및 구호와 관련된 아주 전문적인 영역을 생각하기 쉽지만 모두가 그런 분야의 전문가가 되어야만 재난에 대응할 수 있는 것은 아니다. 재난은 생활인의 입장에서 생각해보면 우리의 일상생활을 깨뜨리는 하나의 사건이라 할 수 있고, 우리는 그 사건을 극복하고 다시 일상생활로 돌아가야 한다. 그러기 위해서는 재난피해를 당한 기간 동안에도 가급적 일상과 가까운 생활조건이 주어질 필요가 있다. 이처럼 '삶의 일상성'을 견지한다는 것은 '구조', '구호'의 영역을 넘어서 우리 삶 전반에 걸쳐있는 사항이기 때문에 도움을 줄 수 있는 분야가 많을 수밖에 없다. 일상성의 다양한 측면을 고려하였을 때 '돌봄'과 '회복'의 영역에서 시민들은 여러 재난현장에서 자신들의 역할을 꾸준히 지속해왔다고 할 수 있겠다.

코로나19 상황에서 보여준 시민들의 자원봉사활동은 시민들의 역량이 어디까지 펼쳐질 수 있는지 살펴볼 수 있는 좋은 사례이다. 우선 양적인 면에서 이전에 없었던 수준의 참여기록을 세웠다.

"한국중앙자원봉사센터에 따르면, 지난 2020년부터 2년간 코로나19 대응에 나선 자원봉사자는 크게 14개 영역으로 구분된 활동을 펼쳤다. 분야별로 살펴보면 대중에 가장 널리 알려진 방역 소독에 82만9098명이 참여했다. 이어 취약계층 지원에 66만1834명, 기후위기 대응 활동에 47만8465명이 나섰다. 이 세 분야가 전체의 절반 넘는 53.4%를 차지했다. 이 밖에도 ▲홍보 캠페인(29만2394명) ▲공공장소 검역 지원(16만6419명) ▲심리상담(3만8585명) ▲격리자 지원(1만6796명) ▲현장 관계자 지원(8만1730명) ▲마스크 제작·배부(32만9359명) ▲농촌 일손 돕기(20만4936명) ▲착한 소비(5만4269명) ▲기타(30만6051명) 등에도 100만명이 넘는 인원이 힘을 보탰다."3

2020년, 2021년 코로나19의 2년 동안 총 368만 명의 시민들이 감염병대응 자원봉사에 참여하면서 태안기름유출사고를 넘어 단일 재난으로는 최대 규모의 자원봉사 참여자수를 기록하였다. 공식적으로 집계된 숫자 외에 자원봉사 기관들에 등록하지 않고 개별적으로 진행한 자원봉사자들을 감안한다면 그 규모는 더욱 클 수밖에 없다. 결과적으로 시민들은 우리나라 역사상 가장 큰 자원봉사운동을 막 거쳐 왔다고 할 수 있다.

[사진 6] 예방접종센터 자원봉사활동(달성군)

양적인 참여규모 외에도 자원봉사자들의 역할 부분을 좀 더 살펴볼 필요가 있겠다. 코로나19 2년차가 되는 2021년이 되면 전국적으로 지자체마다 예방

---

3 "세상에서 자원봉사가 사라진다면…", 조선일보 더나은미래, 2022.06.07

백신접종을 위한 센터들이 설치되었다. 접종센터들에서는 다양한 인력들이 활동하게 되는데 접종을 직접 진행하는 보건의료전문가나 개인정보를 다루는 전산관리자 외에는 여러 접종센터들에서 운영에 필요한 다양하고 많은 일들을 시민자원봉사자들이 수행하였다. 국내의 재난대응체계라는 것은 재난관리의 전 영역을 행정이 책임지는 것을 기본으로 하고 있으며, 기능이나 사안별로 민간과의 협력을 할 수도 있고 안 할 수도 있는 시스템이다. 이러한 기조 아래에서 기존에는 민간에 재난대응을 위한 협조요청이나 동원을 할 수는 있어도 정부의 기능 자체를 위임하지는 않았다. 그러나 코로나19 예방접종센터의 사례와 같이 협조나 협력의 형식을 취하기는 하나 국가가 수행해야 하는 필수적인 위기관리시스템의 운영에 있어서 시민들이 가장 기본적인 기능을 전국에 걸쳐 동시다발적으로 수행하게 되었던 것은 새로운 사례로서 의미가 있다고 하겠다.

이와 유사한 사례로는 코로나19 1년차인 2020년 초반에 정부가 약국 등의 지정된 통로만을 통해서 국민 개개인에 대한 공적마스크 판매를 실시할 때 시민자원봉사자들이 약국에서 활동했던 전례가 있다. 주로 규모가 영세한 1인 약사 약국들에서 행해졌는데, 사회적 거리두기가 필요함에도 마스크 구매를 위해 약국마다 시민들이 집단적으로 긴 줄을 서게 되는 상황이 반복되었다. 정부는 이런 상황을 해소하기 위해 지역자원봉사센터들을 통해 약국에서 활동할 자원봉사자들을 배치하였다.

이 사례는 국가의 위기관리시스템이 일반의 시민 자원봉사자들을 기반체계로 활용한다는 의미 외에도, 영리활동을 하는 상업시설을 지원하는 것을 자원봉사활동으로는 보지 않았던 기존 자원봉사의 통념을 넘어서는 새로운 전례로서의 의미도 있다고 하겠다. 해결해야 할 커다란 사회문제 앞에서 기존의 개념틀을 넘어서는 선택을 함으로써, 이후에는 비슷한 문제가 발생했을 때 같은 해결방법이 쓰일 가능성이 높아진다.

　재난 대응의 기본주체인 '행정'과의 연계성을 넘어서서 민간이 독자적으로 벌였던 다양한 자발적 활동들은 재난자원봉사의 힘을 보여주는 또 다른 사례라고 할 수 있다. 코로나19가 재난으로서의 범위와 기간이 상당해짐에 따라 장기간에 걸친 활동사례들이 많지만, 특히 재난초기에 정부나 전문가 집단에서도 해당 질병에 대해 확정적인 지식이 부족한 때에 시민들이 자발적으로 자신들의 위기를 헤쳐 나가고자 다양한 아이디어와 실천활동을 해내었다.

　대표적인 사례는 '마스크 의병운동'이라고 할 수 있다. 코로나19 초기 국내의 마스크생산 공장들은 하루에 800여만 장의 생산능력을 가지고 있었으나 당시 상황에서는 태부족이었다. 사회적인 요청으로 공장들이 생산능력을 최대치로 끌어올렸음에도 1,200여만 장 수준으로 공급부족을 해소하기에는 역부족이었다. 이러한 때 시민들 사이에서는 온라인을 통해서 천마스크를 직접 만들 수 있는 방법들이 공유되기 시작했고, 코로나19가 확산되고 있는 상황에서도 소그룹으로 모여서 천마스크를 만들어 배포하는 자원봉사활동들이 곳곳에서 생겨났다. 문화센터 같은 곳에서 홈패션을 배우던 수강생들은 마스크를 직접 만들어 나누어주기 시작했고, 가방이나 모자를 만들던 업체들이 마스크를 만들어내기 시작했고, 교도소의 작업장에서도 마스크를 만들어내는 등 전국적으로 마스크를 만들어 나누는 것이 물결처럼 퍼져나갔다. 마스크 만들기 운동의 확산세는 시민들의 자발적인 활동에서 시작되었다가 나중에는 지자체들이 공식적이면서도 경쟁적으로 참여하게 되면서 일종의 민관협동사업으로 발전하게 된다. 그러나 현재까지도 마스크 만들기를 누가 시작했는지 확인할 길이 없으며, 확산의 와중에서 방향을 정해서 알려주는 사람도 없는데 전국

운동이 되어버린 말 그대로 의병운동 같은 사회현상이 되었다.

[사진 7] 마스크 제작 봉사활동(서귀포시자원봉사센터)

마스크만들기 외에도 시민들은 각자의 자리에서 자신이 할 수 있는 일을 찾아서 하기 시작했다. 도시락을 만들어서 의료진이나 구급대원들에게 전달하는 사람들이 있었고, 원예교실에 참여하던 사람들은 집에서만 주로 생활하게 되는 이웃들의 마음을 돌보고자 화분을 나누는 활동을 하였다. 음악을 연주하던 사람들은 관객들과 만나기 힘들어지니 아파트 공터에 가서 주민들에게는 베란다에서 보시라고 무료로 연주회를 벌였다. 동네식당들이 힘들어지는 것을 보고 미리 선결제를 해버리는 사람들이 생기다가 '착한 선결제운동'으로 발전하게도 되었고, 어떤 건물주들은 세입자들이 힘든 것을 보고 임대료를 깎아주었다가 '착한 임대인운동'으로 발전하여 나중에 정부의 세제지원 범위에 포함되기도 하였다. 정부의 빅데이터를 이용하여 시민들이 직관적으로 재난정보를 볼 수 있게 코로나맵, 마스크맵을 만드는 IT봉사자들이 나타났고, 온라인교육의 비중이 높아지자 자신의 전문분야를 온라인 영상으로 찍어 무료로 인터넷에 나누는 사람들도 생겼다. 스마트폰으로 구호물품을 주문해서 택배로 코로나전담병원에 보내주는 원격기부 또한 새로운 형태의 시민자원봉사활동으로 나타났다.

[사진 8] 예술인들의 순회콘서트(중부일보)

감염병재난 상황에서 자원봉사활동을 한다는 것은 자신도 감염의 위험을 무릅써야 하는 문제가 생기기 때문에 활동 자체가 위축될 수밖에 없다. 그럼에도 거대한 사회적 문제 앞에 위험을 감수하고서라도 남을 돕는 활동을 하고자 하는 사람들이 있었으며, 그 와중에 안전한 활동을 하면서 실제적인 도움을 줄 수 있는 여러 아이디어를 시민들 스스로 만들어내었다. 좋은 아이디어들은 개인의 실천으로만 그치는 것이 아니라 다른 사람들도 따라하면서 물결처럼 퍼져나갔고 그 중 일부는 정부참여의 프로그램으로까지 발전하기도 한 것이다.

여러 자원봉사관계자들과 이야기를 나누는 중에 코로나19 기간 중의 시민들의 적극적인 활동 참여원인에 대한 여러 가지 의견들이 오갔다는데, 이 부분에 대해서는 좀 더 심화된 연구가 필요하다고 본다. 다만 하나 확신해볼 수 있는 것은, 또다시 커다란 사회적 위기가 오면 우리 시민들은 그만큼 다시 커다랗게 대응할 것이라는 것이다. 적극적 참여의 원인을 100% 이해하지는 못하더라도 그 힘을 어떻게 바라보고 활용할지는 우리가 우선적인 과제로 생각해볼 필요가 있겠다.

3. 재난자원봉사 발전의 새로운 양상

재난위기 극복을 위한 국민들의 적극적인 참여열기는 일관되면서도 발전적인 모습으로 나타나고 있다고 할 수 있다. 이에 정부도 국민들의 자원봉사활동을 지원하기 위한 정책을 가지고 있으며 여러 제도적인 지원책을 마련해두었다. '자원봉사활동기본법'의 제7조는 자원봉사활동의 범위를 정하면서 9항으로 '재난관리 및 재해구호에 관한 활동'을 범주에 포함시켰다. 재난자원봉사 활동을 지원하기 위한 정책적 수단으로는, 자원봉사활동 인증관리시스템인 '1365포털시스템'을 활용하여 봉사활동시간은 인증해주며, 자원봉사활동 중의 사고에 대응하는 '자원봉사종합보험'의 적용도 받을 수 있도록 하였다. 또한 재난지역으로의 이동과 관련하여 고속도로 통행료와 열차요금을 감면조치 받을 수 있도록 하였다. 특별재난구역이 선포되는 경우에는 해당 지역에서의 자원봉사활동이 기부금으로 환산되어 기부금영수증 발급도 가능하다. 봉사활동 중에 심리적 스트레스로 어려움을 겪는 경우도 있을 수 있어 재난심리상담의 범위에 자원봉사자가 포함되어 있기도 하다. 이와 같은 자원봉사자 지원업무들은 기본적으로 지역의 '자원봉사센터'에서 수행하게 되어 있다.

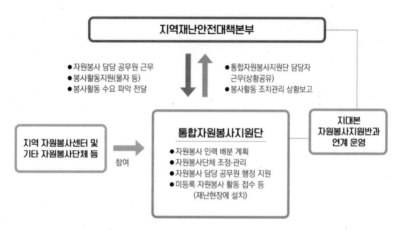

[그림 1] 통합자원봉사지원단의 구조(행정안전부)

2020년 6월부터는 재난자원봉사활동에 대한 정부차원의 관리가 강화되어 '통합자원봉사지원단[4]'이라는 제도가 만들어져 전국적으로 시행되고 있다. 이

---

4 재난 및 안전관리기본법 제17조의2(재난현장 통합자원봉사지원단의 설치 등)
  ① 지역대책본부장은 재난의 효율적 수습을 위하여 지역대책본부에 통합자원봉사지원단을 설치·운영할 수 있다.
  ② 통합자원봉사지원단은 다음 각 호의 업무를 수행한다.

는 큰 규모의 재난현장에는 전국에서 수많은 자원봉사단체와 자원봉사자들이 쇄도하여 들어오나 현장에서는 이를 관리할 방법이 없어서 혼란스러운 상황이 반복적이었던 경험에서 기인한 것이다. 개선된 방식에 의하면 대규모의 재난이 발생한 경우 해당 지자체는 '지역재난안전대책본부'를 구성하게 되어 있는데 지자체장이 본부장으로서 '통합자원봉사지원단'의 설치를 지시할 수 있다. 통합자원봉사지원단은 각 지자체의 조례를 통해서 미리 구성되어 있는데, 대부분 지자체의 자원봉사센터가 사무국 역할을 하게 되어 있다. 해당 자원봉사센터는 즉시 재난자원봉사센터의 역할을 할 수 있도록 전환되며, 평상시에 네트워크를 이루고 있는 지역사회의 다양한 민간단체 및 자원봉사자들을 총괄하여 재난현장에서의 자원봉사활동이 원활히 진행되도록 하고 있다.

아직 시행된 지 몇 년 되지 않은 제도인 만큼 2022년 12월 현재도 아직 해당 조례를 제정하지 못한 지자체도 있으며, 통합자원봉사지원단이 모든 지자체에서 출범한 상태도 아니다. 그러나 정부는 이 제도를 계속 강화시키고 있어서 2021년부터 광역지자체 자원봉사센터마다 재난자원봉사업무를 전담하는 '재난코디네이터'를 배치하였으며, 전국 자원봉사센터의 재난담당자들에

---

1. 자원봉사자의 모집·등록
2. 자원봉사자의 배치 및 운영
3. 자원봉사자에 대한 교육훈련
4. 자원봉사자에 대한 안전조치
5. 자원봉사 관련 정보의 수집 및 제공
6. 그 밖에 자원봉사 활동의 지원에 관한 사항
③ 행정안전부장관은 통합자원봉사지원단의 원활한 운영을 위하여 필요한 경우 지방자치단체에 대하여 행정 및 재정적 지원을 할 수 있다.
④ 행정안전부장관, 시·도지사 및 시장·군수·구청장은 통합자원봉사지원단의 원활한 운영을 위하여 필요한 경우 자원봉사 관련 업무 종사자에 대한 교육훈련을 실시할 수 있다.
⑤ 제1항부터 제4항까지에서 규정한 사항 외에 통합자원봉사지원단의 구성·운영에 관하여 필요한 사항은 해당 지방자치단체의 조례로 정한다.[본조신설 2019. 12. 3.]

대한 정기교육도 실시하고 있다.

통합자원봉사지원단 제도의 시행으로 사실상 사무국 역할을 맡고 있는 지역의 자원봉사센터들은 재난이 발생했을 때의 자원봉사대응뿐만 아니라 평상시에 지역사회 내에서 여러 민간단체들을 서로 연결하고 자원봉사자들의 역량을 강화하는 업무도 자연스럽게 수행하게 되었다. 재난자원봉사의 양적 성장에 이어서 지역사회의 관련 자원들이 조직되고 강화되는 시발점이 마련되고 있다고 할 수 있다.

재난자원봉사 지원을 위한 공적인 구조를 살펴봄에 있어서 하나 짚고 넘어가야 하는 점이 있다. 앞서 설명한 여러 재난자원봉사자 지원프로그램들은 공통적으로 지역의 자원봉사센터와 같이 정부가 인정한 재난조정기관들에 자원봉사활동을 등록해야만 혜택을 받을 수 있다는 것이다. 자원봉사의 시간을 인정받거나, 보험의 적용을 받거나, 교통비를 감면받거나 하는 지원프로그램들은 기본적으로 자원봉사자 개개인이 개인정보를 자원봉사센터 등의 공적기관에 등록해야만 혜택을 받을 수 있다. 사례로 자주 언급되는 태안기름유출사건 123만, 코로나19 대응 368만 명 등 참여 숫자의 집계가 가능한 것도 이런 자원봉사 등록제도가 있기 때문이다.

그러나 정부와 관련기관들의 지속된 노력으로 등록자원봉사자의 숫자는 늘어나고 있는 추세이지만, 재난자원봉사의 현장에서 등록하지 않은 독립(?)자원봉사자를 보는 것은 어려운 일이 아니다.

가짜뉴스가 심각한 사회적 문제가 되었던 코로나19 상황에서 대학생들은 팩트체크 사이트를 만들어서 관련 논문과 전문기관들의 입장, 방역당국의 입장 등을 검토하여 해당 뉴스를 검증하는 자원봉사활동을 벌였다. 이런 활동은 정부기관, 전문기관, 언론사들의 팩트체크 활동보다 앞선 것이었다. 앞서의 사례로 제시되었던 산불현장에서 주민들을 대피시킨 오토바이 라이더들이나 소방헬기에 물을 채우러 달려온 레미콘 기사, 아파트단지를 돌면서 음악을 연주하는 예술인 등등 여러 경우에 있어 등록되지 않은 자원봉사자들이 많다. 이들은 평상시에 재난자원봉사자로서의 정체성을 갖추고 있다거나 그러한 활동을 할 책임 있는 위치에 있는 사람들이 아님에도 우리 사회가 위기에 처했을 때 각자의 자리에서 할 수 있는 일을 찾아 한 것이다. 이와 같이 공식 기록으로 남지 않는 시민들의 자원봉사활동은 재난현장에서 어렵지 않게 찾을 수 있는 하나의 현상이라 할 수 있다.

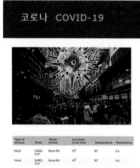

[그림 2] 코로나19초기 대학생들이 만든 팩트체크 사이트(연합뉴스사진 캡처)

그리고 코로나19 당시 자생적으로 만들어졌던 '착한임대인운동'이나 '착한 선결제운동' 같은 것은 효과면에서 보면 자원봉사라 할 수 있을 것 같은데 전통적인 자원봉사활동의 개념에는 부합하지 않는 사례들이기도 하다. 자원을 제공하거나 IT기술을 활용하는 등 '시간'으로 자원봉사활동 사실을 인증하기 힘든 유형의 봉사활동들도 많은 것이다. 이같이 지금의 시스템에서 공식적인 인정을 받지 못하는 다양한 성격의 자원봉사활동이 있으며 국내에서도 이를 통칭하여 '비공식 자원봉사'라고 하고 있다.

> "대부분의 비공식 자원봉사 참여자들은 자신들의 활동을 개인적인 선행 정도로 생각할 뿐 봉사 활동으로는 인식하지 못한다. 지난해 발표된 '2020 자원봉사 실태조사'에 따르면, 자원봉사 경험이 있다고 답한 비율은 33.9% 였지만 이웃 돕기에 참여한 적이 있다는 응답자는 72.5%로 높게 나타났다. 이웃 돕기는 비공식 자원봉사에 해당하지만 상당수가 이를 자원봉사로 인식하지 못했다. 소속 단체 등을 통해 자원봉사 시간을 인증받는다고 답한 비율은 34.5%로 전체 봉사자 3명 중 1명꼴이었다. 따로 인증을 받지 않지만 시간이나 활동 내용을 개인적으로 기록해 놓는다는 비율은 21.7%였다. 나머지 절반에 가까운 봉사자들은 봉사 시간을 의식하지 않고 비교적 자유롭게 활동하는 셈이다."[5]

비공식 자원봉사활동은 활동의 '등록'에 관한 이슈를 넘어서, 자신들이 맞서는 상황에 맞는 창의적이고 다양한 활동으로 나타나기 때문에 유형화하거나 미리 예측하기가 쉽지 않다는 특징이 있다. 집단지성의 결과물로서 시민참

---

5 "플로깅, 식물키우기…우리가 몰랐던 비공식 자원봉사의 가치" 조선일보 더나은미래 2021.12.07

여의 수위를 높이고 조직적인 자원봉사활동에까지 영감을 불어넣는 우리 사회 회복력의 저류라 할 수 있을 것이다. 재난자원봉사에서도 마찬가지 상황이어서 재난위기라는 거대한 사회문제를 직면했을 때 평소의 자원봉사에 대한 인식이나 참여정도와 상관없이 시민들이 직접 문제해결행동을 하는 경우들이 있었으며, 경우에 따라서는 한 개인의 행동을 넘어서 사회적으로 확장되거나 다른 주체들의 활동에 영향을 주기도 한다. 이러한 경향들은 우연적인 사건이라기보다는 위기에 대처하는 시민들의 사회적 역량의 하나로 인식될 필요가 있다.

4. 이웃이 이웃을 돕는 세심한 사회안전망

공식적인 자원봉사활동은 조직화된 활동을 추구하고 '매뉴얼'이나 '지침'의 영향하에 움직이는 활동들이 많다. 특히 재난대응분야의 활동은 조직화된 자원봉사단체일수록 체계와 전문성의 필요로 인해 잘 짜여진 구조를 만들려는 경향이 있다. 이에 반해 재난대응에서 비공식적인 자원봉사활동은 시민들이 자기 주변에서 파악하게 된 수요에 직접적으로 반응하여 만들어지는 경우가 많아 다양한 사례를 구성하게 된다. 그 중에서도 정부의 위기관리시스템이 세심하게 감당하지 못하는 틈새나 사각에서 역할을 하는 경우들이 많다.

코로나19 사태로 전국민이 마스크를 쓰게 되면서 사람의 입 모양을 보면서 소통하는 청각장애인들에게 방역마스크는 또 하나의 장애물이 될 수밖에 없었다. 청각장애인학생이 있는 교육현장에서 당장 문제가 되었고, 이때 관련 전문기관들과 자원봉사자들이 합심하여 청각장애인들이 있는 학교의 교사들을 위해서 입술모양이 보이는 투명한 마스크를 개발하게 되었다. '립뷰마스크'

라고 불리는 이 마스크는 이제는 청각장애인들을 지원하기 위한 용도를 넘어 일상화되고 상업적으로도 판매되고 있다.

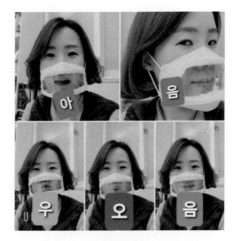

[사진 9] 청각장애인들을 위해 개발한 투명마스크(청각장애인생애지원센터)

다문화가정들 역시 코로나19 초기에 언어문제로 인해서 어려움을 겪었다. 정부의 방역지침은 지금은 여러 나라 언어로 번역되어 동시에 안내되고 있지만 코로나19 초기에는 한국어로만 제공되었다. 한국어 독해에 어려움을 겪는 다문화가정들은 방역지침들에 대한 명확한 이해가 부족할 수 있어 서로서로 물어보는 수밖에 없었다. 이런 상황에서 시민들은 한글 방역지침을 여러 나라의 언어로 번역하여 알려주는 활동을 벌이게 되었고, 시간이 경과하면서 관련 민간기관의 조직적 자원봉사활동에서 방역당국의 기본활동으로 발전하게 된다.

제주도에서는 코로나19가 확산되는 초기에 시민사회가 연대하여 재난약자 조례를 만들자는 정책제언활동이 벌어졌다.[6] 재난 취약계층은 일반인들과 달리 재난 정보 획득에 어려움을 겪거나 신체적 부자유 등으로 인해 재난대피 및 대응에 취약하므로, 이의 지원을 위한 조례의 즉각 제정이 필요하다는 취지였다. 재난약자조례제정 이외에도 재난수당의 지급, 마스크 등 공적관리와 무상배급, 외국인 및 특정집단에 대한 차별을 중단하자는 제안이 포함되어 있

---

6 "코로나19 사태 확산에 '재난 약자' 조례 만들기 운동" 한겨레 2020.03.20.

[사진 10] 이재민 대피소에서 노인들의
일상활동을 위해 보행보조기를 지원하는 사례
(더프라미스)

었다. 이러한 내용들은 현재 시점에서는 익숙한 내용이라고 할 수 있지만 코로나19 1차 대유행이 한 달여 정도밖에 안 된 시점에서 내국인, 일반인들에 대한 문제로도 논란이 많은 때에 이들은 상당히 앞선 주장을 하였던 것이다.

재난약자에 대한 세심한 지원의 사례들은 주로 코로나19 상황 속에서 많이 찾아볼 수 있다. 여러 언론에서 '코로나19로 인해 우리 사회의 약한 고리들이 드러나고 있습니다.'라고 얘기할

만큼 이전의 다른 재난경험 때는 잘 드러나지 않았던 '재난약자'의 문제가 코로나19를 통해 전면에 부상하였고 시민들의 대응활동 역시 코로나19 대응 활동의 사례에서 많이 찾아볼 수 있다.

여기에서 역으로 생각해볼 수 있는 것이 하나 있다. '그렇다면 코로나19 재난 이외의 다른 재난에서는 재난약자와 관련된 문제는 특별히 없었는가?'

이에 대한 대답은 재난약자들이 재난피해자의 일부로 묻혀서 잘 보이지 않았을 뿐 문제는 상존해왔다는 것이다. 일상적인 재난으로 각종 화재에서 장애인들의 사망률이 비장애인들의 사망률보다 높은 것이 현실이고, 풍수해와 같은 자연재난의 현장에서 피해자 다수가 고령자들이지만 노인들을 위한 맞춤

형 구호서비스를 발달하지 못했으며, 지진 같은 도심형 재난에서도 아동들은 우선적인 보호대상이지만 이재민의 일부로 취급되거나 방치되는 현상이 있었고, 다문화가정, 장애인 등 특수한 수요를 가지고 있는 재난약자들에 대한 맞춤형 지원체계는 전무하다시피 하다.

현실적으로 정부당국에서 모든 재난피해자들을 개별 수요에 맞춰 지원하는 것은 선진국에서도 불가능한 방식이다. 그런 만큼 이를 메꿔가는 기능으로 '민간'이 중요한 역할을 하도록 하고 이를 위한 구조화된 민관협력시스템의 구축이 필요하다. 아직 국내에서는 재난현장에서 재난약자를 우선적으로 챙기는 민간기관들이 거의 없는 편이며, 자원봉사자들이 개별적으로 돕고 있다고 보아야 한다.

이렇게 재난약자들까지 돕는 재난자원봉사의 역할을 생각한다면, 그동안의 보조적이고 보완적인 이미지를 넘어 재난상황 속에서 사회적 약자들을 위한 마지노선 역할을 하는 재난자원봉사의 사회적 가치를 더욱 널리 알릴 필요가 있겠다.

재난자원봉사가 새로운 사회적 역할을 보여줌과 동시에 새로운 주체들의 참여도 많아지고 있는 양상이다. 재난자원봉사에 참여하는 전통적인 민간주체들의 역사는 정부의 재난관리 역사 못지않게 오래되었다고 할 수 있는데, 자발적 시민운동은 이전부터 현실적인 필요에 의해서 행정 주도로 만들어져 왔다고 할 수 있다. 각자의 지역사회에서 지역재난위기대응에 일상적으로 참여하는 조직을 보면, [그림 3]과 같이 의용소방대, 자율방재단, 적십자봉사회 등 법정단체, 국민운동단체, 자생단체 등을 중심으로 이루어져 있다. 앞서 언급한 자원봉사센터 중심의 통합자원봉사지원단 운영에 있어서도 구성단체의 다수는 [그림 3]과 같은 지역의 민간단체들이다. 이외에 자원봉사센터가 조정

역할을 맡으면서 자원봉사센터와 관련된 작은 자원봉사모임이나 풀뿌리모임들이 대거 참여하는 것 정도가 주체 구성에 있어 최근의 변화라 할 수 있다.

재난안전관련하여 어떤 기관들이?

- 의용소방대, 자율방재단, 적십자봉사회, 자원봉사센터동캠프, 새마을부녀회, 새마을지도자협의회, 의사회, 모범운전자회, 통장협의회, 해병대전우회 등등
- 주민자치위원회, 안전모니터링봉사단, 학교안전보안관, 어린이집연합회, 지역사회보장협의체, 수의사회, 라이온스클럽, 주거복지센터, 바르게살기위원회, 방위협의회, 청소년지도위원회, 자유총연맹, 자율방범대, 청년회의소 등등

[그림 3] 지역사회의 재난관련 기관들
(라이프라인코리아 커뮤니티방재 강의안)

그러나 이 중에는 90년대 이후에 만들어진 '시민사회'라고 할만한 주체들의 참여는 미약한 편이다. 또한 시민사회는 재난위기에 대응하는 데 도움을 줄 수는 있어도 자신들이 해야 할 일인가에 대해서 의문을 가지고 있는 경우들도 많다.

이 문제에 대해서는 시민사회의 인식전환이 필요하다고 할 수 있는데, '재난'이란 단어를 '위기'라는 단어로 바꿔서 생각해 볼 필요가 있겠다. '재난'이란 단어를 쓰게 되면 '환경', '여성', '인권', '보건' 등등 공익활동 분야의 한 부

문으로 생각하기 쉽다. 재난분야에도 이미 재난 관련 전문단체들이 있으니 기본적으로는 그들의 일이라고 보는 것이다.

"그러나 '위기'라는 단어를 쓰게 되면 상황이 좀 달라진다. 우리가 재난을 당한 것이라기보다 '우리의 지역공동체가 위기에 처한 것'이다. 이러한 위기의 관점에서 보면, 이 위기를 극복하는 데에는 너와 내가 따로 없고 우리 지역사회 공동체 성원 모두가 같이 노력해야 할 것이다. '재난안전'은 기본적으로 모든 분야와 영역에서 공통적으로 고려될 필요가 있는 '크로스커팅(Cross-cutting)'의 이슈 중 하나라고 할 수 있다. 형식상 하나의 분야로 보일 수 있겠지만, 내용상 한 사회가 유지·발전되기 위해 저변에 깔려있어야 하는 '복지의 최저선'이라 할 수 있다. 지역사회가 재난위기에 제대로 대처하기 위해서는 재난대응을 목적으로 하지 않았더라도 공동체가 위기에 처한 순간에 같이 움직여줄 수 있는 여러 주체들이 필요하다."7

코로나19의 기간을 지나면서 재난위기 극복을 위한 새로운 주체로서의 시민사회 활동이 활발해진 면이 있다. '코로나19타파연대'는 코로나19 기간 중에 결성된 시민사회연대체로 시민사회 영역별 코로나19 대응활동에 대한 조사를 진행했다. 이 조사보고서는 다음과 같이 새로운 주체들의 역할에 대해서 서술한다.

"시민사회 활동 중에서 가장 두드러진 활동영역은 사회적경제 영역과 마을 영역의 코로나19 위기극복 활동이었다. 물론 시민사회의 대표적인 활동으로 평가받았던 어드보커시 활동도 적지 않았지만 이번 코로나19 감염병

---

7 김동훈, 「현장에서 바라보는 재난안전」, 『시민문화연구』, 월남시민문화연구소, 2022, 21쪽.

위기에서는 새로운 시민사회 영역으로 떠오른 사회적경제와 마을 영역에서의 활동이 가장 압도적으로 많고 활발하게 두드러졌다는 점에서 의미있는 시사점으로 평가된다."[8]

사회적경제 조직들은 그 조직들의 다양성만큼이나 다양한 활동을 자체적으로 찾아내어서 진행하였다. 마스크 자원봉사를 할 수 있는 기술을 제공하기도 하고, 청소방역업체들이 지역밀착형 방역을 제공했으며, 교육기업들이 온라인교육 콘텐츠를 개발하여 배포했고, 문화예술기업들이 랜선콘서트를 개최하였다. 의료관련 협동조합들이 지역사회 내에서 감염병관련 정확한 정보를 제공하거나 전화진료, 방문진료, 조합원들끼리 안부묻기 캠페인 등 지역공동체 내의 의료안전망 역할을 하기도 하였다. 특히 사회적경제 조직들은 정부의 돌봄지원 대상에서 벗어난 초등학생, 느린학습자, 다문화가정 등 재난약자가 될 수 있는 소외계층을 찾아 지원하는 것에 많은 자원을 투입하여 지역의 주요한 사회안전망 역할을 하기도 하였다. 국가의 위기관리시스템의 제대로 작동될 수 있게 역할을 한 경우도 있었다.

"코로나 확진자가 대거 발생할 당시 의료지원을 위해 한걸음에 달려온 의료진들을 위해 게스트하우스를 통째로 내놓은 기업도 있다. '(주)공감씨즈'라는 사회적기업이다. '공감씨즈'는 운영 중인 게스트하우스 3곳 중 2곳을 2월 말부터 4월 중순까지 무상으로 내놓았다. 1인 1실 기준으로 최대 15명까지 투숙하도록 제공했고, 총 50일간 564박을 제공했다. 사실 대구는 코로나19 대량 감염의 위험을 감수하고, 어떠한 일들이 있을지 모르는 대구를 응원하기 위해 자발적으로 내려온 사람들을 맞을 준비가 되어 있지 않았다.

---

8 코로나19타파연대, 『시민사회 영역별 코로나19 대응활동 연구조사 보고서』, 2020, 28쪽.

그 시점에서 "대구까지 온 공중보
건의 선생님들이 모텔 같은 데는
숙소 잡기가 너무 힘들다는 얘기
를 듣고 힘을 보탤 수 있는 건 뭔
가 고민하다가" ㈜공감씨즈가 나선
것이다."9

[사진 11] 코로나19 의료진에 숙소를 제공한
사회적기업 관련 기사(오마이뉴스)

사회적경제 조직들은 자신들도 긴
급한 상황에서 재난피해자로 머물
지 않고 재난대응과 복구의 주체자
로서 역할을 한 사례를 보여주고 있
다. 더 나아가 사회적경제 조직들의 활동 특성 중 하나로 각자 대응의 방식을
넘어서 상호협력과 연대의 방식을 살리는 경향성은 시민사회가 추동하는 사
회안전망의 가능성을 보여준다고 할 수 있다.

"각 사회적경제 조직들의 재난 대응 사례를 살펴보면 개별기업이 하기보
다는 지역의 중간지원조직, '시', '구'의 공공기관, 복지기관, 자원봉사기관
과 긴급한 거버넌스가 구축되고 지역기업들이나 결사체조직과 연대하는 형
태로 나타나고 있다."10

---

9 아이쿱협동조합연구소, 「코로나19 위기 속 사회적경제의 대응」, 『생협평론 39호』, 2020,
58-59쪽.
10 곽미영, 「코로나19 대응을 통해 본 재난시 사회적경제의 역할 연구」, 라이프라인코리아
연구보고서, 2021, 36-37쪽.

5. 시민은 재난 대응의 주체가 될 수 있는가

정부 중심의 재난대응을 옹호하는 입장에서는, 정부는 여전히 핵심적인 주체이고 시민사회는 보완적인 역할일 뿐이라고 보고 있다. 이에 반해 시민이 재난위기 상황에서 통제의 대상만이 아니라 재난대응의 주체로서 역할을 할 수 있음을 주장하는 경우도 늘어나고 있다.

> "시민 중심의 재난 대응을 찬성하는 입장은 재난 발생 직후 정부의 늑장 대응과 효과적이지 못한 예방 정책에 비해, 지역사회 주민들의 풍부한 지역 정보와 인적 자원, 지역 인접성, 그리고 사회적 자본을 강화하는 지역의 하부구조로서 시민사회의 강점에 주목하면서 효과적이고 지속가능한 재난 대응과 회복을 위해서는 지역 주민, 즉 시민이 중심이 된 활동이 이뤄져야 한다고 주장한다."[11]

시민사회의 강점을 활용한 재난 대응은 민간단체들도 코로나19 대응의 경험을 통해서 그 가능성을 확인하고 새로운 전망을 가지기 시작했다고 할 수 있다. '한국중앙자원봉사센터'는 코로나19 기간 중에 대규모 감염병 사태에 대한 장기적 대응전략의 필요성을 확인하고 전국적으로 '안녕한 한끼드림', '착한 소비 운동', '안녕! 봄 캠페인'이라는 3가지 공동 사업을 제안하였다. 한국중앙자원봉사센터가 구체적인 예산과 물품, 지침, 홍보물 등을 지원하면서 전국적인 공동행동을 시도한 것이다. 당시 공동사업에 참여한 여러 지역의 자원봉사센터들의 사업평가 내용 중에는 다음과 같은 가능성과 전망을 보여주

---

11 한승헌, 「재난후 지역사회 회복력 강화를 위한 자조조직의 역할과 협력」, 『정책사례연구』, 윤성사, 2021, 75-76쪽.

는 진술들이 있다.

"단절된 삶이 주는 사회의 문제들이 보이기 시작했으며, 새로운 방식으로 다른 사람과 연결되어 있음을 확인하고 자발적으로 돕고자 하는 사람들이 있었다. 코로나 덕분에 알게 된 일상의 깨달음은 우리 모두가 도움을 주는 사람일 수 있으며, 반대로 도움을 받을 수 있는 연결된 존재라는 것이었다."12 〈서울시자원봉사센터〉

"코로나19 팬데믹 시국을 겪으며 기존의 돌봄체계, 복지서비스가 중단되었을 때 소외계층 복지 문제 해결을 위해 자원봉사영역에서 어떤 자원봉사활동을 할 수 있는가가 새로운 화두로 떠올랐다. 필요한 사람에게 맞는 자원봉사활동을 제공하기 위해서는 전문가 집단들의 상시 네트워크 구축, 전문가 집단의 역할을 시민들이나 유관 기관들이 이해하는 시도가 필요하며, 이러한 준비가 향후 재난상황에서 또다른 시민참여의 역할을 만들어 낼 수 있다고 본다."13 〈대구광역시자원봉사센터〉

재난대비를 잘 한다는 것은 평상시에 준비를 잘하여 막상 재난이 닥쳤을 때는 새롭게 할 일이 거의 없는 상태를 말하는 것이라 할 수 있다. 우리 사회가 가진 힘을 극대화하여 외부의 충격에도 금세 회복할 수 있는 탄력성 있는 사회를 만들 필요가 있으며, 이를 위해서는 정부만의 준비가 아니라 위기대응을 할 수 있는 모든 주체들의 잠재력을 최대한 끌어올려 잘 준비된 상태를 만들어야 할 것이다.

---

12 한국중앙자원봉사센터, 『2020 코로나19 대응 자원봉사활동 리포트 ― 감염의 시대를 건너는 시민연대의 기록-』, 2020, 72쪽.
13 한국중앙자원봉사센터, 앞의 책, 65쪽.

"사회적으로는 다원적이고 다면적인 힘을 활용하여 피해로 인한 결손을 막아 대응해 가는 힘을 높이는 것이 중요하고 개개인이 지닌 자원이나 지식을 활용할 뿐만 아니라 여러 방면의 유대를 통해 다양한 자원과 지식의 새로운 조합과 활용 방법을 짜내고 그 실천 또한 사람들의 성공체험과 상호간 신뢰 등을 촉진시킴으로써 좀 더 고도의 파트너십과, 그에 따른 문제 해결을 가능하게 하는 과정과 종합적인 대책을 마련해 가는 것에도 초점을 둘 필요가 있다."14

앞서의 많은 사례들에서 보았듯이 시민들은 '자원봉사'라는 형식을 빌어 공동체의 위기를 극복하기 위한 자발적인 대처를 해왔으며 이는 공공영역이 도달하지 못하는 사각지대까지 메꾸는 역할도 해왔다. '의인'이나 '미담'의 개인 영역의 활동도 있었고, 모임과 단체의 집단적인 대응도 있었으며, 사회운동의 성격을 가진 흐름까지 만들어 낸 경우도 있었다. 개인의 영웅적인 면모부터 연결과 연대를 통한 체계로써 대응하는 면모까지 다양한 가능성을 보이고 있는 것이다.

"코로나19 대응 재난자원봉사활동에서 주목할 것은, 개별국민들의 참여뿐만 아니라 전국의 자원봉사센터를 비롯하여, 사회복지기관, 시민운동단체, 사회적경제조직, 마을공동체, 주민자치조직, 청소년기관 등등 다양한 기관들과 소속 시민들이 정부방역 활동의 지원자로 참여하는 한편 정부가 감당하지 못하는 사회 곳곳의 틈새들을 메꾸어나가는 공공기능도 수행하였다는 것이다. 위기시에 시민사회 내에서 조직화된 역량들은 재난 대응에 관한 공공의 역할을 수행할 수 있음을 보여준 사례라 하겠다.15

---

14 우라노 마사키 외, 「지역의 취약성을 응시한 복원=회복력 강화」, 『재해에 강한 사회를 만들기 위하여』, 고려대학교 출판부, 2013, 30쪽.

다양한 시민조직들이 횡적으로 연결되어 재난을 대비할 수 있는 능력은 공동체를 스스로 지키는 '대응력'인 동시에 '회복력'이 될 수 있으므로, 지역사회의 재난 대응역량 구축에 중요한 요소라 할 수 있다. 시민들은 더 이상 교육과 계몽, 혹은 동원의 대상으로만 보여져서는 안 되며, 시민들은 합리적 의사결정 능력과 연대감을 가진 존재이고, 재난에 대하여 효과적으로 대처할 수 있도록 사회적, 문화적, 심리적으로 잘 훈련된 사회를 만들기 위한 주체로 보아야 한다.

> "시민들이 재난 문제에 일상적으로 관심을 기울이고 재난 관련 공적 의사결정에 적극적으로 참여할 권리를 주장하며, 재난으로 인한 공동체의 파괴에 대해 연민과 연대감을 가지고 그 복구과정에 정신적, 육체적, 또는 다른 어떤 방식으로라도 힘을 보태는 것, 그것이 바로 '재난 시티즌십'인 것이다. 재난거버넌스는 바로 이러한 재난시티즌십이 한껏 꽃필 수 있도록 틀 짓는 제도화된 노력이다."[16]

재난용 공동체를 따로 만들기는 힘들다. 현실적이지도 않다. 오히려 기존의 시민공동체들은 여러 가지 방식으로 재난에 대응하고 있다. 재난에 대비한 특별한 기능이 훈련되어 있지 않더라도 일상적인 시민들의 참여정신과 공동체성은 그 자체로 재난에 대응하는 큰 자산이라 할 수 있다. 이제 우리는 시민들이 가진 이 자산을 회복탄력성의 동력으로써 효과적으로 발현시키기 위한 방법이 무엇일지 사회적으로 고민해야 할 것이다.

---

15 김동훈, 「코로나19 감염병 재난 초기상황에서의 자원봉사활동 사례분석과 시사점」, 『코로나19, 어떻게 자원봉사를 변화시켰으며 우리는 무엇을 해야하는가?』, 한국자원봉사학회 2020 춘계학술대회, 2020. 19쪽.
16 이영희, 「재난에 대한 사회적 대응: 재난관리에서 재난거버넌스로」, 『불안의 시대, 사회학 길을 찾다』, 한국사회학회 2014 전기 사회학대회, 2014, 484쪽.

김동훈, 「코로나19 감염병 재난 초기상황에서의 자원봉사활동 사례분석과 시사점」, 『코로나19, 어떻게 자원봉사를 변화시켰으며 우리는 무엇을 해야하는가?』, 한국자원봉사학회 2020 춘계학술대회, 2020.

_____, 「'현장에서 바라보는 재난안전」, 『시민문화연구』, 월남시민문화연구소, 2022.

곽미영, 「코로나19 대응을 통해 본 재난시 사회적경제의 역할 연구」, 라이프라인코리아 연구보고서, 2021.

아이쿱협동조합연구소, 「코로나19 위기 속 사회적경제의 대응」, 『생협평론 39호』, 2020.

우라노 마사키 외, 「지역의 취약성을 응시한 복원=회복력 강화」, 『재해에 강한 사회를 만들기 위하여』, 고려대학교 출판부, 2013.

이영희, 「재난에 대한 사회적 대응: 재난관리에서 재난거버넌스로」, 『불안의 시대, 사회학 길을 찾다』, 한국사회학회 2014 전기 사회학대회, 2014.

코로나19타파연대, 『시민사회 영역별 코로나19 대응활동 연구조사 보고서』, 2020.

한국중앙자원봉사센터, 『2020 코로나19 대응 자원봉사활동 리포트. 감염의 시대를 건너는 시민연대의 기록』, 2020.

한승헌, 「재난후 지역사회 회복력 강화를 위한 자조조직의 역할과 협력'」, 『정책사례연구』, 윤성사, 2021.

신문기사

"코로나19 사태 확산에 '재난 약자' 조례 만들기 운동" 한겨레 2020.03.20.

"플로깅, 식물키우기…우리가 몰랐던 비공식 자원봉사의 가치" 조선일보 더나은미래 2021.12.07.

"'불끄는 데 힘 보태려' 농업용-레미콘 트럭에 물싣고 산불현장으로" 동아일보 2022.03. 10.

"세상에서 자원봉사가 사라진다면…". 조선일보 더나은미래. 2022.06.07.

저자 소개

강희숙(姜喜淑)

조선대학교 국어국문학과 교수
조선대학교 인문학연구원장 / 재난인문학연구사업단장
한국어 사회언어학과 방언학 분야에서 폭넓고 다양한 주제로 연구를 수행해 왔으
며, 최근 들어서는 재난인문학의 이론적 배경과 개념사 및 재난 담론에 대한 분석
으로 연구주제를 확장하고 있다.

김상봉

전남대학교 철학과 교수
독일 마인츠대학에서 「칸트의 최후유작에서 사물 자체의 문제」로 박사학위를 받
았다. 서양 고전철학의 연구와 함께 동학 이후 함석헌에 이르기까지 20세기 한국
사상에 대한 연구를 수행해 왔으며, 5.18에서 시작하여 한국의 민중항쟁사에 대한
역사철학적 연구도 지속해 왔다. 저서로는 『자기의식과 존재사유-칸트철학과 근
대적 주체성의 존재론』, 『서로주체성의 이념-철학의 혁신을 위한 서론』, 『철학의
헌정-5.18을 생각함』, 『만남의 철학-김상봉, 고명섭의 철학대담』 외 다수.

박진영

부산대학교 SSK 느린 재난 연구팀 전임연구원
환경사회학과 과학기술학 분야에서 과학기술과 환경, 위험과 재난, 사회갈등과 제도 등을 연구한다. 환경과 건강 문제, 공해 등을 사례로 느린 재난을 둘러싼 지식, 제도, 사회운동의 상호작용에 관심을 가지고 있다.

윤희철

한국지속가능발전센터장
네 아이의 아빠. 지역공공정책플랫폼 광주로 이사(현), 사)푸른길 이사(현), 광주환경운동연합 집행위원(현), 광주에너지전환네트워크 운영위원장(현) 등 활동가이면서 전문가로 살고 있다. 「일제강점기 목포 도시계획의 내용과 특징」, 「일제강점기 시가지계획의 수립과정과 특징」, 『지속가능발전 정책과 거버넌스형 문제해결』(공저), 『우리 지역은 SDGs 이행을 어떻게 했는가』, 『사회적경제와 도시재생(공저)』, 『지속가능한 사회적 생태계』 등 도시계획사, 도시재생, 속가능발전정책, 기후변화, 마을공동체, 사회적경제 등 함께 더불어 살아가는 사회를 위한 다양한 연구를 진행하고 있다.

선봉규

전남대학교 글로벌디아스포라연구소 박사후연구원
전남대학교 글로벌디아스포라연구소에서 한국의 재외동포와 이주민 관련 연구를 수행해오고 있으며, 최근에는 포스트 코로나시대 이주와 건강공공성에 대한 연구과제를 수행하고 있다. 『코리안 디아스포라: 이주루트와 기억의 역사』(공저), 『코리안 디아스포라의 집단적 기억과 재영토화』(공저), 『코리안 디아스포라의 혼종성과 문화영토』(공저), 『경계를 넘나드는 사람들』(공저), 『코리안 디아스포라의 현지적응과 정착기제』(공저), 『코리아타운 사람들』(공저), 『코리안 디아스포라의 다중정체성과 모국관계』(공저) 등의 저서와 함께 30여 편의 연구논문이 있다.

하종강

성공회대학교 노동아카데미 주임교수
1981년 인천 지역에서 노동상담과 교육 활동을 시작했다. 23년간 한울노동문제연구소 소장을 지낸 뒤 2012년 성공회대학교에 자리를 잡아 노동대학 제8대 학장을 지냈다. 노동 현장과 긴밀한 유대 관계를 잃지 않는 연구와 교육 활동을 위해 노력하고 있다.

김경인

전남대학교 일본문화연구센터 연구교수, 일한전문번역가
주요 역서로는 이시무레 미치코의 『고해정토-나의 미나마타병』, 우이 준의 『공해원론』(공역, 역락) 등 다수가 있으며, 공저로는 『한국인 일본어 문학사전』(제이앤씨)과 『자료로 보는 일본 감염병의 역사』(공편저, 역락) 등이 있다. 주요 논문으로는 「이시무레 미치코의 '국화와 나가사키'를 통해 보는 조선인원폭피해자의 실태와 한」, 「공해사건 문학의 시스템 및 가치 고찰」, 「조선인 원폭피해 관련 한일(韓日) 원폭문헌 및 예술문학의 데이터구축과 그 양상 고찰」 등이 있다.

김동훈

재난구호NGO '더프라미스(The Promise)' 경영총괄이사
국내에 두 명뿐인 '재난사회복지사' 중의 한 명으로 20여 년간 20여개 국가에서 국제구호사업을 수행해왔다. 현재 행정안전부 중앙안전관리민관협력위원회 위원, 전국재해구호협회 배분자문위원, 안산정신건강트라우마센터 자문위원을 맡고 있다.

* 이 책은 2019년 대한민국 교육부와 한국연구재단의 지원을 받아 수행된 연구임
 (NRF-2019S1A6A3A01059888)

조선대학교 재난인문학연구사업단

재난인문학 연구총서 8

재난공동체의 사회적 연대와 실천

초판1쇄 인쇄 2023년 2월 10일
초판1쇄 발행 2023년 2월 24일

기획	조선대학교 재난인문학연구사업단
지은이	강희숙 김상봉 박진영 윤희철 선봉규 하종강 김경인 김동훈
펴낸이	이대현
편집	이태곤 권분옥 임애정 강윤경
디자인	안혜진 최선주 이경진
마케팅	박태훈

펴낸곳	도서출판 역락
출판등록	1999년 4월 19일 제303-2002-000014호
주소	서울시 서초구 동광로 46길 6-6 문창빌딩 2층(우06589)
전화	02-3409-2060
팩스	02-3409-2059
홈페이지	www.youkrackbooks.com
이메일	youkrack@hanmail.net

ISBN 979-11-6742-519-5 94300
      979-11-6742-220-0 94080(세트)

정가는 뒤표지에 있습니다.
잘못된 책은 바꿔드립니다.